미드저니
마스터클래스

초판 인쇄 2024년 9월 16일
초판 발행 2024년 9월 16일

출판등록 번호 제 2015-000001 호
ISBN 979-11-94000-03-7 (03800)

주소 강원도 횡성군 횡성읍 송전로 209 (고즈넉한 길)
도서문의(신한서적) 031) 942 9851 팩스 : 031) 942 9852
도서내용문의 010 8287 9388
펴낸 곳 책바세
펴낸이 이용태

지은이 이용태(레오 태)
기획 책바세
진행 책임 책바세
편집 디자인 책바세
표지 디자인 책바세

인쇄 및 제본 (주)신우인쇄 / 031) 923 7333

본 도서의 저작권은 [책바세]에게 있으며, 내용 중 디자인 및 저자의 창작성이 인정되는 내용을 무단으로 복제 및 복사하는 것은 저작권법에 의해 처리될 수 있다.
Published by chackbase Co. Ltd Printed in Korea

프롤로그

출판사 대표로, 기획자로, 그리고 디자이너로 필자는 오랜 시간 다양한 실무 경험을 쌓으며 창의성과 기술의 접점을 끊임없이 탐구해 왔다. 이 과정에서 도구의 변화와 발전이 어떻게 우리의 작업 방식과 결과물에 영향을 미치는지 직접 목격하게 되었으며, 특히 인공지능(AI)이라는 새로운 기술의 등장에 우리에게 또 다른 혁신의 가능성을 열어 주고 있다는 것을 깨닫게 되었다.

미드저니는 AI 기술 혁신의 산물이다. 이제 우리는 미드저니라는 AI를 활용하여 단순한 상상력의 발현을 넘어, 그 상상을 눈앞에 펼쳐 보일 수 있는 힘을 가지게 되었다. 이 책을 집필하며, 수많은 관련 도서를 접하고, 실무에서 얻은 경험을 바탕으로 미드저니의 매력과 잠재력을 최대한으로 끌어내기 위해 노력하였다. 또한, 창의적인 작업을 하는 모든 사용자가 이 도구를 통해 더욱 자유롭고, 더욱 깊이 있는 작품을 만들어 낼 수 있도록 돕고자 한다.

이제 미드저니는 단순히 이미지를 만들어 내는 도구가 아니라, 우리의 상상력과 창의력을 증폭시켜 주는 파트너이며, 우리가 꿈꾸던 비전을 현실로 구현하는 데 있어 큰 도약을 가능하게 하는 파트너이다. 이 책은 이러한 여정을 함께하는 안내서로서, AI의 세계를 탐험하고 그 가능성을 최대한 활용할 수 있는 내용을 담겨 있다.

AI 시대에서, AI가 우리의 창의적 과정에 어떻게 스며들고, 우리의 작업 방식을 혁신적으로 변화시킬 수 있는지에 대한 답을 찾는 여정에 여러분을 초대한다. 이 책이 여러분의 창작 여정에 작은 등불이 되어 줄 것이라 확신한다.

저자 이용태

이 책은

이 책은 생성형 AI 도구인 미드저니(V1 모델부터 최신 V6.1 모델 그리고 Niji 6.1)를 중심으로, 디지털 크리에이티브 작업의 새로운 시대를 열어줄 종합적인 안내서로서, 초보자부터 전문가까지, AI를 활용하여 창의적이고 혁신적인 작업을 수행하고자 하는 모든 이들을 위해 설계되었다.

이 책에서는 미드저니의 기본 개념을 이해하는 것에서부터 시작해, AI 기술의 기초인 딥러닝과 생성 모델, 그리고 미드저니의 각 버전이 어떻게 진화해 왔는지를 상세히 설명하며, 미드저니를 처음 접하는 독자들을 위해, 디스코드 설치와 설정 방법, 이미지 생성 과정, 프롬프트 작성법 등을 단계별로 설명하여, 이를 통해 초보자도 쉽게 시작할 수 있도록 안내한다. 또한, 실전에서 활용 가능한 프롬프트 작성법과 이미지 생성 후 후속 작업, 다양한 스타일과 매개변수(파라미터) 활용법을 통해 미드저니의 잠재력을 극대화할 수 있는 방법을 다룬다. 특히, 미드저니의 다양한 버전과 모델별 특징을 비교하며, 각각의 강점과 활용법을 구체적으로 제시한다.

또한, 미드저니를 비즈니스와 마케팅, 이벤트 기획, 브랜드 아이덴티티 구축, 인테리어 디자인 등 실무에 적용하는 방법을 소개하며, 다양한 실전 사례를 통해 AI 아트를 실제 프로젝트에 어떻게 통합할 수 있는지에 대한 인사이트를 제공한다. 고급 사용자들을 위한 파트에서는 미드저니의 강력한 기능을 더욱 효과적으로 사용할 수 있는 기술적 팁과 트릭, 그리고 인사이트페이스와 같은 외부 도구를 활용하여 창작 작업의 일관성을 유지하고, 업스케일 도구를 통해 고해상도 이미지를 만드는 방법을 심도 있게 다루고 있다.

그밖에 미드저니의 최신 버전인 V6 모델을 활용한 창의적인 작업의 미래를 전망하며, AI 기술이 앞으로 우리 삶과 창작 과정에 어떤 변화를 가져올지에 대한 인사이트를 제공한다. 특히, AI와 인간의 창의성이 어떻게 조화를 이루고, 이를 통해 새로운 가능성을 탐구할 수 있는지에 대한 심도 있는 논의를 포함하고 있으며, AI를 사용하는 데 있어 윤리적 고려 사항과 앞으로의 도전 과제를 제시하여, AI 기술의 발전 속에서 창의적 작업의 미래를 함께 고민하는 기회를 제공하고 있다.

이 책은 단순히 기술적 매뉴얼에 그치지 않고, 미드저니를 활용한 창의적 작업의 모든 측면을 아우르는 포괄적인 가이드로서, 독자들이 자신의 창의적 역량을 최대한 발휘할 수 있도록 돕고자 하였다.

학습자료

이 책에서 다루는 예제들을 원활하게 학습하기 위해 [책바세.com] 웹사이트에 접속하여 해당 도서의 학습자료 파일을 다운로드받아 활용하길 적극 권장한다.

학습자료 받기

학습자료를 활용하기 위해 ❶[책바세.com] 웹사이트에 접속하여 ❷[도서목록] 메뉴에서 [해당 도서]를 찾은 다음, 표지 이미지 하단의 ❸[학습자료받기] 버튼을 클릭한 후, 열리는 구글 드라이브에서 ❹[다운로드] ➡ ❺[무시하고 다운로드]받아 학습에 사용하면 된다.

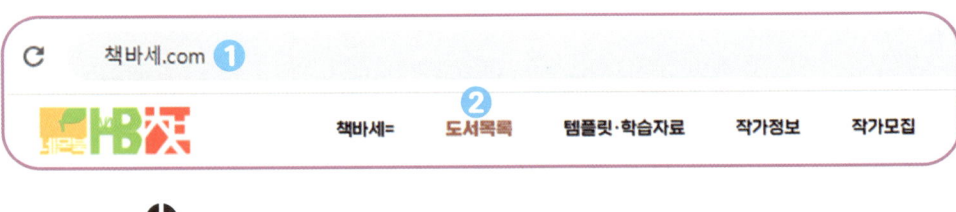

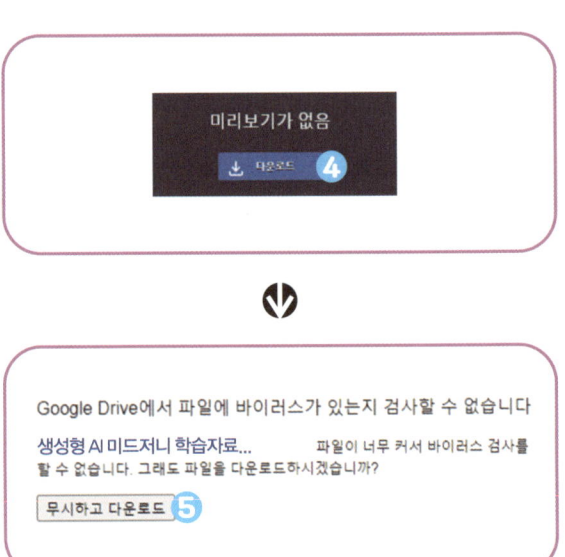

활용법

학습자료 파일의 압축을 풀면, 폴더 안에는 [생성형 AI 미드저니] 책에서 소개하는 모든 파일이 포함되어 있어, 학습 과정을 보다 쉽게 따라할 수 있다.

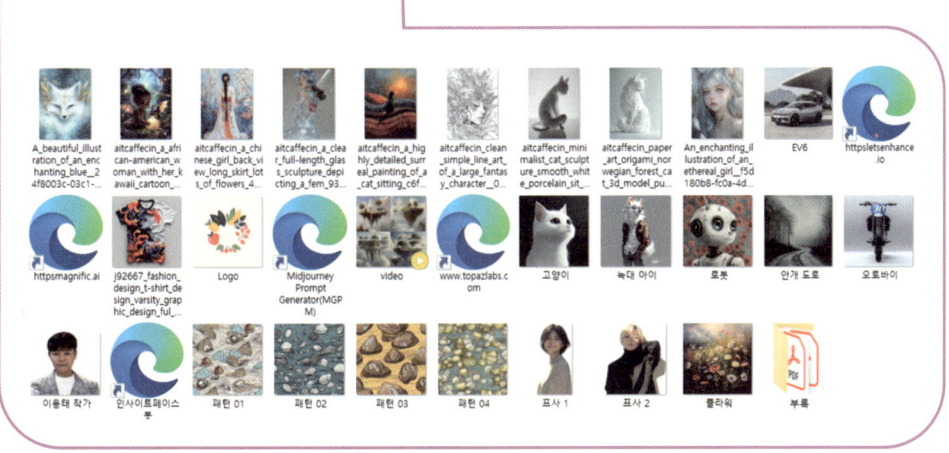

학습자료 폴더

— 각 파트의 시작 페이지에서 사용되는 배경 이미지이다. 프롬프트를 제공한다.

— 예제 학습에 사용되는 이미지 파일로, 예제를 따라할 때 유용하다.

— 학습에 사용되는 확장 도구를 사용할 수 있는 웹사이트 바로가기 파일이다.

— 전자책 부록이 담긴 폴더로, 전자책 오픈 비밀번호는 283페이지를 참고한다.

목차

프롤로그　006

이 책은　007

학습자료　008

활용법　009

PART 01 생성형 AI 미드저니에 빠져들다　016

01-1 미드저니는 무엇인가?　017

미드저니에서 표현할 수 있는 것들　017

- 감정(Emotion)　019
- 시대별 스타일(Style by Era)　021
- 다양한 매체와 재료의 표현　024
- 색상 팔레트(메인 컬러 지정)　029
- 풍부한 배경 표현　032

미드저니 AI 기술 이해하기　035

- 딥러닝(Deep learning)　035
- 생성 모델(Generative models)　035

미드저니 버전의 진화　036

미드저니의 법적 문제와 윤리적 우려　038

미드저니의 장점　040

- 생산성 향상　040
- 비용 절감　040
- 창의성 증진　040
- 접근성 향상　040
- 출판 분야　040
- 광고 및 마케팅　041
- 게임 개발　041
- 영화 및 애니메이션　041
- 인테리어 디자인　041

01-2 AI(인공지능)에 대하여　044

AI의 탄생　044

TIP LLMs이란?　044

예술과 AI의 융합　045

예술에 적용한 AI　046

- 신경망(NN)　047

AI 예술의 미래　047

PART 02 미드저니 세계로 들어가기　048

02-1 미드저니 시작하기　049

디스코드 시작하기: 계정 생성 및 서버 접속하기　049

TIP 디스코드 앱 버전 설치에 대하여　052

TIP 계정 등록 후 미드저니 사용하기: MJ에 대하여　053

구독하기: 유료 버전 사용하기　054

유료 플랜 구독하기: MJ alpha 활용　054

유료 플랜 구독하기: 미드저니 프롬프트 활용　056

02-2 이미지 생성하기　058

- 사용 목적　058
- 사용 제한　058
- 커뮤니티　058

이미지 생성하기: 그룹을 통한 이미지 생성　059

TIP NEWCOMER ROOMS이란?　059

TIP 미드저니 작업 화면 밝기(색상) 설정하기 061

이미지 생성하기: 미드저니 봇을 활용한 이미지 생성 062

- 미드저니 프롬프트 문법과 구조 065

- 챗GPT와 클로드를 활용한 프롬프트 작성 066

- 더 완벽한 프롬프트 작성법: 챗GPT와 클로드 활용 071

- 어떤 것이 중요한가? 072

- 사용자 개인 서버에서 이미지 생성하기 073

PART 03 미드저니 버전 마스터하기 076

03-1 상상력을 자극하는 프롬프트 077

영향력 있는 프롬프트 구조와 요소 077

03-2 이미지 생성 후 해야 할 것들 081

U(업스케일) 버튼 활용하기 081

- 이미지 업스케일하기: 고화질 이미지 생성 082

- 이미지 변형하기: Vary 활용 084

TIP REMIX 모드에 대하여 085

- 이미지 크기 변형하기: Zoom 활용 090

- 이미지 크기 변형하기: 화살표 활용 091

- 미드저니 갤러리 등록하기: 하트 활용 093

- 생성된 이미지 다운로드받기: Web 활용 095

V(변형) 버튼 활용하기 096

03-3 /imagine 그 이상의 명령어들 098

03-4 미드저니 모델의 진화 101

모델 V1과 V2 010

- 프롬프트에 버전(모델) 지정하기 101

- /settings에서 버전(모델) 선택하기 105

모델 V3과 V4 106

- 예술적 이미지로 진화한 V3 107

- 창의적 표현에 정점을 찍은 V4 109

- V4의 주요 특징 112

모델 V5와 V6 (현재 모델) 113

- 창작을 넘어 실사까지 섭렵한 V5 113

- V5의 주요 특징 114

- 초현실 창작 세계의 서막을 연 V6 115

- V6의 주요 특징 116

Niji 모델: 애니메이션 세계 116

- Niji V4 모델 117

- Niji V5 모델 119

- 니지 V5 주요 스타일 파라미터 121

- Niji V6 모델(ALPHA) 122

PART 04 매개변수 이해 및 학습 124

04-1 디테일한 표현을 위한 파라미터 125

파라미터(매개변수)는 무엇인가? 125

- 파라미터(매개변수)의 종류 125

파라미터(매개변수) 목록과 활용 127

- 기본 파라미터 127

TIP 1:1 비율의 비밀 128

TIP 잡 ID(Job ID)란? 138

TIP 이미지(패턴)으로 수익화하기 145

목차

TIP 비디오 파일 다운로드하기 148

- 레거시 파라미터 150

TIP 무료 이미지 업스케일러 156

PART 05 고급 프롬프트와 시각적 창작 158

05-1 고급 프롬프트 작성법 159

블렌드 모드와 이미지 프롬프트 159

- 블렌드 명령을 활용한 다중 이미지 혼합하기 159

- 이미지 프롬프트로 다중 이미지 표현하기 161

- 유니크한 프사 만들기 162

멀티 프롬프트의 활용: 다중 이미지 분리(표현)하기 168

특정 이미지 스타일 적용: --sref 파라미터 사용법 173

스타일 가중치 조절하기: --sw 활용 174

05-2 순열 프롬프트의 정석 175

순열: 한 번에 다채로운 이미지 생성하기 175

- 순열과 파라미터 175

- 스타일과 미학 177

- 중첩된 변형 178

PART 06 최적의 결과를 위한 프롬프트 180

06-1 타인의 프롬프트(그림) 훔치기 181

06-2 모방을 통한 창작: 스타일 프롬프트 활용 187

- 주요 스타일 요소 187

예술(Art) 스타일 189

- 애니메와 만화(Anime and Manga) 스타일 189

- 카툰 스타일(Cartoon) 스타일 190

- 코믹북(Comic book) 스타일 191

- 잉크 드로잉(Ink drawing) 스타일 191

- 유화(Oil painting) 스타일 192

- 파스텔 드로잉(Pastel drawing) 스타일 192

- 연필 드로잉(Pencil drawing) 스타일 193

- 수채화(Watercolor painting) 스타일 193

- 공상 과학(Sci-Fi) 스타일 194

- 픽셀 아트(Pixel art) 스타일 194

- 벡터 아트(Vector art) 스타일 195

- 로우 폴리(Low poly) 스타일 195

- 글리치 아트(Glitch art) 스타일 196

- 사이버펑크(Cyberpunk) 스타일 196

- 팝 아트(Pop art) 스타일 197

분위기(Mood) 스타일 197

- 어두운 분위기(Moody) 스타일 198

- 감정적인(Evocative) 스타일 198

- 마법적 사실주의(Magical realism) 스타일 199

사진(Photographic) 스타일 199

- 사진(Photographic) 스타일 200

- 풍경 사진(Landscape photography) 스타일 200

- 정물 사진(Still life photography) 스타일 201

- 놀링 사진(Knolling photography) 스타일 201

- 자연 사진(Nature photography) 202

- 야생 동물 사진(Wildlife photography) 202

- 도시 풍경(Cityscape photography) 202
- 천문 사진(Astro photography) 202
- 마이크로 사진(Macro photography) 203
- 항공 사진(Aerial photography) 203
- 수중 사진(Underwater photography) 203
- 스트리트 사진(Street photography) 203
- 고속 사진(High-speed photography) 204
- 이중 노출(Double exposure) 204
- 포토그램(Photogram) 204
- 증기파크(Steampark) 204

TIP 예술적인 느낌 제대로 살리기 205

조명(Lighting) 스타일 205

- 볼류메트릭 조명(Volumetric lighting) 스타일 205
- 시네마틱 조명(Cinematic lighting) 스타일 206
- 언리얼 엔진 조명(Unreal engine lighting) 스타일 207
- 인물 조명(Portrait lighting) 스타일 207
- Portrait Lighting의 세부 표현 208
- 역광(Backlighting) 스타일 208
- 주변 조명(Ambient lighting) 스타일 209
- 스튜디오 조명(Studio lighting) 스타일 209
- 스포트라이트(Spotlight) 스타일 210
- 황금 시간대(Golden hour) 스타일 210

카메라 앵글 및 렌즈(Camera angles & Lens) 스타일 211

- 하이 앵글(High angle) 스타일 211
- 로우 앵글(Low angle) 스타일 212
- 아이 레벨 샷(Eye level shot) 스타일 212
- 더치 앵글(Dutch angle) 스타일 213
- 조감도(Bird's-eye view) 스타일 213
- 항공 뷰(Aerial view) 스타일 214
- 백 앵글(Back angle) 스타일 214
- 어안 렌즈(Fisheye lens) 스타일 215
- 광각 렌즈(Wide-angle lens) 스타일 215
- 망원 렌즈(Telephoto lens) 스타일 216
- 보케(Bokeh) 스타일 216
- 프레이밍 워드(Framing Words) 217

06-3 이상적인 프롬프트 작성법: 쇼튼 활용 220

TIP 챗GPT 확장 도구로 미드저니 프롬프트 생성하기 224

PART 07 미드저니 설정 및 스타일 튜닝 228

07-1 미드저니 사용자 옵션 활용 229

이미지 생성 환경 설정 229

- 리믹스(Remix) 모드의 활용 231

TIP 집합 명사 사용하기 232

07-2 사용자 선호 텍스트 요소 맞춤 설정 233

/prefer option 활용법: P코드 만들기 233

TIP 불필요한 /prefer 옵션 제거하기 236

/prefer suffix 활용법: 접미사 생성 및 활용 237

그밖에 /prefer 명령어에 대하여 239

- /prefer variability 239
- /prefer remix 239
- /prefer auto_dm 239

목차

07-3 스타일 튜너 활용: 이미지 미세 조정하기   240

스타일 코드 결합하기   244

- 스타일라이즈와 로우 매개변수로 미세 조정하기   246

랜덤 스타일 사용하기   248

- 스타일 튜너 세부 기술: /show 명령어 활용하기   250

07-4 개인화 이미지 생성: P코드 활용법   253

미드저니 웹사이트에서 P코드 이미지 생성하기   255

디스코드에서 P코드 이미지 생성 및 활용하기   258

TIP 개인화 코드(P코드) 찾기   261

PART 08 실전에서의 프롬프트   262

08-1 실전 활용 사례 및 경계 확장   263

아이디어 생성 및 매력적인 무드 보드 제작   263

- 비즈니스 및 마케팅 전략   264

- 이벤트 기획 및 축하 행사   265

- 인테리어 디자인 프로젝트   265

- 브랜드 아이덴티티 구상   266

- 창의적 브레인스토밍   267

- 시각적 스토리텔링 제작   268

브랜드 세트 제작하기: 아이콘 및 로고   269

- 로고 생성하기   270

TIP 로고를 활용한 아이콘 만들기   274

포토리얼리즘 제품 목업 제작   275

- 실무 활용: 사실적인 사진 생성하기   276

- 제품 목업 생성 및 실무 활용   279

TIP 빈 목업 이미지 생성하기   282

▶ 부록 연봉 5억 AI 무자본 창업 아이템 50선   283

PART 09 그밖에 유용한 팁과 트릭   284

09-1 프로들이 사용하는 고급 기술들   285

얼굴 일관되게 하기: 인사이트페이스 스왑 봇 활용   285

TIP INSwapper에 대하여   288

인사이트페이스 주요 명령어   289

미드저니의 기본 업스케일 도구   290

TIP 이미지 해상도와 DPI에 대하여   291

- Upscale (Subtle): 초점이 맞춰진 선명도   291

- Upscale (Creative): 창의적인 감각   291

확장 업스케일 도구   292

- 렛츠 인핸스 (Let's Enhance)   292

- 토파즈 랩스 (Topaz Labs)   294

- 매그니픽 AI (Magnific.ai)   294

09-2 프롬프트 개선을 위한 키워드 팁과 트릭   296

디테일한 표현을 위한 키워드 리스트   296

- 사진 용어 (Photographic terms)   296

- 라이트 앤 플래시 (Light and flash)   296

- 카메라 디스크립터 (Camera descriptors)   296

- 필름 (Film)   297

- 포커스 (Focus)   297

- 노출 (Exposure)   297

- 예술 스타일 (Art styles)   297

- 색상 (Colors)　298

- 소재 (Materials)　299

- 환경 (Environment)　299

- 액션 (Action)　299

- 구성 (Composition)　299

- 문화와 시대 (Culture and Era)　300

- 소리와 음악 (Sound and Music)　300

프롬프트가 좋아하는 단어와 싫어하는 단어　301

- 프롬프트가 좋아하는 단어　301

- 프롬프트가 싫어하는 단어　302

프롬프트에 이모지(이모티콘) 사용하기　303

최적화를 위한 프롬프트의 길이와 문법　304

- 프롬프트 길이 최적화　304

- 단어 선택과 문법의 중요성　304

에필로그　305

찾아보기　308

01

생성형 AI 미드저니에 빠져들다

이 파트에서는 미드저니란 무엇인지, 그리고 미드저니를 통해 표현할 수 있는 다양한 스타일, 감정, 색상, 배경 등을 소개한다. 또한, 미드저니의 발전 과정과 함께 생성형 AI의 기초 지식을 다루며, 미드저니를 실무에 적용할 수 있는 방법에 대해 탐구할 것이다.

프롬프트 a african-american woman with her kawaii cartoon of a baby dragon with tiny wings and a big smile, playing with a ball of yarn, in a magical forest with sparkles and fairy lights --ar 3:4 --q 2 --v 6

01-1 미드저니는 무엇인가?

미드저니(Midjourney)는 리프 모션(Leap motion)의 공동 설립자인 데이비드 홀츠(David Holz)가 이끄는 독립 연구소에서 개발한 AI(인공지능) 기술을 통해 텍스트 프롬프트를 기반으로 이미지를 생성하는 혁신적인 도구이다. 사용자가 원하는 이미지에 대한 설명을 텍스트로 입력하면, 미드저니의 AI 알고리즘이 방대한 양의 이미지 데이터를 분석 및 학습하여 패턴과 특징을 인식하고, 이를 바탕으로 새로운 이미지를 만들어낸다.

미드저니에서 표현할 수 있는 것들

미드저니는 사용자가 텍스트 프롬프트를 입력하면, 그에 해당하는 이미지를 생성해 주는 강력한 AI 도구이다. 미드저니를 통해 표현할 수 있는 것은 사실상 무한하다고 할 수 있다. 사용자의 상상력이 닿는 그 어떤 것도 미드저니를 통해 시각화될 수 있기 때문이다. 예를 들어, "외계 행성의 풍경에 서 있는 로봇"이라는 프롬프트를 입력하면 미드저니는 상상 속에나 존재할 법한 그런 장면을 실제 이미지로 표현해 낸다. 또한 "고흐 스타일로 그린 현대 도시의 야경"이라고 하면, 고흐의 특유의 터치와 색감을 담아 오늘날의 도시 풍경을 재해석한 그림을 생성해 준다. 뿐만 아니라, 추상적인 개념이나 감정도 시각화할 수 있다. "사랑의 힘"이라는 프롬프트에는 사랑의 느낌을 색과 형태로 표현한 이미지가, "우울의 깊이"라고 하면 우울한 감정을 시각적으로 나타낸 그림이 만들어질 것이다.

이처럼 미드저니는 사실적인 장면부터 상상 속 세계, 추상적인 개념까지 모두 아우르는 창의적인 도구이다. 이 기술을 통해 우리가 머릿속으로 상상하는 것들을 글로 표현해 주면, 미드저니를 통해 눈으로 직접 볼 수 있는 현실이 된 것이다.

[외계 행성의 풍경에 서 있는 로봇]

prompt robots standing in the landscape of exoplanets

[고흐 스타일로 그린 현대 도시 야경]

prompt a night view of a modern city painted in the style of gogh

[사랑의 힘]

prompt the power of love

[우울의 깊이]

prompt the depth of depression

감정 (Emotion)

미드저니를 활용하면 다양한 감정을 시각적으로 표현할 수 있다. 프롬프트에 감정을 나타내는 단어를 포함시켜 이미지에 특정 분위기나 느낌을 불어넣을 수 있다. 다음은 몇 가지 예시이다. 예시처럼 감정을 나타내는 형용사와 관련 단어들을 조합하여 프롬프트를 작성하면, 미드저니가 해당 감정을 효과적으로 표현한 이미지를 생성해 주며, 색상, 구도, 분위기 등 다양한 시각적 요소를 통해 감정을 전달을 할 수 있다.

[행복(Happiness)]

prompt a smiling woman with a joyful expression, vibrant colors, cheerful atmospher

[슬픔(Sadness)]

prompt a woman with a tearful expression, muted colors, somber atmosphere, gentle rain in the background

[분노(Anger)]

prompt a furious man with clenched fists, fiery red background, intense and aggressive energy

[공포(Fear)]

prompt a frightened child in a dark, eerie forest, shadows lurking, unsettling atmosphere

[사랑(Love)]

prompt a couple embracing each other, warm lighting, soft and romantic ambiance, hearts floating

[놀람(Surprise)]

prompt a person with wide eyes and an open mouth, bright background, unexpected elements

[평온(Serenity)]

prompt a serene landscape, calm water, gentle colors, peaceful and tranquil vibes

또한, 특정한 감정을 강조하기 위해 "--mood" 또는 "--style" 파라미터를 활용할 수도 있다. 예를 들어, "--mood sorrowful"이라고 입력하면 슬픈 분위기의 이미지가, "--style energetic"이라고 하면 활기찬 느낌의 이미지가 생성된다. 이렇듯 미드저니를 통해 감정을 탐색하고 표현하는 것은 예술적 영감을 자극하고, 시각 커뮤니케이션의 새로운 가능성을 열어준다. 이제부터 다양한 감정을 실험해 보며 창의적인 이미지를 만들어 보도록 하자.

시대별 스타일 (Style by Era)

미드저니를 사용하면 특정 시대나 연도의 스타일을 모방한 이미지를 생성할 수 있으며, 시대별로 독특한 예술 양식, 디자인 트렌드, 패션 등을 반영하여 다음 예시와 같은 흥미로운 결과물을 얻을 수 있다.

[르네상스(Renaissance) 시대]

prompt a portrait of a noble lady in the style of Renaissance paintings, rich colors, intricate details

[바로크(Baroque) 시대]

prompt a dramatic scene with intense lighting and deep shadows, reminiscent of baroque art

[인상주의(Impressionism) 시대]

prompt a landscape painting with loose brush strokes and vibrant colors, capturing the essence of Impressionism

[아르누보(Art nouveau) 시대]

prompt an elegant poster design with flowing lines and nature-inspired motifs, in the art nouveau style

[1920년대]

prompt a flapper girl in a glamorous dress, dancing in a speakeasy, capturing the roaring 20s vibe

[1950년대]

prompt a vintage advertisement with bold typography and illustrations, reminiscent of 1950s graphic design

[1980년대]

prompt a retro-futuristic scene with neon colors and geometric shapes, inspired by the 1980s aesthetic

이처럼 특정 시대나 연도를 언급하면서 관련된 예술 사조, 디자인 양식, 패션 등을 설명하는 프롬프트를 작성하면, 미드저니가 해당 시대의 분위기를 담은 이미지를 생성해 준다. 또한 "--style" 파라미터를 사용하여 시대별 스타일을 지정할 수도 있다. 예를 들어 "--style art_deco"라고 하면 아르데코 양식의 이미지가, "--style 80s_retro"라고 하면 80년대 레트로 감성의 이미지가 만들어진다. 미드저니로 다양한 시대의 예술과 디자인에서 영감을 얻고 새로운 아이디어를 발전시켜 나갈 수 있다.

다양한 매체와 재료의 표현

미드저니를 활용하면 실제 물리적인 매체나 재료를 사용하지 않고, 프롬프트에 특정 재료나 기법을 명시하면 마치 해당 방식으로 그림을 그린 것처럼 리얼한 이미지를 생성할 수 있다.

[유화(Oil paint)]

prompt a still life painting of a vase with flowers, rich brushstrokes, and thick layers of oil paint

[수채화(Watercolor)]

prompt a dreamy landscape with soft, muted colors and delicate watercolor washe

[파스텔(Pastel)]

prompt a portrait of a woman with gentle, blended pastel tones and a soft, powdery texture

[색연필(Colored pencil)]

prompt a detailed illustration of a bird, rendered with precise colored pencil stroke

[잉크(Ink)]

prompt an expressive calligraphy piece with bold, black ink strokes on textured paper

[콜라주(Collage)]

prompt a surreal composition made up of various cut-out images and patterns, assembled into a collage

[스크래치보드(Scratchboard)]

prompt an intricate etching of a tree, with fine white lines scraped into a black scratchboard surface

[글리터(Glitter)]

prompt a glamorous fashion illustration with sparkling glitter accents on the dress and accessories

[낙서(Graffiti)]

prompt graffiti mural featuring a baby bear sitting with butterflies, painted in a playful and cartoonish style, bright colors and urban street elements

[임파스토(Impasto)]

prompt impasto portrait of a contemplative woman, expressive brushstrokes emphasizing the texture of her skin and hair, deep and intense color palette

[미니멀리스트(Minimalist)]

prompt minimalist design of a coffee cup, clean white background, simple black outline, emphasis on form and shape, modern and sleek aesthetic

[종이접기(Origami)]

prompt origami style cat, folded paper look, clean geometric lines, crisp edges, white and pastel colors, minimalistic design

[페이퍼 퀄링(Paper quilling)]

prompt paper quilling tree, swirling branches made of rolled paper strips, rich green and brown tones, detailed and decorative design, nature-inspired art

[아웃라인(Outline)]

prompt outline drawing of a cat, simple black and white lines, clean and minimalistic design, sharp and precise edges, elegant feline shape, minimal detail

이처럼 특정 재료들이나 기법의 이름을 프롬프트에 포함시키면 미드저니가 해당 효과를 흉내 낸 이미지를 만들어낸다. 또한 "--style" 파라미터를 사용하여 특정 매체의 스타일을 지정할 수도 있다. 예를 들어 "--style oil_painting"이라고 하면 유화 느낌의 이미지가, "--style pencil_sketch"라고 하면 연필 스케치 같은 이미지가 생성된다. 미드저니를 통해 다양한 매체와 재료를 실험해보는 것은 창의력을 자극하고 새로운 시각적 표현 방법을 발견하는 데 도움이 된다.

색상 팔레트 (메인 컬러 지정)

미드저니에서는 특정 색상이나 색상 조합을 지정하여 이미지의 전체적인 분위기와 톤을 조절할 수 있다. 프롬프트에 원하는 색상을 명시하면 해당 색상이 두드러지게 반영된 이미지가 생성된다.

[모노크롬(Monochrome)]

prompt a mysterious forest scene in shades of deep blue, monochromatic color scheme

[비비드 컬러(Vivid colors)]

prompt a lively festival with vibrant, saturated colors - red, orange, and yellow

[파스텔 톤(Pastel tones)]

prompt a charming cafe interior with soft, pastel hues of pink, mint, and lavender

[네온 컬러(Neon colors)]

prompt a cyberpunk cityscape at night, illuminated by glowing neon signs in electric blue and purple

[지구 톤(Earth tones)]

prompt a cozy living room with warm, earthy tones of brown, beige, and terracotta

[블랙 & 화이트(Black and White)]

prompt a dramatic portrait with high contrast black and white tones, emphasizing light and shadow

[컬러 팝(Color pop)]

prompt a minimalist composition with a single red object against a clean white background, creating a color pop effect

풍부한 배경 표현

미드저니에서는 이미지의 배경과 환경을 다양하게 설정하여 피사체를 더욱 돋보이게 하거나 특별한 분위기를 연출할 수 있다. 프롬프트에 배경에 대한 디테일을 포함시키면 그에 맞는 이미지가 생성되며, 배경에 대한 구체적인 묘사를 프롬프트에 포함시키면, 미드저니가 그에 맞는 디테일과 분위기를 가진 이미지를 생성해 준다. 다음은 몇 가지 예시이다.

[자연 환경(The natural environment)]

prompt a majestic lion standing on a cliff, with a vast savanna landscape stretching to the horizon

[도시 배경(City background)]

prompt a majestic lion standing on a cliff, with a vast savanna landscape stretching to the horizon

[실내 공간(Indoor space)]

prompt a cozy bedroom with warm lighting, plush bedding, and a view of the city skyline through the window

[추상적 배경(Abstract background)]

prompt a dancer performing an elegant move, with swirling ribbons of color and light in the abstract background

[역사적 배경(Historical background)]

prompt a samurai warrior standing in front of a traditional japanese temple, with cherry blossoms falling gently

[환상적 배경(A fantastic background)]

prompt a fairy tale princess in a shimmering gown, walking through an enchanted forest with glowing mushrooms and fireflies

[우주 공간(Outer space)]

prompt an astronaut floating in the vast expanse of space, with distant galaxies and nebulae in the background

이처럼 배경에 대한 구체적인 묘사를 프롬프트에 포함시키면 미드저니가 그에 맞는 디테일과 분위기를 가진 이미지를 생성해 준다. 또한 "--background" 파라미터를 사용하여 배경 스타일을 지정할 수도 있다. 예를 들어 "--background abstract"라고 하면 추상적인 배경이, "--background nature"라고 하면 자연 풍경이 배경으로 등장하며, 피사체와 어울리는 배경을 선택하면 이미지에 깊이와 맥락을 더할 수 있다. 이러한 방법으로 배경을 창의적으로 활용하여 메시지를 전달하거나 감정을 표현할 수도 있다. 미드저니에서 다채로운 배경을 실험해 보며 이미지 표현의 폭을 넓혀보기로 하자.

미드저니 AI 기술 이해하기

미드저니는 인공지능 기술, 특히 딥러닝(Deep learning)과 생성 모델(Generative models)을 활용하여 이미지를 생성한다. 미드저니의 AI 기술을 이해하기 위해서는 다음의 두 가지 개념을 살펴볼 필요가 있다.

딥러닝 (Deep learning)

딥러닝(Deep learning)딥러닝은 인공 신경망(Artificial neural networks)을 사용하여 데이터에서 패턴과 특징을 학습하는 기계 학습의 한 분야이다. 딥러닝 모델은 여러 층(Layer)의 뉴런으로 구성되며, 각 층은 입력 데이터에서 점점 더 추상적이고 고차원적인 특징을 추출한다. 이를 통해 이미지 인식, 자연어 처리 등 다양한 과제를 수행할 수 있다.

· 인공 신경(퍼셉트론) ·

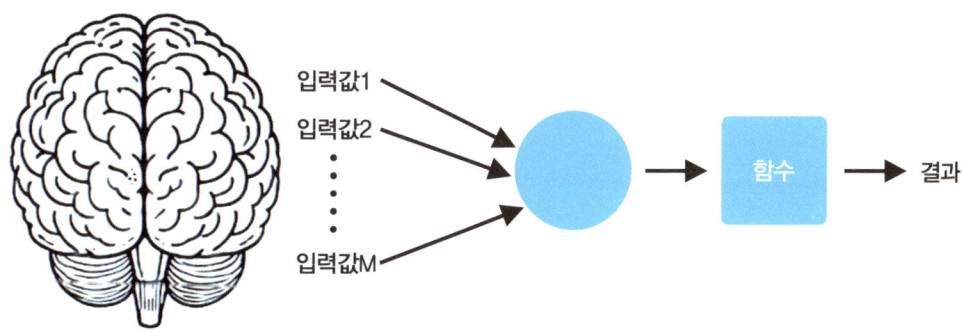

생성 모델 (Generative models)

생성 모델은 학습한 데이터의 분포를 바탕으로 새로운 데이터를 생성하는 모델이다. 대표적인 생성 모델로는 GAN(Generative adversarial networks), VAE(Variational auto-encoders) 등이 있다. 이러한 모델은 이미지, 음성, 텍스트 등 다양한 유형의 데이터를 생성할 수 있다.

미드저니는 이 두 가지 기술을 바탕으로 텍스트 프롬프트를 통해 해당하는 이미지를 생성한다. 대량의 이미지 데이터를 학습한 딥러닝 모델이 텍스트의 의미를 이해하고, 생성 모델을 통해 관련 이미지를 만들어내는 것이라고 이해하면 된다. 미드저니의 AI 모델은 다음과 같은 과정을 거친다.

텍스트 이해: 입력된 텍스트 프롬프트를 분석하여 주요 키워드와 문맥을 파악

이미지 검색: 학습한 이미지 데이터베이스에서 텍스트와 관련된 이미지를 찾기

이미지 생성: 검색된 이미지들을 바탕으로 새로운 이미지 생성 (생성 모델이 사용)

이미지 최적화: 생성된 이미지를 프롬프트에 더 잘 맞도록 수정하고 개선

미드저니는 이러한 과정을 반복하며 점점 더 정교하고 고품질의 이미지를 생성한다. 미드저니의 AI 기술은 계속해서 발전하고 있으며, 앞으로도 더욱 놀라운 결과물을 보여줄 것으로 기대하고 있다. 이렇듯 텍스트와 이미지를 연결하는 미드저니의 AI 기술이 예술, 디자인 등 다양한 분야에 혁신을 가져올 수 있을 것이다.

미드저니 버전의 진화

미드저니는 2022년 7월 베타 버전 출시 이후로 꾸준히 업데이트되며 발전해 왔다. 각 버전마다 새로운 기능과 개선 사항이 도입되었고, 이미지 생성 품질과 다양성 측면에서 눈에 띄는 진화를 이뤄냈다. 다음은 미드저니의 주요 버전별 특징이다.

베타 버전 (2022년 7월)

- 텍스트 프롬프트를 기반으로 한 이미지 생성 기능 제공
- 디스코드(Discord) 봇을 통해 서비스 제공
- 제한된 사용자 수와 이미지 생성 횟수

버전 1 (2022년 8월)

- 업스케일링(Upscaling) 기능 추가: 저해상도 이미지를 고해상도로 변환

- 라이트 업스케일러(Light Upscaler) 및 베타 업스케일러(Beta Upscaler) 도입
- 사용자 인터페이스 개선 및 디스코드(Discord) 커뮤니티 확장

버전 2 (2022년 10월)

- 이미지 생성 속도 및 품질 향상
- 멀티 프롬프트(Multi-Prompt) 기능 도입: 한 번에 여러 개의 프롬프트 입력 가능
- 노이즈 제거 및 디테일 강화 옵션 추가

버전 3 (2022년 12월)

- 새로운 Niji 모델 도입: 애니메이션 및 일러스트레이션 스타일 특화
- --style 매개변수(파라미터) 도입: 원하는 미술 스타일 지정 가능
- 최신 버전 이미지 생성에 대응하는 /imagine 명령어 개선

버전 4 (2023년 2월)

- V4 모델 도입: 기존 대비 품질 및 일관성 대폭 향상
- 개선된 노이즈 제거 및 디테일 표현 능력
- Niji 모델 안정화 및 정교화

버전 5 (2023년 5월)

- 새로운 디퓨전(Diffusion) 모델 기반의 고품질 및 고해상도 이미지 생성
- 제어 가능한 매개변수 확대 및 유저 친화적 인터페이스 제공
- 비디오 및 3D 이미지 생성 기능 베타 테스트
- 더 빨라진 처리 속도로 실시간 수준의 이미지 생성 가능

버전 6 (2024년 7월)

- 고도화된 이미지 생성 알고리즘을 통한 세밀하고 자연스러운 이미지 생성
- 강화된 협업 기능으로 팀 작업이 가능하며, 클라우드 방식으로 저장 가능
- AI 윤리 및 보안 강화로 생성된 이미지의 윤리적 문제를 사전에 검토 및 필터링 가능

이처럼 미드저니는 단순한 이미지 생성을 넘어 창의적 도구로 진화하고 있다. 머신 러닝 기술의 발전과 더불어 꾸준한 모델 업데이트를 통해 더욱 정교하고 다재다능한 결과물을 만들어내고 있으며, 앞으로 미드저니가 어떤 새로운 기능과 가능성을 선보일지 기대된다.

미드저니의 법적 문제와 윤리적 우려

AI 작품의 등장은 저작권 소유권에 대한 수많은 논쟁을 불러일으켰다. 인간의 통제 하에 도구로서 작용하는 AI가 만들어낸 결과물에는 저작권 보호를 부여하는 쪽으로 의견이 모아지고 있다. 그러나 인간의 개입이 거의 없는 AI 생성물은 보호를 받을 가능성이 낮다. 저작권 보호를 위해 필요한 인간 개입의 수준은 여전히 논쟁의 여지가 있으며, 법원의 판단에 따라 달라질 수 있다.

이렇듯 미드저니는 강력하고 혁신적인 이미지 생성 도구이지만, 동시에 다음과 같은 몇 가지 법적, 윤리적 이슈를 안고 있다.

첫째, 저작권 문제이다. 미드저니는 방대한 양의 이미지를 학습하여 새로운 이미지를 생성하는데, 이 과정에서 기존 작품의 스타일이나 구성 요소가 모방될 수 있다. 생성된 이미지가 기존 작품과 유사할 경우, 저작권 침해 논란이 제기될 소지가 있다는 것이다. 아직 AI 생성 이미지의 저작권에 대한 법적 판단 기준이 명확하지 않아, 이는 쉽게 해결되기 어려운 문제이다.

둘째, 딥페이크 이슈이다. 미드저니를 악용하여 특정 인물의 얼굴을 합성하거나 민감한 콘텐츠를 생성할 수 있다. 이는 사생활 침해, 명예훼손 등의 문제로 이어질 수 있다. 미드저니에는 일부 제한 장치가 마련되어 있으나, 완벽하게 악용을 방지하기는 어렵다.

셋째, 편향성 문제이다. 미드저니가 학습한 데이터에 내재된 편견이 생성되는 이미지에 반영될 수 있다. 예를 들어, 특정 인종, 성별, 연령 등에 대한 고정관념이 재생산될 위험이 있다는 것이다. 이는 사회적 차별을 강화하고 왜곡된 이미지를 확산시킬 수 있다.

마지막으로 창작자의 역할 변화에 대한 우려도 있다. 미드저니와 같은 AI 도구의 발전으로 창작 과정이 자동화, 간소화되면서 인간 창작자의 입지가 줄어들 수 있다는 지적이 나온다. AI와 인간 창작자의 관계 설정, 창의성의 본질에 대한 고민이 필요한 시점이다.

이러한 문제의식을 바탕으로 미드저니를 비롯한 AI 생성 모델의 개발과 활용에는 기술적 발전과 함께 법적, 윤리적 규범 정립이 병행되어야 할 것이다. 건전한 창작 생태계를 구축하고 기술의 긍정적 영향을 극대화하기 위한 사회적 논의와 합의가 요구되는 상황이다.

미드저니 / 제이슨 M. 앨런의 작품 - 콜로라도 주 박람회 2022

위 작품은 미드저니와 제이슨 M. 앨런이 협력하여 제작한 것으로, 2022년 콜로라도 주 박람회에서 출품된 그림이다. 해당 작품은 AI 기술을 활용한 예술 작품으로, AI 기반 이미지 생성 도구가 단순한 기술적 도구를 넘어, 예술 창작의 새로운 장르를 개척하는데 기여할 수 있음을 보여주고 있다. 미드저니와 제이슨 M. 앨런의 협업은 예술과 기술의 융합이 가져올 미래 가능성을 시사하며, 작품을 통해 디지털 아트의 발전과 AI와 인간의 협력이 예술 분야에서 어떻게 구현될 수 있는지를 잘 보여주는 사례로 평가 받고 있다.

미드저니의 장점

미드저니는 디자인 창작 산업의 다양한 측면을 혁신하고 있다. 텍스트 프롬프트를 고품질 이미지로 변환하는 능력은 생산성을 크게 향상시키며, 다양한 부문에서 폭넓게 응용될 수 있다. 미드저니의 주요 장점과 실제 적용 사례는 다음과 같다.

생산성 향상

- 아이디어를 빠르게 시각화할 수 있어 창작 과정의 가속화
- 초기 컨셉 작업 시간의 단축

비용 절감

- 전문 일러스트레이터나 디자이너 고용 비용 절감
- 스톡 이미지 구매 비용 절감

창의성 증진

- 다양한 스타일과 컨셉을 쉽게 실험 가능
- 예상치 못한 결과물로부터 새로운 아이디어 창출

접근성 향상

- 전문적인 그래픽 기술이 없이 고품질 이미지를 생성
- 소규모 기업이나 개인 창작자도 쉽게 활용

출판 분야

- 책 표지 디자인: 작가들이 직접 표지 이미지를 생성하여 비용 절감
- 삽화 제작: 동화책이나 그래픽 노블의 삽화를 빠르게 제작

광고 및 마케팅

- 소셜 미디어 콘텐츠: 다양한 시각 자료를 신속하게 제작 가능
- 제품 컨셉: 새로운 제품 아이디어를 시각화하여 프레젠테이션에 활용

게임 개발

- 캐릭터 디자인: 초기 캐릭터 컨셉을 빠르게 생성
- 환경 디자인: 게임 배경이나 레벨 디자인의 기초 작업 수행

영화 및 애니메이션

- 스토리보드 제작: 장면을 빠르게 시각화하여 기획 단계 효율화
- 컨셉 아트: 캐릭터, 소품, 배경 등의 초기 디자인 생성

인테리어 디자인

- 공간 시각화: 클라이언트에게 다양한 인테리어 옵션 제시
- 가구 디자인: 새로운 가구 디지인 아이디어 탐색

미드저니는 창작 과정에서 창의성과 효율성을 높이는 데 도움을 준다. 미드저니의 핵심 기능은 디자인과 이미지 생성에 거의 무한한 가능성을 제공하는 것이며, 도구의 효율성은 전통적인 방법(손으로 그린 그림, 손으로 만든 일러스트레이션 및 페인팅, 물리적 디자인 도구 또는 Adobe Photoshop이나 Illustrator와 같은 표준 그래픽 디자인 소프트웨어 사용)과 비교할 때 짧은 시간 안에 고품질 출력을 생성한다는 것이다.

전 세계적으로 많은 브랜드가 미드저니를 디자인 워크플로에 통합하여 그 혜택을 실감하고 있으며, 창의성의 경계를 확장하기 위해 이 도구의 능력을 활용하고 있다. 미드저니는 또한, 빠른 프로토타이핑과 창의성 향상을 가능하게 한다. 예술가들은 미드저니를 사용하여 예술적 개념의 프로토타입, 예를 들어 무드 보드 등을 신속하게 개발하고, 작업에 몰두하기 전에 클라이언트에게 제시할 수 있다. 이 방

법은 프레젠테이션을 위한 고품질 시각 자료의 빠른 생성을 촉진하여 아이디어 창출 및 제작 과정을 크게 가속화한다.

응용 측면에서도 미드저니는 광고 부문에서 큰 인기를 얻고 있다. 고유한 콘텐츠를 신속하게 생성하고 아이디어를 브레인스토밍할 수 있는 능력은 새로운 기회를 제공하기 때문이다. 여기에는 개인 맞춤형 광고 생성, 전자 상거래 광고 및 소셜 미디어 콘텐츠에서의 효율성 증가, 특수 효과 창작의 혁신적인 방법 등이 포함된다.

잘 알려진 아이스크림 브랜드인 베스킨라빈스는 이 도구의 잠재력을 실감한 좋은 예이다. 인스타그램과 링크드인에서 "Food with a Golden Touch" 시리즈로 주목을 받은 유명 AI 예술가 타판 아슬롯과 팀을 이루어, 브랜드는 미드저니의 "GenAI" 능력을 활용한 새로운 아이스크림 맛 캠페인을 시작하였다. 이후, AI로 생성된 매혹적인 아이스크림 원더랜드의 이미지들이 소셜 미디어 플랫폼에서 큰 관심을 끌며, 브랜드의 AI 기술 활용 혁신을 보여주었고, 전통적인 마케팅 패러다임을 혁신할 AI의 비할 데 없는 잠재력을 입증하였다.

미드저니 / Tapan Aslot이 제작한 Baskin Robbins 맛 캠페인의 두 가지 예시

미드저니의 또 다른 독특한 적용 사례는 필자가 운영하는 "책바세"에서 볼 수 있다. 책바세에서 출간되

는 모든 책은 표지뿐만 아니라 책 속에 삽입된 대부분의 삽화 대부분이 미드저니를 통해 구현하고 있다. 물론 완벽한 삽화를 선택하기 위해 미드저니 프롬프트를 수 시간 동안 다듬어야 하지만, 지금은 그동안의 경험을 통해 초기보다 훨씬 빠르게 원하는 결과물을 생성하고 있다. 이렇듯 AI 도구의 잠재력은 책 전체의 시각적 요소를 풍부하게 만드는 데 기여할 수 있음을 보여준다.

미드저니 / 책바세에서 출간된 건축 및 영상 관련 도서의 표지

결론적으로, 미드저니를 창작 과정에 통합하면 아웃풋을 크게 향상시킬 수 있으며, 미드저니는 사실상 무한한 디자인 가능성을 제공하여 전통적인 방법보다 훨씬 짧은 시간에 고품질 디자인을 생성할 수 있는 효율적인 도구라는 것이다. 이로써, 전 세계의 많은 브랜드들이 이미 미드저니를 디자인 워크플로우에 통합하여 그 이점을 실현하고 창의적 경계를 넓히는 데 이 도구를 활용하고 있다.

01-2 AI(인공지능)에 대하여

인공지능(AI: Artificial intelligence)은 인간의 지능을 모방하여 학습, 추론, 문제 해결 등을 수행하는 컴퓨터 시스템이나 기계를 말한다. AI는 크게 약한 AI와 강한 AI로 구분할 수 있는데, 약한 AI는 특정 영역에서 인간의 지능을 모방하는 수준이고, 강한 AI는 인간처럼 일반적인 지능을 가진 시스템을 의미한다.

AI의 탄생

AI의 개념은 새로운 것이 아니다. 인간처럼 추론할 수 있는 기계를 만들고자 하는 아이디어는 고대로 거슬러 올라간다. 그러나 오늘날 우리가 이해하는 현대적 의미의 AI는 1956년 다트머스 대학에서 열린 획기적인 학회에서 시작되었다. 이 자리에서 인공지능이라는 용어가 만들어졌고, 기술 혁신의 새 시대를 열어갈 가치로 자리잡게 되었다.

이 역사적인 행사에서, 이 분야의 리더들은 "학습의 모든 측면 또는 지능의 다른 모든 특성은 원칙적으로 정확하게 기술될 수 있어서 기계가 그것을 시뮬레이션 할 수 있다"는 가설을 채택하였고, 튜링 테스트로 유명한 "앨런 튜링", AI의 아버지로 알려진 "존 매카시" 같은 인물들이 이 형성기에 중요한 역할을 했다. 그 이후로 AI의 발전은 인상적인 성과와 실망스러운 부진이 오가며 이루어져 왔으며, 오늘날 세계에서 우리가 목격하는 "LLMs"와 같은 엄청난 발전으로 귀결되고 있다.

LLMs이란?

LLMs은 Large language models의 약자로, 방대한 양의 텍스트 데이터를 학습한 거대 언어 모델을 의미한다. 이들은 인간의 언어를 이해하고 생성하는 데 특화된 인공지능 모델이다. LLMs은 수십억 개에서 수조 개에 이르는 매개변수(Parameters)를 가진 거대한 신경망으로 이루어지며, 이 모델들은 방대한 양의 텍스트 데이터를 바탕으로 언어의 패턴과 의미를 학습하고, 이를 기반으로 현실감 있는 대화 생성, 광고나 대본을 위한 창의적인 글쓰기, 다양한 상황에서 사용자 질문에 유익한 답변 제공 등 여러 영역에서 문맥에 맞는 자연스러운 텍스트를 생성할 수 있다. 대표적인 LLMs로는 OpenAI의 GPT(Generative pre-trained transformer) 시리즈와 Google의 BERT(Bidirectional encoder representations from transformers), ERNIE(Enhanced representation through knowledge integration) 등이 있다.

예술과 AI의 융합

기술과 창의성의 교차점으로 더 깊이 들어가면, AI가 예술의 영역에 혁신적으로 침투하여 많은 사람들을 놀라게 하고 매혹적인 새로운 장르인 생성 예술을 탄생시킨 것을 알 수 있다. 알고리즘의 계산된 정밀성과 임의성의 변덕스러운 요소를 결합하여, AI는 생성 예술을 혁신하여 매혹적이고 독특한 작품을 만들어낸다.

창작 과정의 혁신

- AI는 예술가들에게 새로운 도구와 영감의 원천 제공
- 전통적인 기법과 AI 기술의 결합으로 독특한 작품 탄생

접근성 향상

- 전문적인 기술이 없어도 고품질의 시각 작품 생성
- 더 많은 사람들이 예술 창작에 참여 가능

협업의 새로운 형태

- 인간 예술가와 AI 사이의 상호작용이 새로운 창작 방식 탄생
- AI를 '공동 창작자'로 보는 시각 등장

예술의 정의에 대한 도전

- AI 생성 작품이 '진정한 예술'인지에 대한 철학적 논쟁
- 창의성과 의도성에 대한 기존 개념 재고

윤리적 고려 사항

- 저작권 문제: AI 생성 작품의 소유권에 대한 법적 논란
- 예술가의 역할: AI로 인한 전통적인 예술가 역할의 변화에 대한 우려

새로운 예술 형식의 탄생

- AI와 인간의 상호작용을 기반으로 한 새로운 예술 장르 등장
- 데이터 기반 예술, 생성적 예술 등 새로운 개념 부상

교육과 훈련의 변화

- 예술 교육에서 AI 도구의 사용법과 이해 대두
- 전통적인 기법과 디지털 기술에 대한 균형 있는 교육

이러한 융합은 예술계에 큰 변화를 가져오고, 앞으로도 계속해서 진화할 것으로 예상된다. AI는 예술가들에게 새로운 가능성을 제공하는 동시에, 예술의 본질에 대한 깊이 있는 성찰이 요구된다.

예술에 적용한 AI

생성 AI 예술은 예술가가 자율 시스템을 활용해 창작하는 새로운 예술 형태로, 음악, 이미지, 비디오 등 다양한 매체를 아우른다. 알고리즘과 기계 학습을 기반으로 하는 이 시스템들은 인간의 창작 과정을 모방하며, 예술가의 역할을 변화시켜 시스템과 통제권을 공유하게 한다. 이로 인해 예술 창작의 접근성이 향상되고, 제작 속도가 빨라지며, 결과물의 예측 불가능성이 증가한다.

AI 기술, 특히 신경망(NN), 생성적 적대 신경망(GAN), 변이형 오토인코더(VAE), 확산 모델 등은 패턴 인식과 복잡성 독해, 새로운 출력 생성 능력으로 생성 예술에 전례 없는 차원을 더하고 있다. 이는 예술의 정의와 창작 과정에 대한 인식을 재고하게 만들며, 예술계의 변화에 대한 흥미로운 질문을 제기한다.

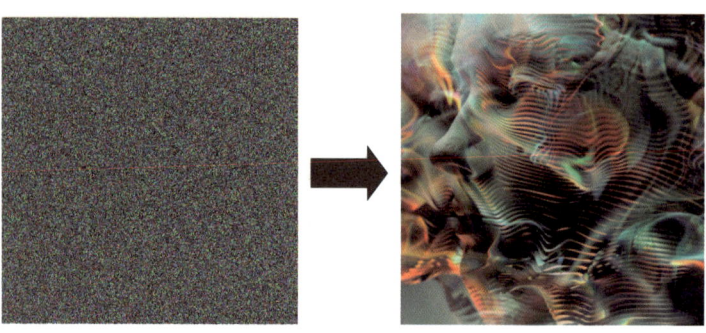

미드저니 / 확산 모델은 노이즈로부터 이미지를 생성하는 데 사용 가능

신경망 (NN)

신경망(NN: Neural Network)은 인간 뇌의 생물학적 신경망에서 영감을 받은 계산 모델로, 뉴런이라 불리는 노드 층으로 구성되어 데이터 패턴에 적응할 수 있다. NN 기반 생성 예술의 주목할 만한 예로는 GAN으로 생성된 "에드먼드 드 벨라미의 초상화"가 있는데, 이는 크리스티 경매에서 놀랍게도 $432,500(한화: 561,250,000원)에 낙찰되었다.

미드저니 / 에드먼드 드 벨라미의 초상화를 재해석한 초상화

AI 예술의 미래

AI 예술의 미래 전망AI 예술의 발전 방향은 다양한 기회와 도전을 제시하며, 한편으로는 AI 예술이 인간이 만든 예술과 구별할 수 없을 정도로 정교해질 가능성이 있다. 이러한 발전은 진정성, 독창성, AI 창작 예술의 가치 평가에 대한 치열한 논쟁을 불러일으킬 수 있으며, 다른 한편으로 AI는 새롭고 혁신적인 표현 형태를 촉진하는 놀라운 도구가 되어 예술 자체에 대한 우리의 이해를 넓힐 수 있다. 그러나 AI 예술의 이러한 중요한 발전에는 윤리적 딜레마가 수반된다.

AI 생성 예술이 더 보편화됨에 따라 주요 우려 사항은 딥페이크나 기만 또는 조작에 사용될 수 있는 다른 형태의 합성 미디어를 만드는 등의 잠재적 오용이다. 이러한 발전은 AI 예술에서의 윤리적 경계에 대한 비판적 평가를 필요로 한다. AI와 생성 예술이 계속 얽힘에 따라 창작 과정에서 예술가, 관람자, 그리고 AI 자체의 역할이 재정의의 대상이 되며, 이러한 흥미로운 상호작용은 창의성과 기술이 우리의 상상력의 경계를 넓히기 위해 결합하는, 예술계의 역동적인 미래를 약속한다.

02

미드저니 세계로 들어가기

이 파트는 미드저니 사용을 위한 기본적인 설정 방법과 디스코드 활용법에 대해 살펴본다. 미드저니에서 이미지를 생성하고, 프롬프트 작성법을 배우며, 자신의 서버에서 이미지를 생성하는 방법까지 단계별로 안내할 것이다.

프롬프트 a clear, full-length glass sculpture depicting a female baseball player looking into the camera, bat in hand, she has a big red "fragile" sticker on her body --ar 3:4 --stylize 500 --v 6.1

02-1 미드저니 시작하기

미드저니는 디스코드 서버를 통해 작동하는 AI 기반 이미지 생성 도구이다. 미드저니를 사용하려면 디스코드 계정을 설정하고, 미드저니 봇을 디스코드 서버에 초대해야 한다. 이제부터 미드저니 사용을 위한 디스코드 설정과 사용 방법에 대한 과정을 단계별로 살펴보자.

디스코드 시작하기: 계정 생성 및 서버 접속하기

디스코드는 게이머를 위한 메신저 플랫폼으로 시작했지만, 현재는 텍스트, 음성, 화상 채팅을 통해 실시간으로 소통할 수 있는 다양한 커뮤니티를 위한 그룹 채팅 도구로 진화했으며, 미드저니와 같은 도구를 구현하기 위한 서버로도 활용되고 있다.

1 디스코드 홈페이지(www.discord.com)로 이동하여 [로그인]을 선택한다.

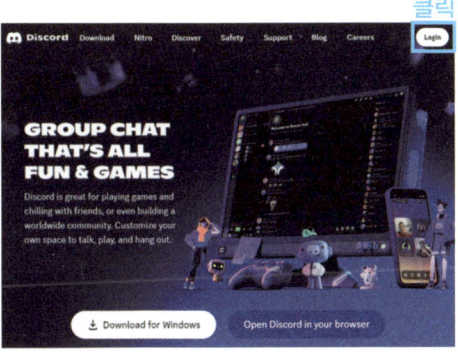

✱ 디스코드는 [Download for Windows]를 통해 PC에 설치해서 사용할 수도 있다.

2 디스코드 계정이 있다면 이메일 주소 또는 전화번호, 비밀번호를 통해 로그인하면 된다. 여기에서는 계정이 없는 사용자를 위해 계정 생성부터 시작해 보자. ❶[가입하기]를 선택한다. 그 다음 계정 만들기에서 ❷[이메일~생년월일]까지 입력한 후 ❸[계속하기] 버튼을 누른다.

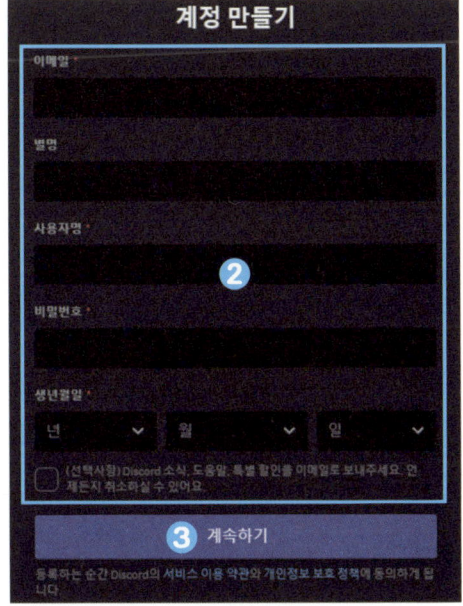

미드저니 시작하기　049

3 자동 등록 방지를 위해 [사람입니다]를 체크한다.

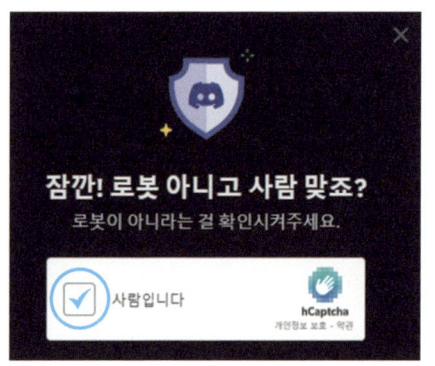

4 퍼즐 화면이 나타나면 ❶[퍼즐]을 맞추(클릭)고, ❷[다음] 버튼을 누른다. 퍼즐은 아래 그림과 다를 수 있다.

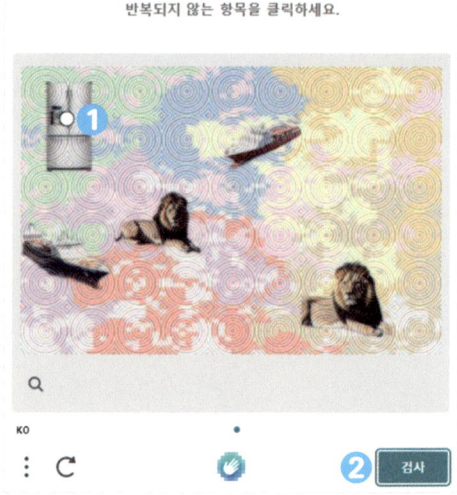

6 **디스코드 서버 생성** 커뮤니티와 챗 봇 연동을 위해 디스코드 서버를 만들어 보자. 첫 화면에서 [직접 만들기]를 선택한다.

✱ 디스코드 계정을 대부분 처음 계정을 만들기 때문에 [직접 만들기] 버튼을 클릭했지만, 이미 다른 친구에서 초대장을 받았다면 하단의 [이미 초대장을 받으셨나요? 서버 참가하기]를 사용하면 된다.

5 또 다시 퍼즐 화면이 나타나면 ❶[퍼즐]을 맞추고, ❷[검사] 버튼을 눌러 계정 등록을 끝마친다.

7 [이 서버에 대해 더 자세히 말해 주세요] 창에서는 그냥 [건너뛰기]를 한다.

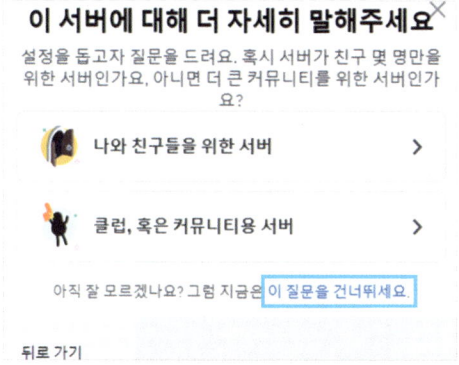
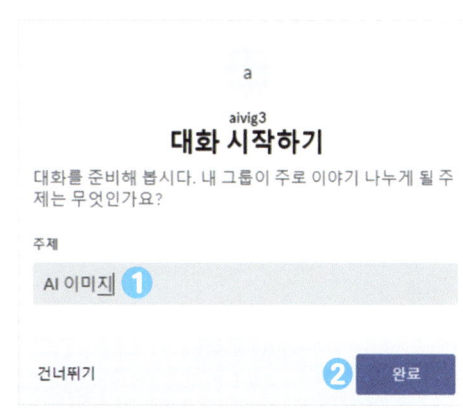

8 [서버 커스터마이징하기] 창에서는 사용할 적당한 ❶[서버 이름]을 입력(원하는 서버명)하고, ❷[만들기] 버튼을 누른다.

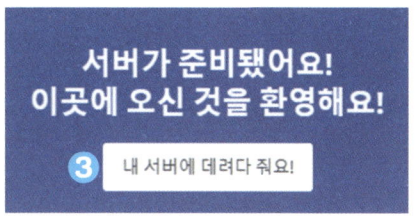

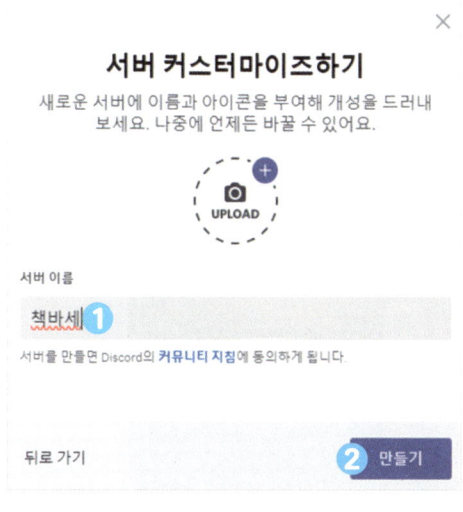

10 **이메일 인증** 앞서 등록한 이메일 정보를 통해 사용자 인증을 위한 창이 뜨면, 인증하기 위해 [이메일로 인증하기]를 클릭한다.

9 다음 창에서는 대화의 주제 등을 입력하는데, 그냥 건너뛰기해도 되지만, 필자는 ❶[AI 이미지]라고 입력한 후 ❷[완료] 버튼을 눌렀다. 그리고 ❸[내 서버에 데려다 줘요] 버튼을 눌러 자신의 서버로 이동한다.

11 앞서 입력한 이메일로 들어가면 디스코드에서 보낸 이메일이 왔을 것이다. 이메일을 열고 ❶[Verify Email] 버튼을 누르면 이메일 인증이

완료된다. 이제 ❷[Discord로 계속하기] 버튼을 누른다.

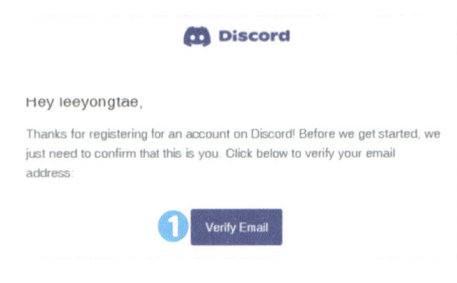

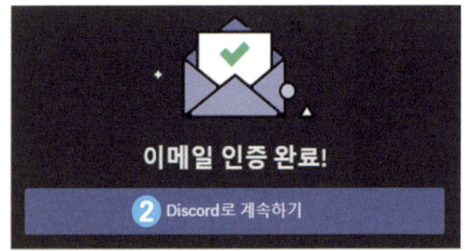

* 디스코드 웹사이트를 항상 정상적으로 열기 위해서는 [허용]에 대한 옵션을 체크를 하는 것이 좋다.

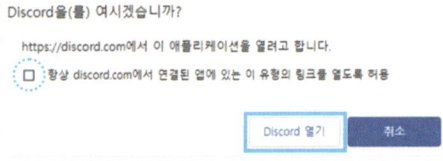

12 로그인 하기 이메일 인증까지 끝나면 정상적으로 사용할 수 있는 상태이다. 이제 디스코드에 로그인하기 위해 앞서 작성한 ❶[이메일, 비밀번호]를 입력한 후 ❷[로그인] 버튼을 누른다.

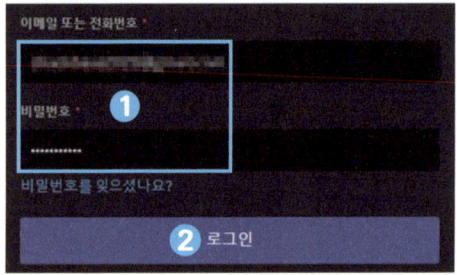

13 그룹 서버 등록 디스코드 메인 화면이 열리면 우측에 있는 [서버 찾기]를 클릭한다.

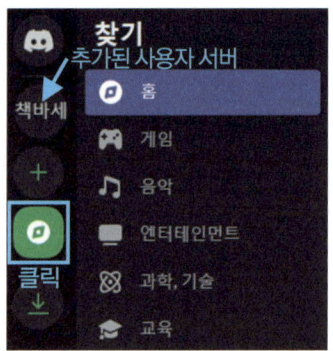

14 계속해서 추천 커뮤니티 화면이 열리면, [Midjourney]를 선택하여 미드저니 그룹을 활성화한다. 이것으로 미드저니를 사용할 수 있는 완전한 상태가 되었다.

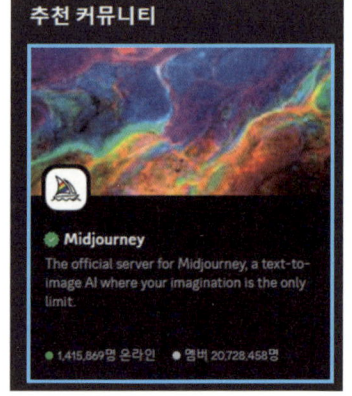

QUICK TIPS!

디스코드 앱 버전 설치에 대하여

디스코드 계정 생성 시 [PC 앱 다운로드하기]가 나타나는 경우, 앱을 설치하여 미드저니를 사용할 수 있지만, 여기에서는 웹사이트를 사용할 것이다.

15 미드저니 그룹이 우측에 생성되면 ❶[미드저니 로고]를 클릭하여 그룹에 들어간 후, ❷[참여하기]한다. 이것으로 이미지 생성뿐만 아니라 그룹 멤버들과의 커뮤니티가 가능하다.

16 그룹 멤버가 되면 [시작합시다!] 버튼을 누른다. 이제부터 정상적으로 미드저에서 다양한 활동을 할 수 있다.

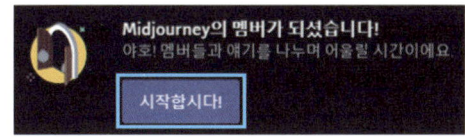

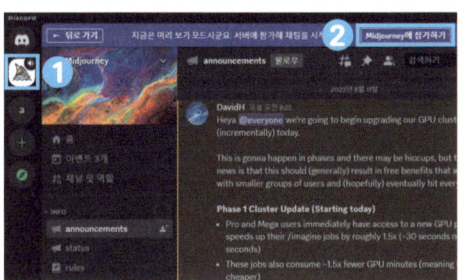

계정 등록 후 미드저니 사용하기: MJ에 대하여

회원가입(계정 등록) 후, 미드저니를 사용하기 위해 미드저니(www.midjourney.com) 웹사이트로 들어가면 디스코드가 아닌 [MJ alpha] 웹사이트가 열린다면, [discord.com/invite/midjourney] 또는 구글과 같은 검색기에서 [미드저니 디스코드]로 검색하여 웹사이트로 들어가야 한다. 참고로 "MJ 알파"는 미드저니의 알파 버전 웹 인터페이스로, 사용자가 텍스트 설명을 기반으로, AI가 생성한 이미지를 생성하고, 탐색할 수 있는 플랫폼이다. 미드저니에서 생성된 이미지(디자인), 인간 인프라, 그리고 인공지능을 중심으로 작품을 통해 상상력을 증대시키는 것을 목표로 하는 독립적인 연구소라고 이해하면 된다.

미드저니 디스코드를 통해 들어가면, 다음과 같은 복잡한 코드 배경 장면으로 시작된다. 미드저니를 시작하기 위해서 하단의 [Join the Beta] 버튼을 누르면 된다. 이후 [디스코드 앱이 실행됨] 창이 열리면 [디스코드로 계속하기] 버튼을 눌러 실행한다.

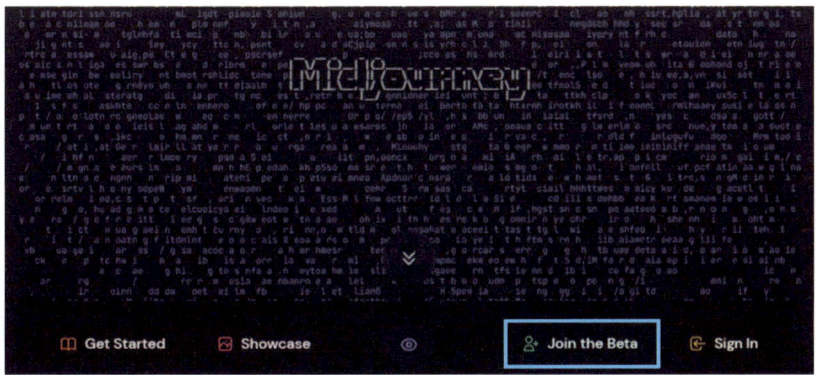

구독하기: 유료 버전 사용하기

미드저니는 모든 사용 방식을 유료로 전환하였다. 그러므로 미드저니를 사용하기 위해서는 자신에게 가장 적합한 플랜을 선택해야 한다. 일반적으로 처음 시작하는 사용자는 기본 플랜인 "Basic 플랜"이나 "Standard 플랜"이 적합하다. 플랜은 가격에 따라 GPU(그래픽 처리 장치) 시간으로 규정되어 있다. 예를 들어, 각 Fast 시간은 약 60개의 이미지를 생성할 수 있는데, Basic 플랜에서는 한 달에 대략 200회 생성으로 제한되지만, Standard 플랜에서는 Fast 시간 모드에서 15시간을 사용하는 것과 Relax 모드에서 무제한 생성 간의 관리가 가능하다. Relax 모드는 이미지 생성에 조금 더 시간이 걸리게 된다. 세부 사항과 구성 방법에 대해서는 다음 장에서 살펴볼 것이다.

유료 플랜 구독하기: MJ alpha 활용

유료 플랜을 구독하기 위해서는 미드저니 웹사이트(MJ alpha) 또는 [미드저니 프롬프트]를 활용하는 두 가지 방법이 있다. 먼저 MJ alpha를 통한 방법에 대해 알아보자.

인터넷 브라우저 상단의 주소 입력 창에서 ❶[www.midjourney.com]을 입력하여 MJ alpha 웹사이트로 들어간다. 이때 미드저니 디스코드가 로그인되어 있어야 한다. 화면 좌측 하단의 자신의 ❷[프로필]을 클릭한 후 ❸[Manage Subscripion]을 선택한다.

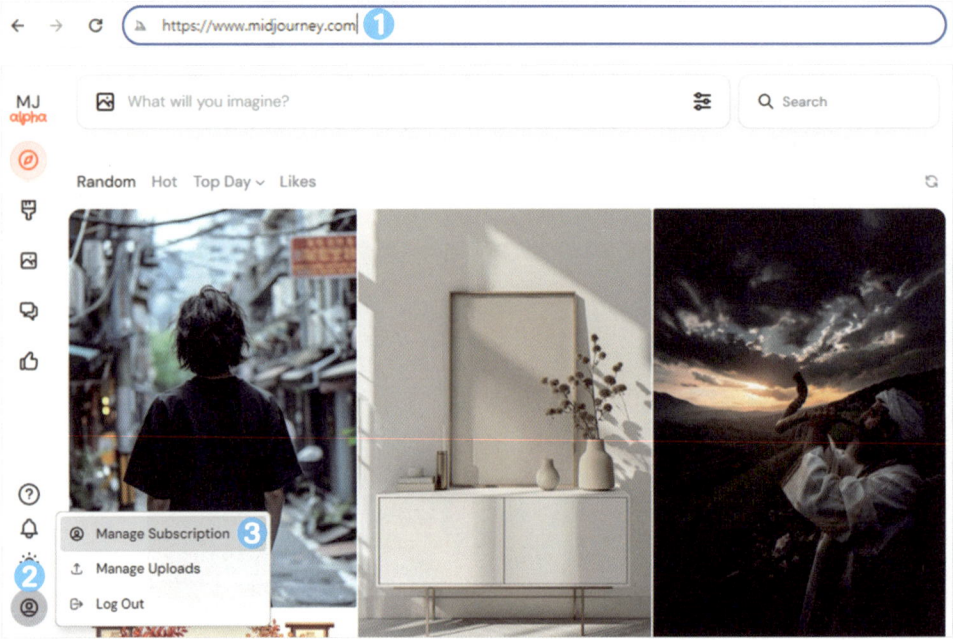

구독 관리 화면이 열리면 자신이 원하는 플랜을 선택하여 결제를 하면 되는데, 단기 사용자는 월 결제 방식으로 매달 결제할 수 있다. 필자는 현재 월 결제 베이식 플랜을 이용하고 있다.

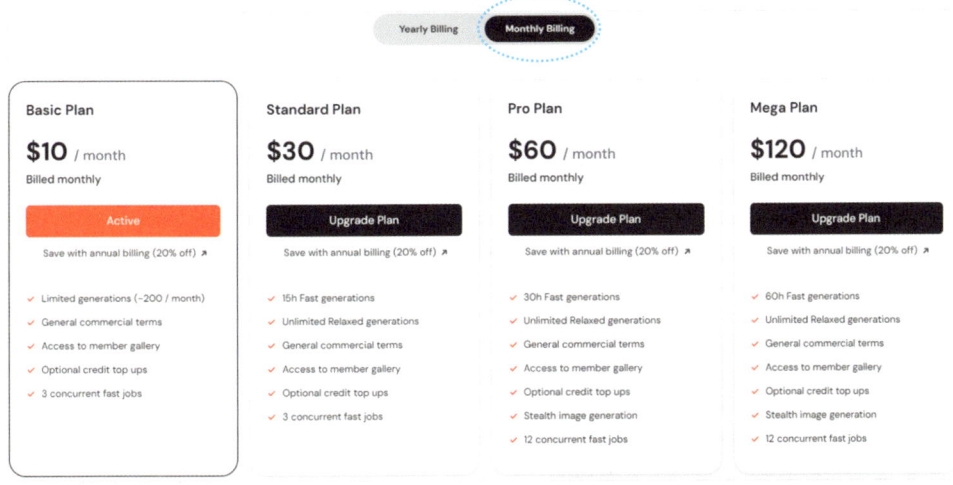

만약, 장기적으로 사용하고자 한다면, 연 결제 방식을 이용하여 비용을 절감할 수 있다. 아래 그림처럼 연 결제 방식은 20% 정도 할인 받을 수 있다. 하지만 구독 기간에 해지 및 탈퇴를 할 수 없기 때문에 각자 상황에 맞는 구독 방식을 선택해야 한다. 참고로 구독 방식은 미드저니 정책에 따라 수시로 변경될 수 있다.

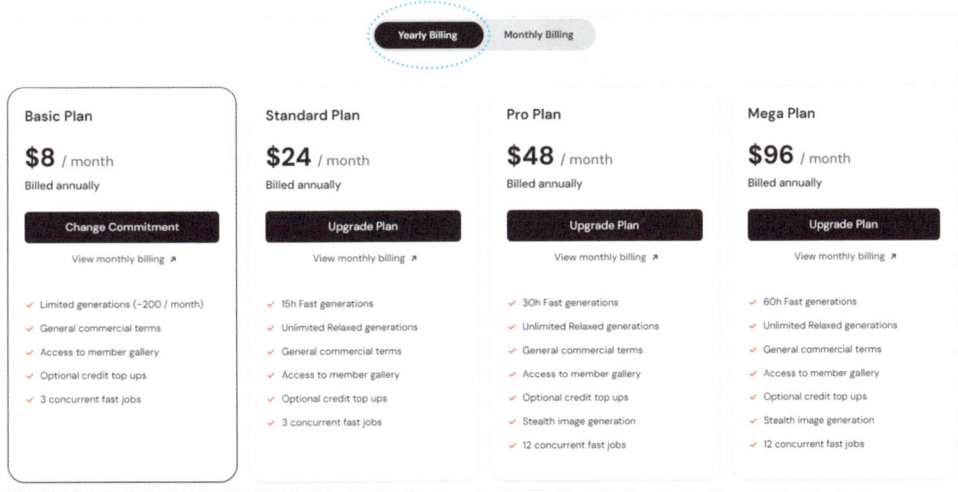

유료 플랜 구독하기: 미드저니 프롬프트 활용

유료 플랜을 구독하기 위한 두 번째 방법은 [미드저니 프롬프트]를 활용하는 것이다. 이번에는 이 방법에 대해 알아보기로 한다.

디스코드 미드저니 서버에서 좌측 상단 돛단배 모양의 [미드저니 아이콘]을 클릭한다. 그룹을 통해 그림을 생성할 수 있는 화면으로 바뀌면, ❶[NEWCOMER ROOMS] 중 ❷[newbies-104]를 선택해 보자. 다른 그룹을 선택해도 무관하다. 선택한 그룹 화면이 열리면 다른 사람들이 생성한 그림들을 볼 수 있다. NEWCOMER ROOMS에 대해서는 실제 이미지를 생성하는 다음 장에서 살펴보기로 한다.

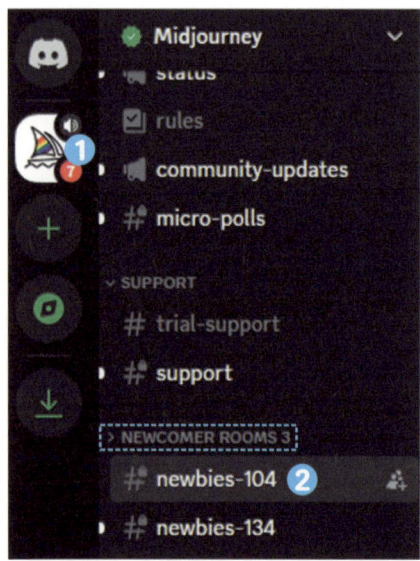

이제 미드저니에서 이미지를 생성할 수 있는 프롬프트를 활용해 보자. 화면 하단의 프롬프트에서 ❶[/]를 입력한다. 그러면 미드저니 명령어 목록이 나타나는데, 여기에서 ❷[subscribe]를 선택한다. 프롬프트에 선택한 명령어가 적용되면 ❸[엔터] 키를 누른다. 명령어가 실행되면 유료 구독 플랜 화면으로 이동할 수 있는 ❹[Manage Account] 버튼이 나타나면 해당 버튼을 누른다. 그러면 앞서 MJ alpha에서 살펴보았던 화면이 열리며, 이 곳에서 자신이 원하는 구독 플랜을 선택할 수 있다. 참고로 프롬프트 명령어에 대해서는 해당 학습을 통해 상세히 살펴볼 것이다.

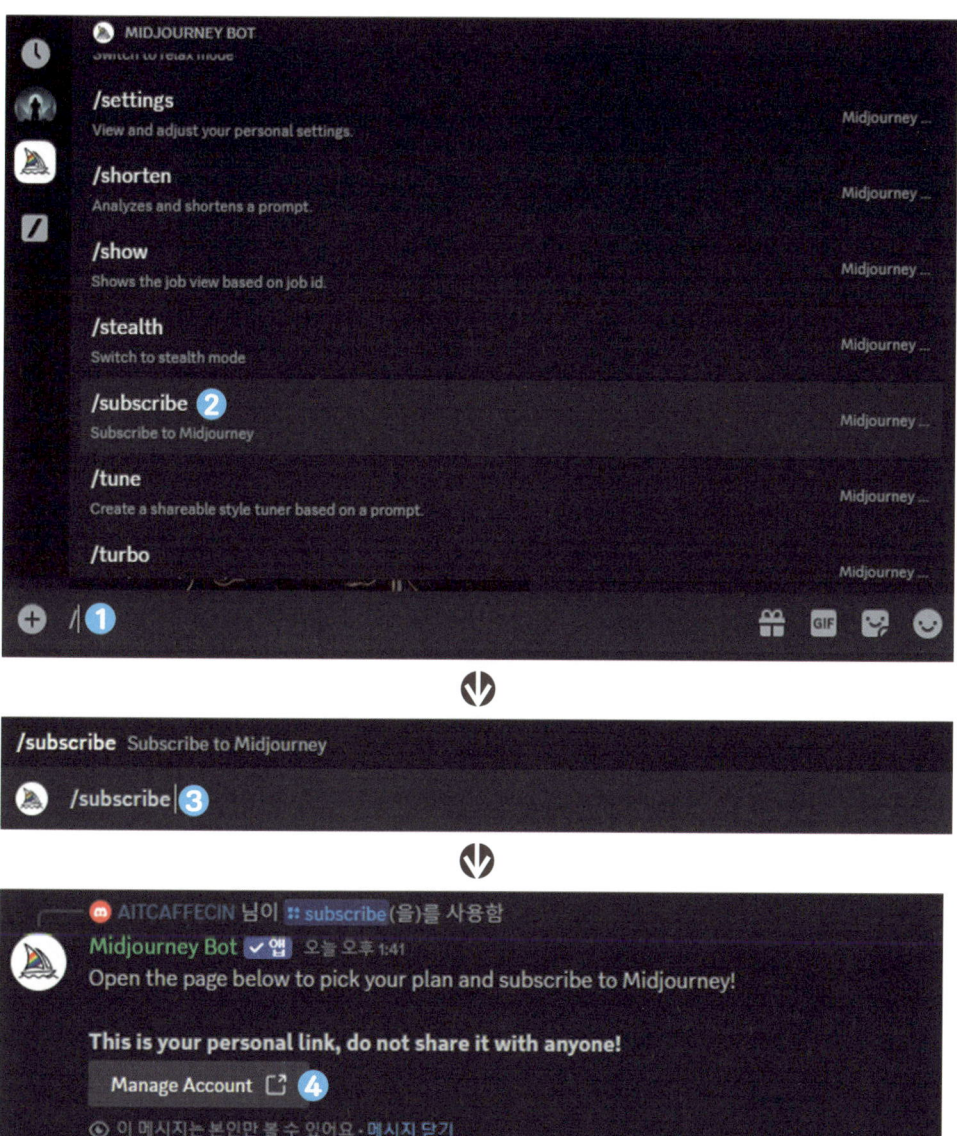

02-2 이미지 생성하기

미드저니는 그룹과 사용자 개인 서버의 챗 봇을 통해 이미지를 생성하는 두 가지 방법이 있다. 이 두 가지 방법은 사용자의 목적과 선호도에 따라 선택할 수 있는데, 그룹을 통한 이미지 생성은 협업의 즐거움과 시너지 효과를 경험할 수 있는 반면, 챗봇을 통한 이미지 생성은 개인의 아이디어를 자유롭게 구현할 수 있는 장점이 있다. 상황에 따라 적절한 방법을 선택하여 창의적인 이미지를 생성해 보자. 다음은 두 방식에 대한 목적과 특징이다.

사용 목적

NEWCOMER ROOMS 초보자들이 미드저니를 연습하고 익히는 공간이다. 이곳에서는 자유롭게 이미지 생성을 시도하고, 다른 사용자들과 소통하며 피드백을 주고받을 수 있다.

Midjourney 봇 숙련된 사용자들이 고품질 이미지를 생성하기 위해 사용한다. 보다 전문적이고 세련된 프롬프트를 사용하여 원하는 이미지를 만들어내는 데 초점을 둔다.

사용 제한

NEWCOMER ROOMS 일일 이미지 생성 횟수에 제한이 있을 수 있다. 이는 서버 부하를 줄이고, 초보자들이 무분별한 이미지 생성을 하지 못하도록 하기 위함이다.

Midjourney 봇 사용자의 구독 플랜에 따라 일일 이미지 생성 횟수가 다를 수 있다. 고급 플랜일수록 더 많은 이미지를 생성할 수 있다.

커뮤니티

NEWCOMER ROOMS 초보자들을 위한 친절하고 타인의 작품을 지지하는 분위기를 가지고 있다. 사용자들은 서로 격려하고 도와주며, 함께 성장해 간다.

Midjourney 봇 보다 전문적이고 경쟁적인 분위기를 가지고 있다. 숙련된 사용자들은 고품질 이미지를 생성하기 위해 노력하며, 피드백과 조언을 주고받는다.

이미지 생성하기: 그룹을 통한 이미지 생성

먼저 그룹을 통한 이미지 생성에 대해 알아 보자. 그룹을 활용한 이미지 생성은 협업의 즐거움과 다양한 관점, 그리고 아이디어가 모여 시너지 효과를 내며, 개인이 생성하는 것보다 더 창의적이고 고품질 이미지를 만들어낼 수 있다.

1 그룹을 통한 이미지 생성을 하기 위해 아무 [NEWCOMER ROOMS] 중 하나를 선택한다.

2 선택한 그룹에 들어가면 그림처럼 다른 사람들이 생성한 그림을 확인할 수 있다.

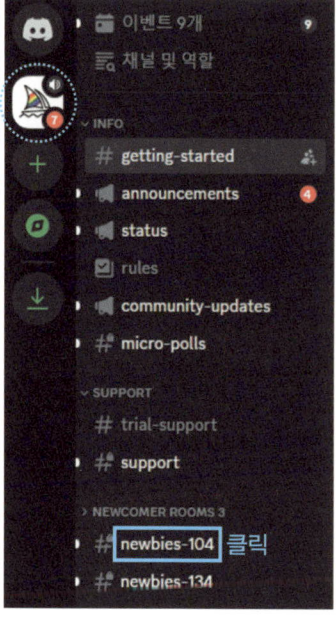

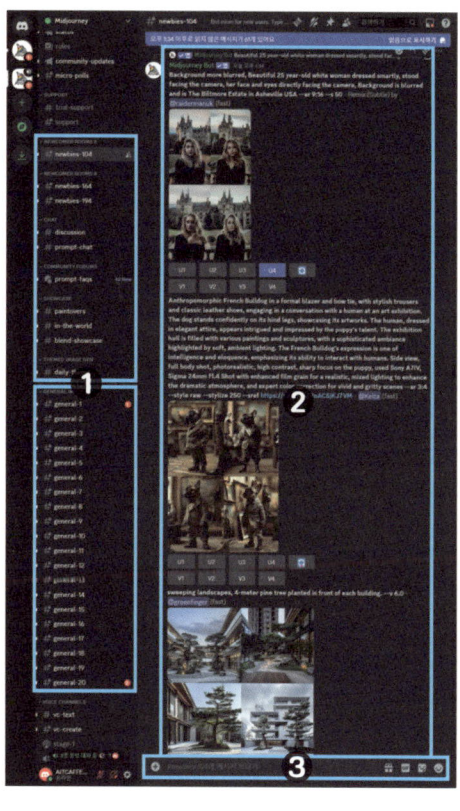

NEWCOMER ROOMS이란?

뉴커머 룸은 디스코드 서버 내에 마련된 초보자용 채널 카테고리로, 미드저니를 처음 사용하는 사람들이 인공지능 이미지 생성을 연습하고 익히는 데 도움을 주기 위해 만들어졌다. 이 공간을 통해 다른 사람들의 작품을 통해 영감을 얻고 응용할 수 있으며, 때에 따라 지금보다 많은 그룹이 열릴 때도 있어 다양한 그룹들의 작품을 체험할 수 있다.

❶ 타인이 생성한 이미지를 감상하고 아이디어를 얻을 수 있는 그룹들이다.

❷ 선택된 그룹의 작품과 프롬프트를 확인할 수 있다.

❸ 그림을 생성할 수 있는 텍스트 입력 프롬프트이다.

3 이제 그림을 생성하기 위해 하단 프롬프트에 ❶[/]를 입력한다. 그러면 미드저니 명령어 목록이 나타나는데, 여기에서 그림을 생성해 주는 명령어인 ❷[/imagine]을 선택한다. 이미진 명령어가 적용되면 우측 입력 공간에 원하는 키워드를 입력한다. 예시로, 간단하게 [꽃과 나비]를 영문 ❸[Flowers and Butterflies]으로 입력한 후, ❹[엔터] 키를 누른다. 그러면 그림이 그려지는 과정을 거쳐 입력된 키워드에 맞는 그림(이미지)이 완성된다. 참고로 미드저니는 한글 인식이 되지 않기 때문에 영문으로 입력(번역)해야 한다. 번역은 구글이나 챗GPT와 같은 번역기를 활용할 수 있다.

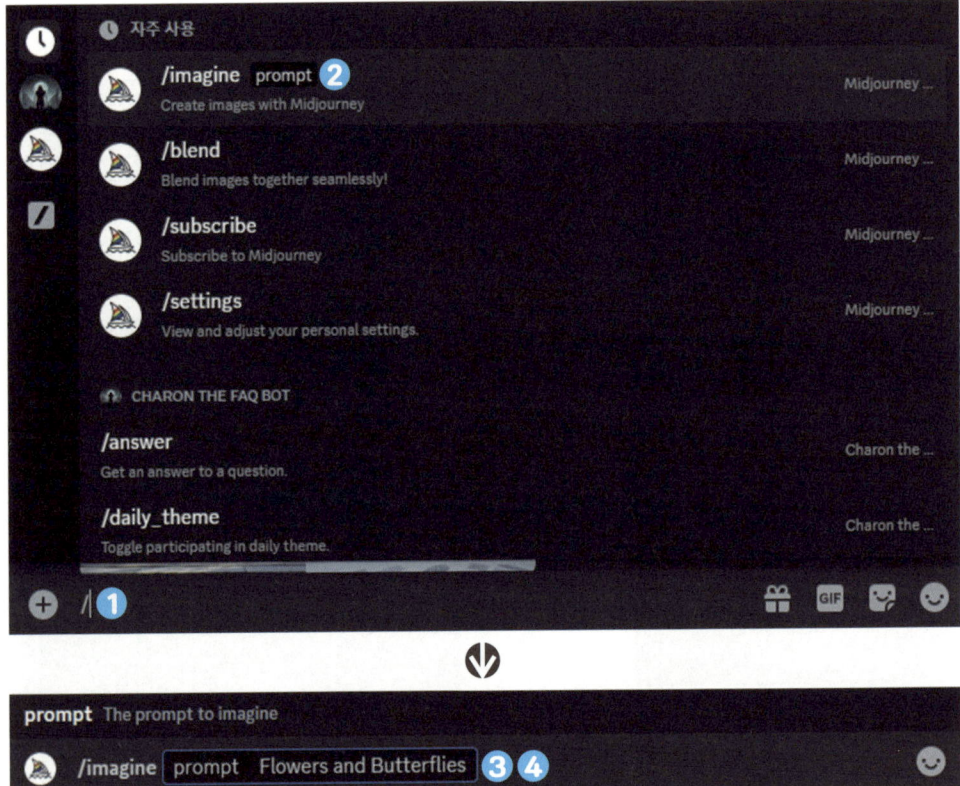

4 드디어 미드저니에서의 첫 번째 그림이 완성(생성)되었다. 생성된 그림을 보면 꽃과 나비가 정확하게 표현되었으며, 총 4장의 이미지가 각기 다른 스타일로 표현된 것을 알 수 있다. 이후, 여기에서 가장 마음에 드는 것을 변형 및 고품질로 변환하여 사용하면 된다. 이 방법에 대해서는 해당 학습에서 자세하게 살펴볼 것이다.

미드저니 작업 화면 밝기(색상) 설정하기

사용자 취향에 따라 미드저니 작업 화면의 밝기를 변경할 수 있다. 좌측 하단의 프로필 영역에서 우측에 있는 ❶[사용자 설정] 버튼을 누른다. 사용자 설정 화면이 뜨면 ❷[디스플레이] 항목의 ❸[테마]에서 원하는 색상을 선택하면 된다. 설정 후 [ESC] 버튼을 누르면 다시 작업 화면으로 전환된다.

이미지 생성하기

이미지 생성하기: 미드저니 봇을 활용한 이미지 생성

이번에는 미드저니 봇을 활용하여 이미지를 생성하는 방법에 대해 알아 보자. 미드저니 봇은 사용자와 봇이 1:1 채팅을 하는 개념으로, 여기에서는 미드저니 봇의 특징과 효과적인 프롬프트 작성법과 사용자 개인 서버를 통해 이미지 생성하는 방법에 대해서도 상세히 살펴볼 것이다.

1 미드저니 봇을 사용하기 위해 좌측 상단의 ❶[다이렉트 메시지] 버튼을 클릭한 다음 ❷ [Midjurney Bot]을 선택한다.

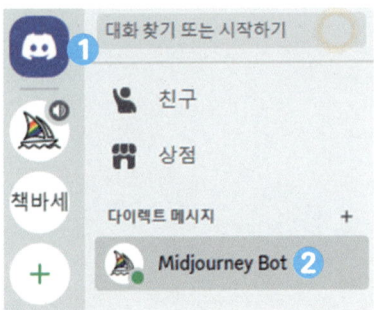

2 그러면 이미지 생성을 위한 프롬프트와 함께 미드저니 봇 환경으로 전환된다. 서비스 약관을 수락하기 위해 [Accept TOS] 버튼을 누른다.

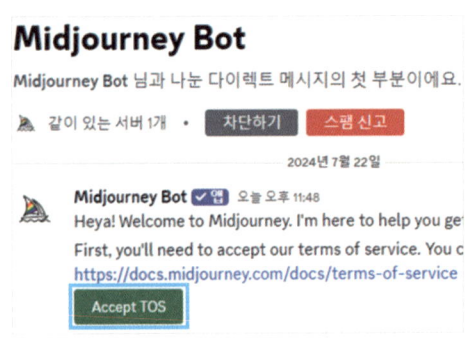

3 다음의 그림은 필자가 생성했던 이미지들이며, 언제든지 확인 및 재사용할 수 있다.

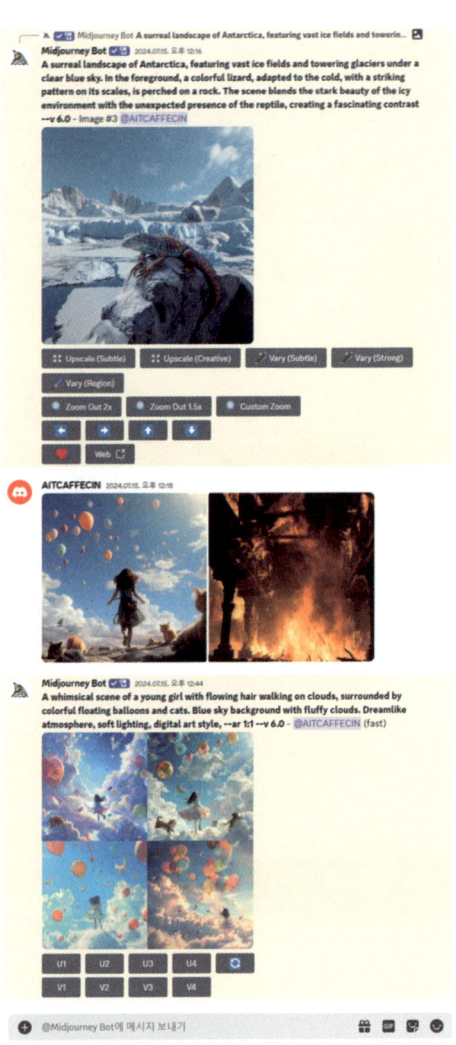

4 이제 미드저니 봇에서 이미지를 생성해 보자. 필자는 [세련된 유리 컨셉 전기 자동차]라는 키워드를 영문으로 번역하여 사용할 것이다. 프

롬프트에 ❶[/]를 입력한 후, 명령어 목록에서 ❷
[/imagine]을 선택한다.

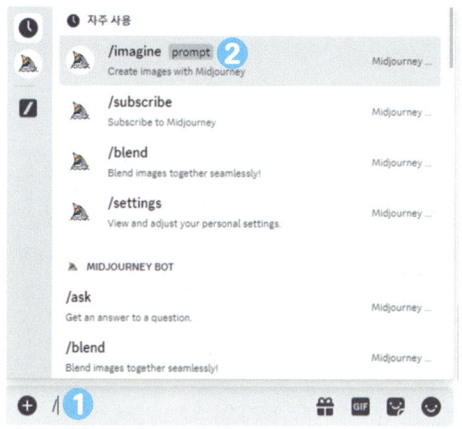

5 계속해서 생성하고자 하는 ❶[키워드]를 입력한 후, ❷[엔터] 키를 누른다. 참고로 영문 프롬프트 입력 시 대소문자 구분 없이 자유롭게 입력하면 된다.

prompt stylish glass concept electric vehicle

6 **이미지 재생성하기** 생성된 그림을 보면 다음과 같이 최신 스타일의 세련된 유리 컨셉 전기 자동차 가 생성된 것을 알 수 있다. 만약 생성된 4개의 이미지가 모두 마음에 들지 않는다면 이미지 아래쪽의 [Refresh(re-roll)] 버튼을 클릭해 보자.

7 이미지 재생성을 위한 프롬프트 입력 창이 뜨면, 기존의 프롬프트 키워드를 유지하거나 수정할 수 있다. 이번에는 기존 프롬프트 앞에 ❶ [New]를 붙여서 이미지를 재생성해 보자. 키워드 입력 후 ❷[전송] 버튼을 누른다.

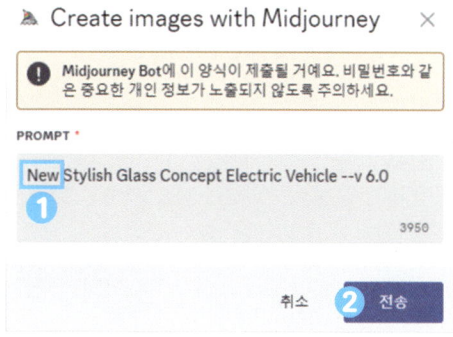

8 컨셉카가 재생성되었다. 하지만 기존 프롬프트에 New를 붙이는 것만으로, 많은 변화가 없

다는 것을 알 수 있다. 더 많은 변화를 주기 위해 다시 [리-롤] 버튼을 눌러보자.

10 재생성된 이미지를 보면 이전과 많은 변화가 생긴 것을 알 수 있다. 이렇듯 미드저니에서는 생성된 이미지를 다양한 스타일로 재생성하여 더욱 만족스러운 결과물을 얻을 수 있도록 해준다.

재생성된 이미지

9 프롬프트 입력 창이 뜨면, 이번에는 앞쪽에 [Glacia color]라고 입력하고, 키워드 뒤쪽에 [,] 쉼표를 찍어 주었다.

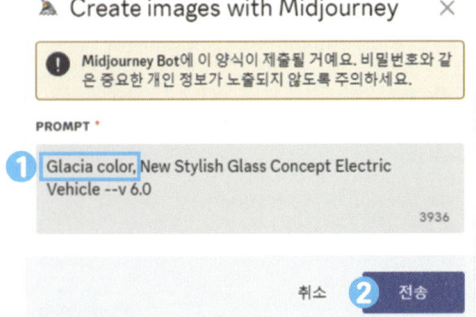

* 미드저니 프롬프트에 쉼표(,)를 사용하는 이유는 여러 가지 요소나 명령을 구분하기 위해서이다. 쉼표를 사용함으로써 프롬프트가 더 명확해지고, 생성된 이미지에 다양한 속성이나 스타일을 적용할 수 있다.

미드저니 프롬프트 문법과 구조

프롬프트란 사용자가 원하는 이미지를 생성하기 위해 제공하는 상세한 설명이다. 여기에는 특정한 장면, 객체, 색상, 스타일 등에 대한 자세한 지시 사항을 포함할 수 있으며, 사용자가 원하는 이미지에 대해 챗GPT로 내용을 상세하게 발전시킨다면, 사용자가 원하는 이미지를 생성할 수 있다. 예를 들어, "건물 앞에 있는 멋진 분수대를 그려줘"를 영문으로 번역하여 [draw a nice fountain in front of the building]를 입력하면, 드로잉한 것처럼 그림을 생성한다. 따라서, 프롬프트는 단어 위주 [fountain in front of the building], [fountain, Building]로 입력하는 것이 오히려 정확도가 높다.

이는 긴 문장은 AI가 그 문장이 의도하는 것이 무엇인지 잘 모르기 때문에 AI 스스로 최대한의 상상력을 발휘하여 나타나는 현상이므로, 완벽한 문장으로 정보를 입력하는 것이 오히려 원하는 이미지가 나오지 않을 가능성을 높이는 것이기 때문에 단어 위주의 프롬프트 작성이 중요하다. 이렇듯 프롬프트를 어떻게 구성 하느냐에 따라 결과가 크게 바뀌는 것이 생성형 AI의 특징 중에 하나이다. 그러므로 프롬프트를 제대로 작성하는 것이 중요하다. 더 좋은 프롬프트를 위한 방향은 다음과 같이 비중이 높은 단어를 앞에 두는 것이다.

프롬프트 구조

prompt a women, photography, korea fashion style, hanbok, blue and red, cinematic lighting

이 순서와 방법을 기억하면서 프롬프트를 작성한다면 결과물의 정확도가 향상되기 때문에 자신이 만들려고 하는 목적이 정확하다면, 위와 같이 순서를 지켜주는 것이 좋고, 미드저니에게 전적으로 맡기고 싶다면 문장을 입력하는 것이 도움이 될 것이다. 만약, 최초 아이디어가 생각나지 않을 때는 처음부터 "챗GPT"나 "클로드"와 같은 텍스트형 AI에게 도움을 받는 것을 권장한다.

챗GPT와 클로드를 활용한 프롬프트 작성

미드저니에서 챗GPT나 클로드와 같은 텍스트형 AI를 활용하면, 간단한 제시문으로도 더 정교하고 창의적인 프롬프트를 만들 수 있다. 여기에서는 두 AI에서 미드저니 프롬프트를 어떻게 작성하고 활용할 수 있는지에 대해서만 간단하게 살펴볼 것이다. 보다 자세한 사용법은 해당 도서를 참고하기를 바란다.

챗GPT (ChatGPT) OpenAI에서 개발한 대형 언어 모델로, 자연어 처리 능력이 뛰어나며 텍스트 생성, 질문응답, 번역 등 다양한 작업을 수행할 수 있다.

클로드 (Claude) 앤트로픽(Anthropic)에서 개발한 또 다른 언어 모델로, 윤리적 AI 개발을 목표로 하며, 인간과 더 자연스러운 대화를 나누기 위해 설계되었다.

1 **챗GPT 활용** 먼저 챗GPT를 활용하여 프롬프트를 작성해 보자. 챗GPT 회원가입을 했다고 가정하고, 프롬프트에 ❶[바다가 보이는 풍경의 모던 스타일 건축물을 생성하기 위한 미드저니 프롬프트를 영문으로 작성해 줘]라고 입력한 후, ❷[보내기] 버튼을 눌러 보자.

2 그러면 다음 그림과 같이 챗GPT는 요청한 내용에 맞는 영문 프롬프트를 작성해 준다. 이제 작성된 프롬프트를 사용하기 위해 "plaintext"의 [코드 복사] 버튼을 클릭한다. 참고로 plaintext 코드는 챗GPT 버전에 따라 단순한 텍스트 형태로 제공될 수 있다. 중요한 것은 작성된 프롬프트를 복사(Ctrl+C)하여 사용하는 것이다.

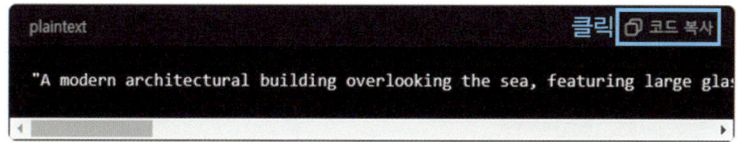

Sure! Here's a detailed prompt for generating a modern-style architectural building with a sea view using MidJourney:

```plaintext
"A modern architectural building overlooking the sea, featuring large gla
```

This prompt provides specific details about the building's style, layout, and surroundings to help MidJourney generate an accurate and visually appealing image.

3 이제 미드저니 봇에서 이미지를 생성해 보자. 프롬프트에 ❶[/]를 입력한 후, 명령어 목록이 나타나면 ❷[/imagine]을 선택한다.

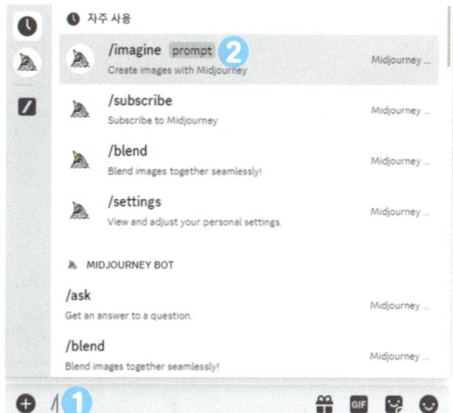

＊ 이미지 생성 프롬프트 명령어 [/] – [/imagine]는 이후 과정부터는 설명하지 않을 것이므로 지금의 방법을 꼭 기억해 두자!

4 이제 챗GPT에서 방금 복사해 놓은 프롬프트를 ❶[붙여넣기(Ctrl+V)]한다. 그다음 ❷[엔터] 키를 눌러 이미지를 생성한다.

prompt The prompt to imagine

/imagine
prompt "A modern architectural building overlooking the sea, featuring large glass windows, clean lines, and a minimalist design. The building should have an open-plan layout with expansive terraces and a sleek, contemporary facade. Include elements like infinity pools, outdoor lounging areas, and lush greenery around the structure. The background should depict a serene seascape with calm blue waters and a clear sky."

5 생성된 이미지는 다음과 같다. 살펴본 것처럼 챗GPT에서 간단하게 요청한 것만으로도 이렇게 멋진 이미지가 생성된 것을 알 수 있다.

6 **클로드 활용** 계속해서 이번에는 클로드에서 미드저니 프롬프트를 생성해 보자. 클로드 회원가입을 했다고 가정하고, 챗GPT와 같은 질문을 했을 때와 비교하기 위해 질문은 동일하게 ❶[바다가 보이는 풍경의 모던 스타일 건축물을 생성하기 위한 미드저니 프롬프트를 영문으로 작성해 줘]라고 입력한 후, ❷[보내기] 버튼을 눌러 보자.

바다가 보이는 풍경의 모던 스타일 건축물을 생성하기 위한 미드저니 프롬프트를 영문으로 작성해 줘

7 클로드에서는 챗GPT와는 다르게 다음과 같은 형식으로 답변을 해 주었다. 위쪽에는 프롬프트, 아래쪽에는 프롬프트에 대한 구조를 상세하게 설명하고 있다. 여기에서는 위쪽 프롬프트 부분만 드래그하여 ❶[선택]한 후, ❷[복사(Ctrl+C)]한다.

전체 문장을 복사할 때 사용

8 복사한 프롬프트를 미드저니에서 사용하기 위해 미드저니 ❶[이미지 생성 프롬프트(/imagine)]를 적용한 후 ❷[붙여넣기(Ctrl+V)]한다. 그다음 ❸[엔터] 키를 누른다.

이미지 생성하기　069

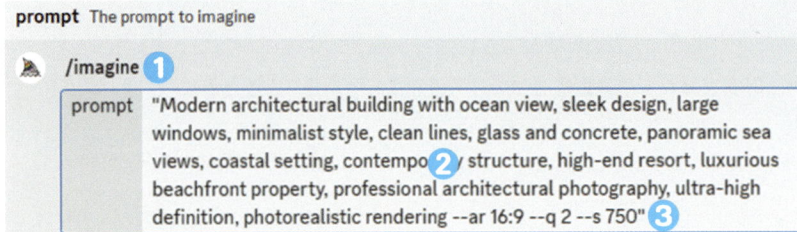

9 그런데, 뜻하지 않은 문제가 발생 되었다. "Invalid parameter"를 보면 클로드에서 작성된 프롬프트 마지막에 있는 "--s(stylize)"에 대한 매개 변수가 잘못되었다는 내용이다. 가끔 발생하는 오류이므로 수정해서 사용해 보자.

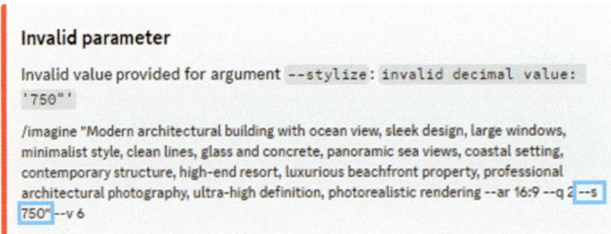

10 여기에서는 일단 문제가 되었던 "--s" 매개 변수를 모두 ❶[삭제(Delete)]한 후, ❷[엔터] 키를 눌러 다시 이미지를 생성해 보자.

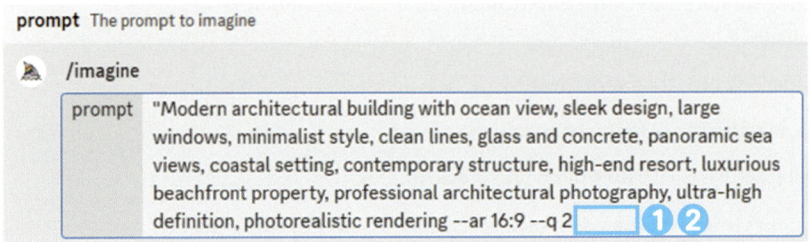

＊ 스타일 변화를 주기 위한 매개변수(파라미터)에 대해서는 141페이지에서 자세히 살펴볼 것이다.

11 다음은 클로드에서 제시한 프롬프트를 통해 생성된 그림이다. 건축물 기준으로 바다가 보이는 장면이 생성된 것을 알 수 있다. 이렇듯 프롬프트 작성에 대한 부담이 있다면 텍스트형 AI를 활용하여 간편하게 원하는 이미지를 생성할 수 있다. 클로드와 앞서 챗GPT를 통해 생성한 이미지와 어떤 차이가 있는지 살펴보길 바라며, 이를 통해 어떤 AI 툴이 자신에게 더 적합한지 선택해 보자.

더 완벽한 프롬프트 작성법: 챗GPT와 클로드 활용

챗GPT나 클로드를 활용하여 미드저니 프롬프트를 작성하면 더 창의적이고 정교한 결과를 얻을 수 있다. 챗GPT는 아이디어 브레인스토밍과 구체적인 설명 작성에 유용하며, 클로드는 다양한 스타일과 속성을 적용하는 데 도움을 준다. 다음은 챗GPT와 클로드를 활용하여 더 완벽한 이미지를 생성하기 위한 미드저니 프롬프트를 작성법이다.

1. 주제 및 아이디어 브레인스토밍

챗GPT를 사용하여 다양한 주제와 아이디어를 브레인스토밍할 수 있다. 예를 들어, '판타지 풍경'에 대한 프롬프트를 작성할 때 챗GPT에게 주제를 입력하고 관련된 아이디어를 얻을 수 있다.

2. 구체적이고 명확한 프롬프트 작성

챗GPT의 제안을 바탕으로 구체적이고 명확한 프롬프트를 작성한다. 구체적인 설명과 속성을 추가하여 원하는 이미지의 디테일을 명확히 할 수 있다.

3. 다양한 스타일 및 속성 적용

클로드를 활용하여 프롬프트에 다양한 스타일이나 속성을 추가할 수 있다. 예를 들어, 이미지에 특정 예술가의 스타일이나 색감, 조명 효과 등을 적용하고 싶을 때 클로드의 도움을 받을 수 있다.

4. 최종 프롬프트 조정

챗GPT와 클로드가 제공한 아이디어와 스타일을 종합하여 최종 프롬프트를 작성한다.

어떤 것이 중요한가?

프롬프트 작성 시 어떤 세부 사항이 중요한지 고려해야 할 때, 중요한 문맥(Context)이나 세부 사항에 대해 명확하게 표현하는 것이 좋다. 만약 분명하지 않은 문맥을 사용할 경우 결과는 모호하게 생성되며, 생략하는 항목은 무작위로 지정된다. 물론 모호함은 다양성을 얻을 수 있는 좋은 방법일 수 있지만, 원하는 결과에 대한 구체적인 세부 결과물을 얻지 못할 수 있다. 보다 구체적인 결과물을 얻기 위해서는 다음 사항을 고려한다.

주제 사람(person), 동물(animal), 캐릭터(character), 위치(location), 사물(object) 등

매체 사진(photo), 회화(painting), 일러스트레이션(illustration), 조각(sculpture), 낙서(doodle), 태피스트리(tapestry) 등

환경 실내(indoors), 실외(outdoors), 달(on the moon), 나니아(in narnia), 수중(underwater), 에메랄드 시티(the emerald city) 등

조명 소프트(soft), 주변환경(ambient), 흐린(overcast), 네온(neon), 스튜디오 조명(studio lights) 등

색상 생생한(vibrant), 음소거(muted), 밝음(bright), 단색(monochromatic), 다채로운(colorful), 흑백(black and white), 파스텔(pastel) 등

분위기 침착함(sedate), 차분함(calm), 소란스러움(raucous), 활력(energetic) 등

구성 인물 사진(portrait), 얼굴 사진(headshot), 클로즈업(closeup), 조감도(birds-eye view) 등

이렇게 구체적인 세부 사항을 포함함으로써, 원하는 이미지를 더 정확하게 생성할 수 있을 것이다. 또한, 건축물의 특정 요소(바닥에서 천장까지 이어지는 창문, 노출 콘크리트, 인피니티 풀 등)와 주변 환경(야자수, 일몰 반사 등)에 대한 세부 설명을 추가하여 더욱 생생한 장면을 만들어낼 수 있다.

그밖에 집합 명사(무리, 떼, 군락) 사용할 때는 많은 것을 우연(무작위: 랜덤)에 맡겨야 한다. 만약 정확한 개수를 원한다면 원하는 숫자를 입력하는 것이 좋다. 예를 들어, 집합 명사인 [Birds] 대신에 [Flock of birds]가 더 만족스러운 결과를 얻을 수 있을 것이다.

사용자 개인 서버에서 이미지 생성하기

미드저니 봇을 사용하는 것은 완전한 개인 서버가 아닌 미드저니 봇 서버를 이용하는 것이다. 미드저니 유료 구독자라면 완전한 사용자 개인 서버에 미드저니 봇을 추가하여 이미지 생성을 할 수 있다. 설정을 하기 위해 미드저니 ❶[사용자 그룹] 화면 우측 ❷[Midjourney Bot (앱)]을 클릭한다.

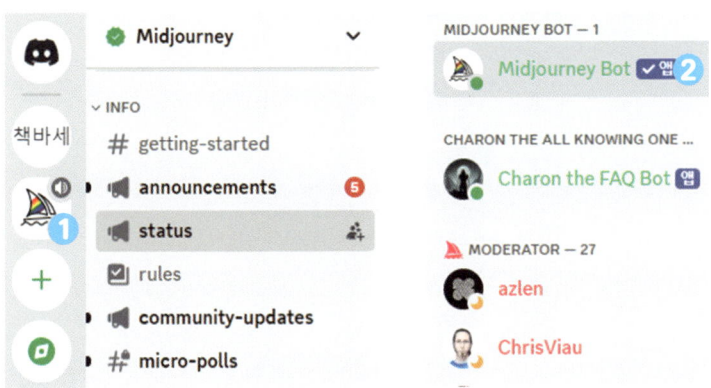

미드저니 봇 정보 창이 뜨면 ❶[+] 앱 추가 버튼을 클릭한다. 이어서 열리는 선택 창에서 ❷[서버에 추가] 메뉴를 선택한다.

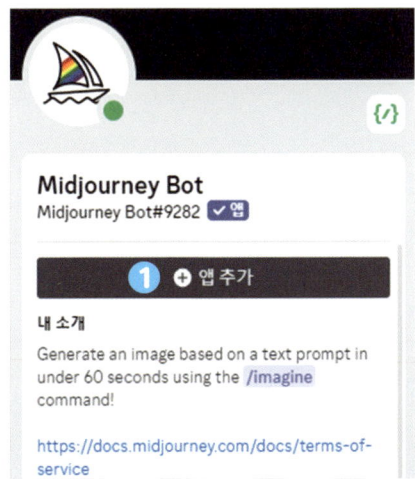

외부 애플리케이션 창이 열리면 "서버에 추가"를 미드저니 계정(회원가입) 만들 때 추가해 놓은 ❶[자신의 서버]를 선택한 후, ❷[계속하기] 버튼을 누른다. 이어서 열리는 창에서는 사용 권한 옵션 창으로 특별한 경우를 제외하고, 모든 옵션이 체크된 상태에서 ❸[승인] 버튼을 누른다.

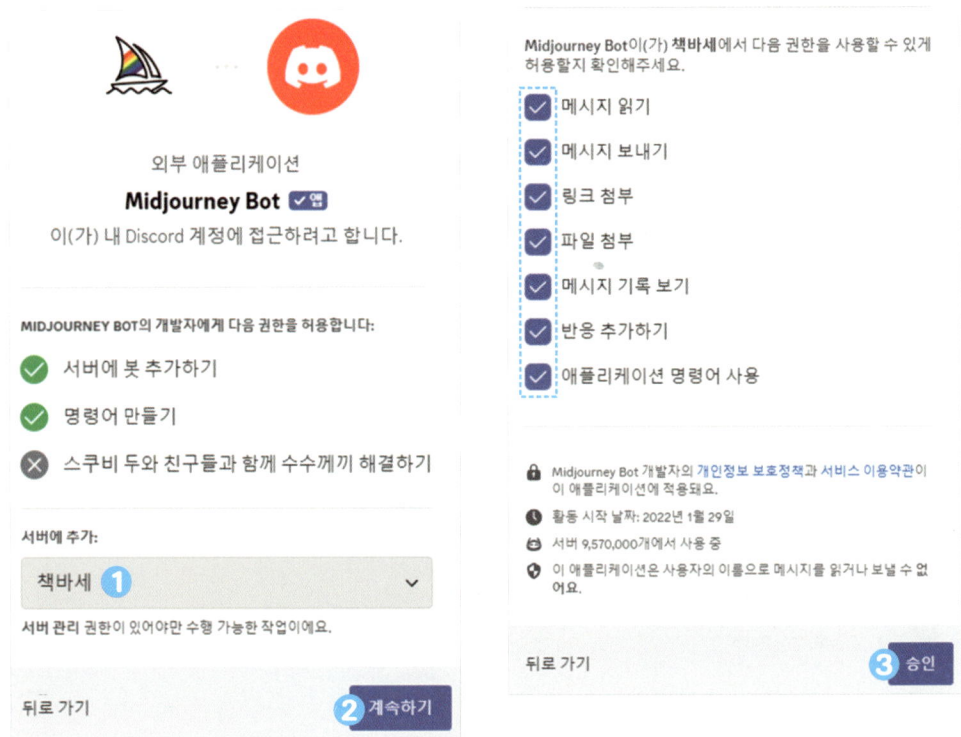

승인 후, "잠깐! 로봇 아니고 사람 맞죠?" 창에서는 [사람입니다]에 체크하여 승인을 완료할 수 있도록 한다. 참고로 해당 옵션 [체크] 후, 퍼즐이 나온다면 설명대로(지시대로) 수행하면 된다.

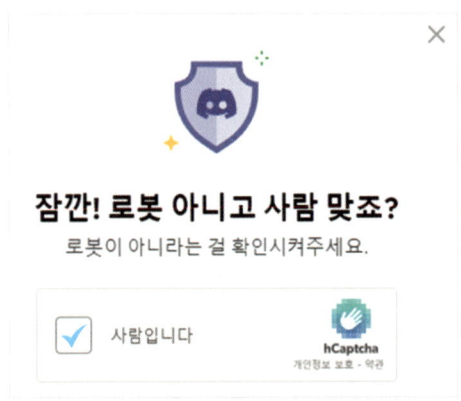

모든 승인이 완료되면, 선택한 [자신의 서버로 가기] 버튼을 눌러 해당 서버 화면으로 이동한다. 이것으로 개인 서버를 통해 미드저니 봇을 사용할 수 있게 되었다.

승인된 사용자 개인 서버를 통해 미드저니 봇을 사용하기 위해 ❶[사용자 서버]를 선택한다. 사용자 서버 화면이 열리면 하단의 프롬프트에 ❷[/]를 입력해 보자. 그러면 그림처럼 "/imagine" 등의 명령어 목록(메뉴)이 나타나는 것을 알 수 있다. 이제 누구에게도 방해받지 않는 자신의 서버에서 개인 작품 세계를 마음껏 펼치길 바란다.

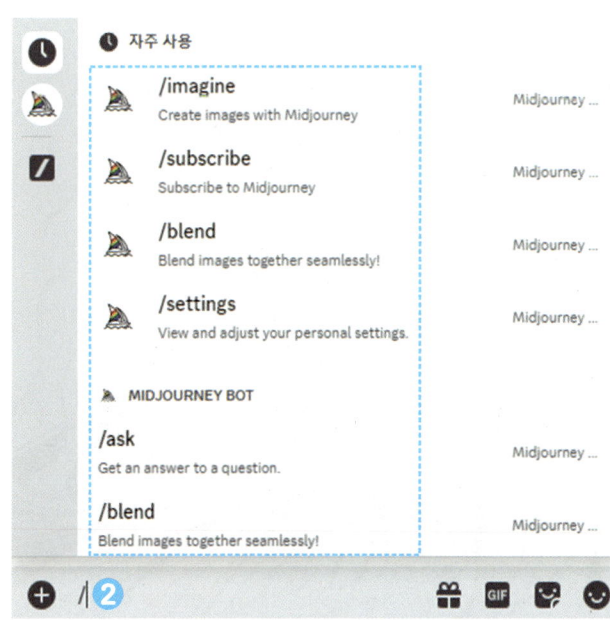

 ## 상상력을 자극하는 프롬프트

AI 작품을 더 깊이 탐구하다 보면, 정확하고 효과적인 프롬프트를 작성하는 것이 의도한 결과물을 생성하는 과정에서 매우 중요하다는 것을 알게 될 것이다. 이번 학습에서는 자신의 상상력과 AI의 시각적 표현 사이의 연결을, 간단한 단어로도 매력적인 이미지를 생성할 수 있는 방법을 찾게 될 것이다.

영향력 있는 프롬프트 구조와 요소

미드저니는 프롬프트를 기반으로 비주얼을 생성하는 데 있어 매우 유능하지만, 생성된 이미지의 품질과 관련성은 프롬프트가 얼마나 효과적으로 작성되었는지에 크게 좌우된다. AI에게 무엇을 해야 하는지를 단순히 말하는 것이 아니라, 비전을 전달하는 것이 중요하다. 미드저니 프롬프트는 단순한 텍스트 문자열이 아니며, AI를 안내하는 구조화된 명령으로, 마치 나침반이 배를 안내하는 것처럼, 생성된 비주얼이 사용자가 상상한 그림과 일치하도록 한다. 프롬프트를 구조화하는 여러 가지 방법이 있지만, 가장 효과적인 것은 다음과 같은 세 가지의 간단한 측면을 포함할 수 있다.

주제 (Subject)

- 이미지의 핵심 요소를 정의한다.
- 구체적일수록 좋다. 예: '건물' 대신 '고딕 양식의 성당'이나 '현대적인 고층 빌딩' 등
- 주제의 특성을 포함할 수 있다. 예: '우아한 백조', '거대한 레드우드 나무', '빛나는 다이아몬드 반지' 등

행동 (Action)

- 주제가 어떤 상태에 있는지 또는 어떤 행동을 하고 있는지를 설명한다.
- 동적인 장면을 만들 때 특히 중요하다. 예: '해질녘 도시 스카이라인', '폭풍우 치는 바다 위의 등대', '춤추는 발레리나', '연주 중인 오케스트라' 등

세부 사항 (Details)

- 이미지의 전반적인 분위기와 스타일을 결정하는 중요한 요소이다.

- 다음과 같은 요소들을 포함할 수 있다.

  배경 '안개 낀 숲', '붉은 사막', '번화한 도심' 등

  조명 '부드러운 황혼', '강렬한 네온 불빛', '따뜻한 촛불' 등

  색상 팔레트 '파스텔 톤', '흑백', '비비드한 색상' 등

  스타일 '수채화 스타일', '사실적인 3D 렌더링', '추상적인 아트' 등

  카메라 앵글 '조감도', '근접 촬영', '와이드 앵글 샷' 등

  시간대 '새벽', '한밤중', '황금빛 오후' 등

  날씨 '맑은 하늘', '폭우', '눈 내리는' 등

  감정/분위기 '평온한', '활기찬', '신비로운' 등

이러한 구조를 사용하면 더 구체적이고 세부적인 이미지를 생성할 수 있으며, 각 요소를 잘 조합하여 원하는 이미지를 정확하게 묘사하는 프롬프트를 만들 수 있다. 예를 들어, "고딕 양식의 대성당 (주제) | 비 내리는 밤에 번개를 맞는 (행동) | 어두운 하늘, 드라마틱한 조명, 흑백 톤, 와이드 앵글 샷 (세부 사항)" 이런 방식으로 구조화된 프롬프트는 AI가 더 정확하고 상세한 이미지를 생성하는 데 도움이 된다.

학습해 보기 위해 다음과 같이 기본 프롬프트를 구조화된 텍스트 프롬프트로 작성해 보자. ❶"[주제] 골든 리트리버(golden retriever), [행동] 물건을 가져오며 노는(playing fetch), [세부 사항] 부드러운 파도가 있는 햇빛이 비치는 해변에서(on a sunlit beach with gentle waves)"와 같이 작성하고 ❷[엔터] 키를 누른다.

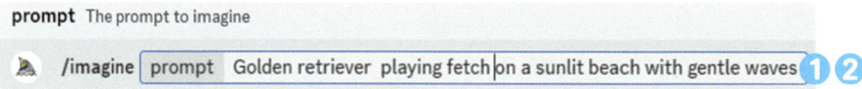

prompt golden retriever playing fetch on a sunlit beach with gentle waves

해당 구조의 프롬프트를 통해 생성된 이미지는 다음과 같이 [햇빛이 비치는 해변에서 물건을 가져오면서 노는 골든 리트리버의 모습]이 정확하게 표현된 것을 알 수 있다.

다음으로, 동일한 프롬프트를 다시 입력하되, 이번에는 앞뒤에 조금 더 구체적인 설명을 입력해 보자. ❶"[속성] 폴라로이드 사진(polaroid photo), [주제] 골든 리트리버 [행동] 물건을 가져오며 노는 [세부 사항] 부드러운 파도가 있는 햇빛이 비치는 해변에서, ❷[속성] 실루엣 조명(silhouette lighting)"이라고 입력하고 ❸[엔터] 키를 누른다.

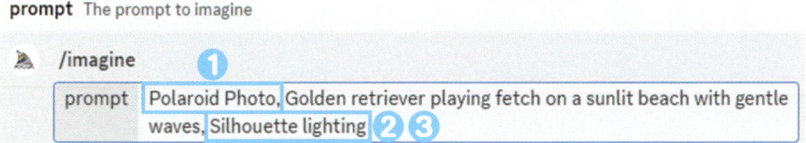

그러면 이전 프롬프트와 다르게 속성과 구체적인 세부 사항을 추가하였기 때문에, 더 정교하고 세밀한 이미지를 생성해 준다. 이러한 차이는 이미지의 질과 표현력에 큰 영향을 미치게 된다.

03-2 이미지 생성 후 해야 할 것들

미드저니 봇에 프롬프트를 보낼 때마다 항상 4개의 이미지가 생성된다. 미드저니는 같은 프롬프트를 사용해도 결과물로 같은 이미지를 두 번 이상 생성하지 않는다. 기본적으로 생성된 이미지는 최신 미드저니 모델(본 도서 작성 시점은 6.1버전)에서 생성되며, 생성된 4개의 그리드 이미지 아래에는 두 줄의 버튼(기능)이 있어, 생성된 이미지를 업스케일링(고품질화)을 하거나 새로운 이미지로 변형(재생성)할 수 있다.

U(업스케일) 버튼 활용하기

U(업스케일) 및 V(변형) 글자 뒤의 숫자는 이미지를 일치시킨다. 1과 2는 위쪽 이미지, 3과 4는 아래쪽 이미지를 나타낸다. 이전의 미드저니 모델에서는 이러한 이미지들이 저해상도로 생성되었기 때문에, U1~U4 버튼을 사용하여 선택한 이미지를 더 높은 해상도로 업스케일했지만, V5 이후로, 그리드에서 생성된 이미지는 최상급 해상도인 1024x1024 픽셀(약 36cmx36cm, 72 DPI, 이에 대한 자세한 291페이지에서 다룸)로 생성된다.

[U] 버튼은 선택한 이미지에 더 많은 기능과 편집 옵션에 접근할 수 있도록 이미지를 분리하는 역할을 한다. 해당 버튼을 클릭하여 선호하는 이미지를 선택할 수 있다. V1, V2, V3, V4 버튼은 선택한 이미지

의 변형된 이미지를 생성하지만, 동일한 스타일과 구성을 유지하도록 한다. 이 중 하나를 클릭하면 새로운 4개의 그리드 이미지로 다시 생성된다. 예를 들어, V1 버튼을 클릭하면, 미드저니는 1번 이미지 (즉, 왼쪽 상단에 위치한 이미지)와 동일한 스타일과 구성을 유지한, 새로운 4개의 그리드 이미지를 생성해 준다.

우측 끝에 있는 버튼은 리롤(re-roll) 또는 리프레시(Refresh), 즉 작업 재실행을 위한 기능이다. 이 버튼은 동일한 원래의 프롬프트로 새로운 결과를 생성하는 데 자주 사용된다. 이미지를 리롤하거나 변형하는 것은 무한하지만, 여러 번 시도한 후에는 결과가 초기 비전에서 벗어날 수 있으므로, 여러 번 시도해도 원하는 이미지를 얻지 못한다면, 프롬프트를 세분화하거나 단어 순서를 변경하여 새로운 그리드 이미지 생성을 고려하는 것이 좋다.

이미지 업스케일하기: 고화질 이미지 생성

이제 하나의 이미지를 선택하여 다른 옵션이 무엇인지, 그리고 어떻게 사용되는지 확인해 보도록 하자. 필자의 경우에는 앞서 생성한 이미지 중 [U3]을 클릭, 즉 3번 이미지를 선택하였다.

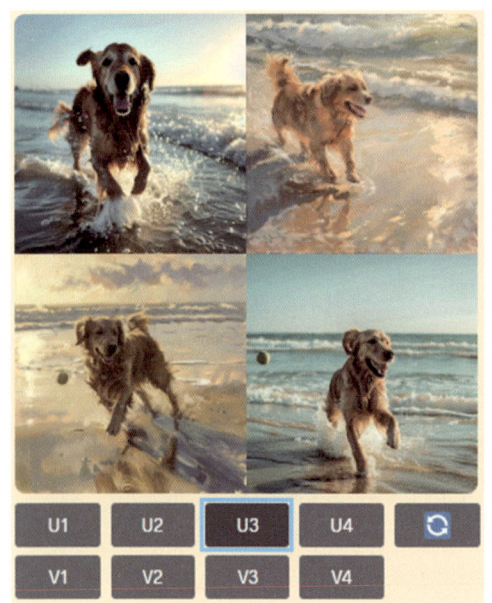

그러면 그림처럼 숫자에 해당 이미지가 업스케일링(고화질화)되고, 세부적으로 변형 및 수정을 할 수 있는 다양한 버튼(기능)들이 나타나는 것을 알 수 있다. 추가적인 버튼들의 용도는 다음과 같다.

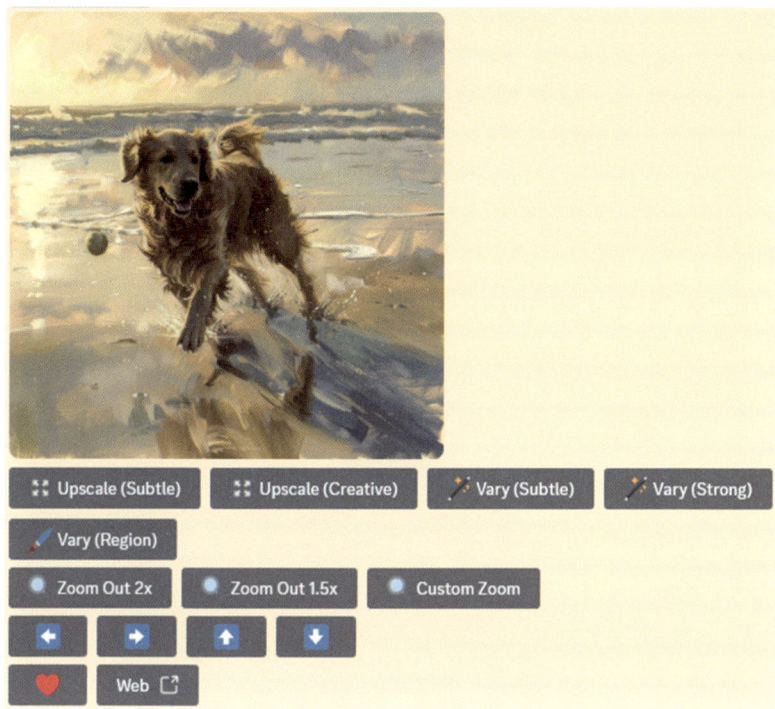

Upscale (Subtle) 선택한 이미지를 미세하게 업스케일(확대)하여 더 높은 해상도와 세부 사항을 제공한다. 업스케일의 정도가 크지 않아 이미지의 원래 특성을 잘 유지한다.

Upscale (Creative) 선택한 이미지를 창의적으로 업스케일한다. 이미지의 해상도를 높이면서도 더 창의적이고 독특한 디테일을 추가할 수 있다.

Vary (Subtle) 선택한 이미지의 스타일과 구성을 거의 유지하면서 약간의 변형된 이미지를 생성한다. 원본 이미지와 큰 차이 없이 변형된 버전을 볼 수 있다.

Vary (Strong) 선택한 이미지의 스타일과 구성을 유지하면서도 더 큰 변형을 준다. 이로 인해 구도, 요소, 색상 등이 눈에 띄게 변화될 수 있다.

Vary (Region) 이미지의 특정 영역을 선택하여 해당 부분만 변형한다. 사각형 선택 도구와 붓 모양의 자유 선택(올가미) 도구를 사용하여 변형할 영역을 선택할 수 있다.

Zoom Out 2x 이미지를 2배로 축소한다. 이미지의 더 넓은 배경과 환경을 볼 수 있도록 두 배 확대된 시야를 제공한다.

Zoom Out 1.5x 이미지를 1.5배로 축소한다. 즉, 약간의 확대된 시야를 제공하여 1.5배 더 많은 배경과 환경을 볼 수 있게 해준다.

Custom Zoom 사용자가 직접 선택한 비율로 이미지를 축소한다. 확대 수준을 커스터마이즈하여 세부 조정이 가능하다.

화살표 버튼 (좌/우/상/하) 이미지를 각각 좌측, 우측, 위쪽, 아래쪽으로 이동한다. 원하는 방향으로 이미지의 구도를 변경할 수 있다. 결과적으로 이미지를 큰 크기로 확장하고 해상도를 높이는 것이 가능하다.

하트 아이콘 (저장) 현재 선택한 이미지를 즐겨찾기 또는 저장한다. 향후 쉽게 접근할 수 있도록 이미지를 저장하는 기능이다.

Web 웹에서 이미지를 열어준다. 클릭하면 미드저니 웹 인터페이스로 이동하여 이미지를 확인하고 더 많은 옵션을 사용할 수 있다.

이미지 변형하기: Vary 활용

이미지 변형을 위한 세 가지 Vary(Variation)는 원본 이미지를 기반으로 다양한 변형을 만들어낼 수 있다. "Subtle"은 미세한 조정에, "Strong"은 큰 변화를 주고 싶을 때, "Region"은 특정 부분만 수정하고 싶을 때 사용한다. 이를 통해 사용자는 원하는 수준의 변화를 이미지에 적용할 수 있다. 텍스트에 미세한 변화를 주어도 전혀 다른 이미지가 만들어 진다는 것을 기억한다.

1 **리믹스를 활용한 변형** 세 가지 베리 중 먼저 [Vary (Strong)] 버튼을 클릭해 보자.

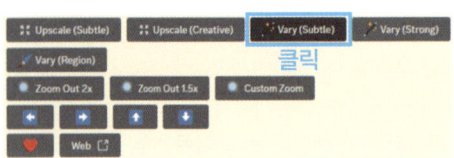

2 그림처럼 리믹스 프롬프트 창이 열린다. 리믹스 프롬프트 창에서 기존 프롬프트 뒤쪽에 다음과 같이 ❶[생동감 넘치는 석양]을 영문으로 추가한 후 ❷[전송]해 보자.

prompt vibrant sunset lighting, seagulls flying overhead, and footprints in the sand

3 그러면 그림처럼 새롭게 리믹스된 4개의 그리드 이미지가 생성된다. 생성된 이미지는 리믹스 프롬프트에서 재작성된 프롬프트에 맞는 이미지로 생성되는 것을 알 수 있다.

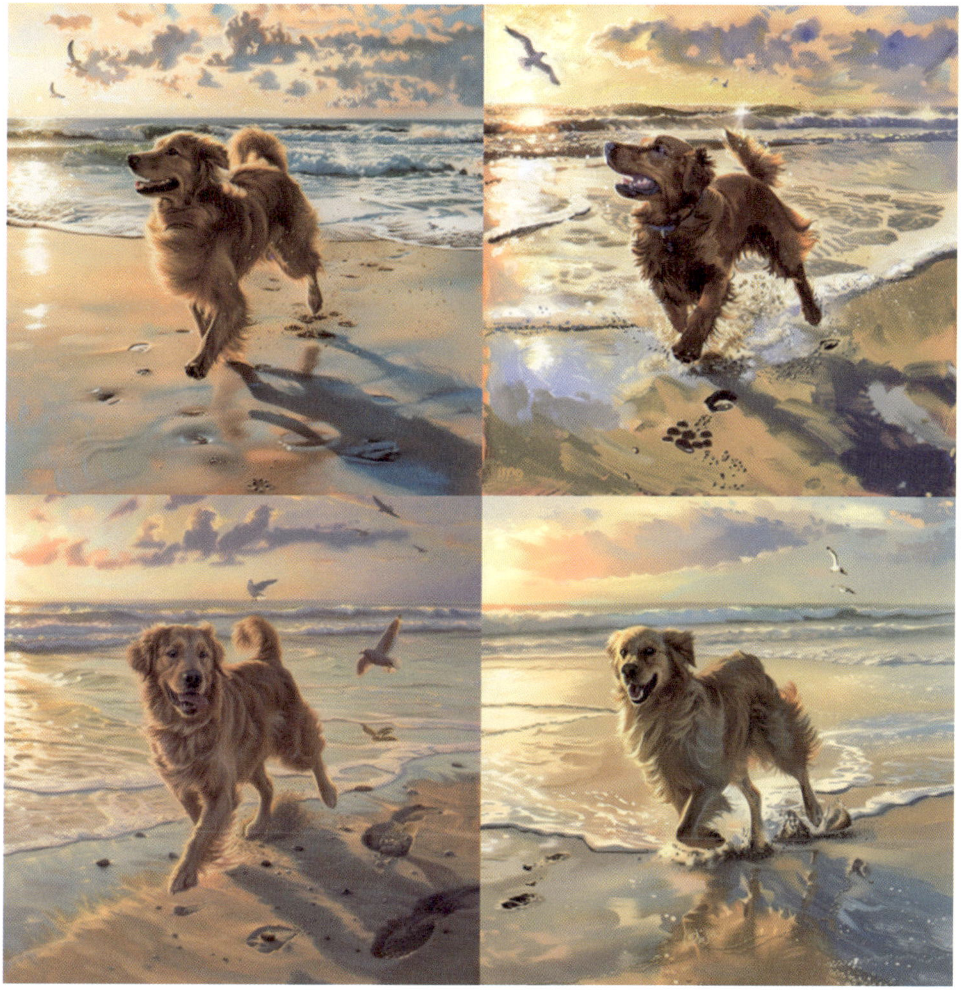

QUICK TIPS!

REMIX 모드에 대하여

리믹스(REMIX) 모드를 사용하면 프롬프트를 변경하고, 파라미터(매개변수)를 조정하고, 모델 버전을 전환하며, 변형 중에 가로 세로 비율을 수정할 수 있다. 이 모드는 초기 이미지의 기본 구성을 고려하여 새로운 작업에 반영한다. 분위기나 조명을 수정하거나, 주제를 발전시키거나, 새로운 구성을 만들고자 할 때 REMIX 모드는 매우 유용하다.

4 **인페인트를 활용한 부분 지우기** 베리 (리전)을 활용하면 인페인트를 통해 이미지의 특정(불필요한) 부분을 없애주거나 다른 이미지로 대체할 수 있다. 살펴보기 위해 이번엔 [Vary (Region)] 버튼을 클릭한다.

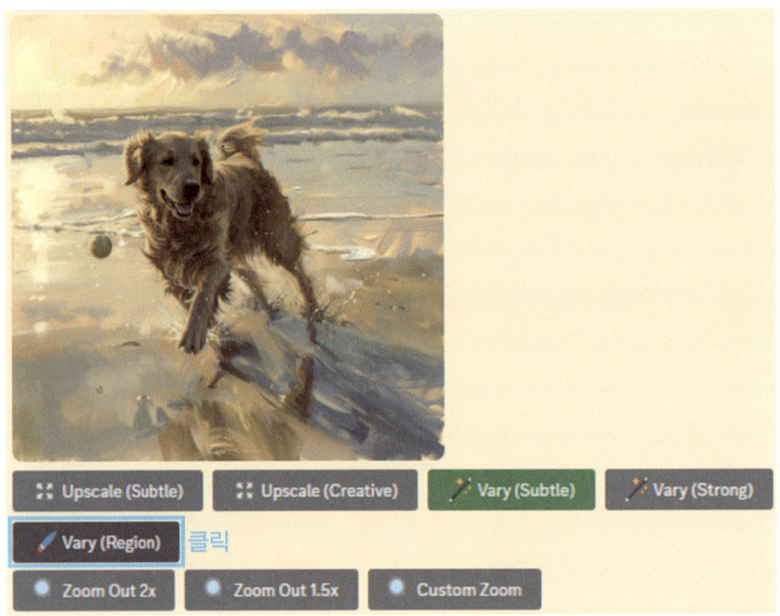

5 인페인트(Inpaint) 창이 열리면 이미지의 특정 영역을 프롬프트와 함께 수정할 수 있다.

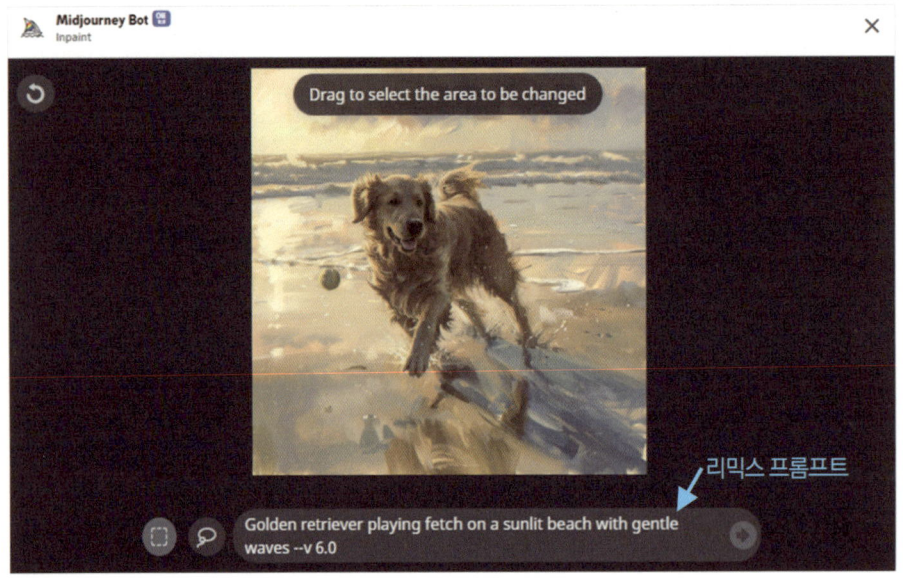

6 예시로, 강아지 앞쪽에 있는 공을 지워보기로 하자. 지울 영역을 ❶[사각형 선택 도구]로 드래그하여 영역으로 지정한 후, 프롬프트 수정 없이 ❷[Submit Job] 버튼을 클릭한다. 그러면 공이 있던 자리가 지워지고, 주변 이미지와 자연스럽게 어울어지는 4장의 이미지가 새롭게 생성된다.

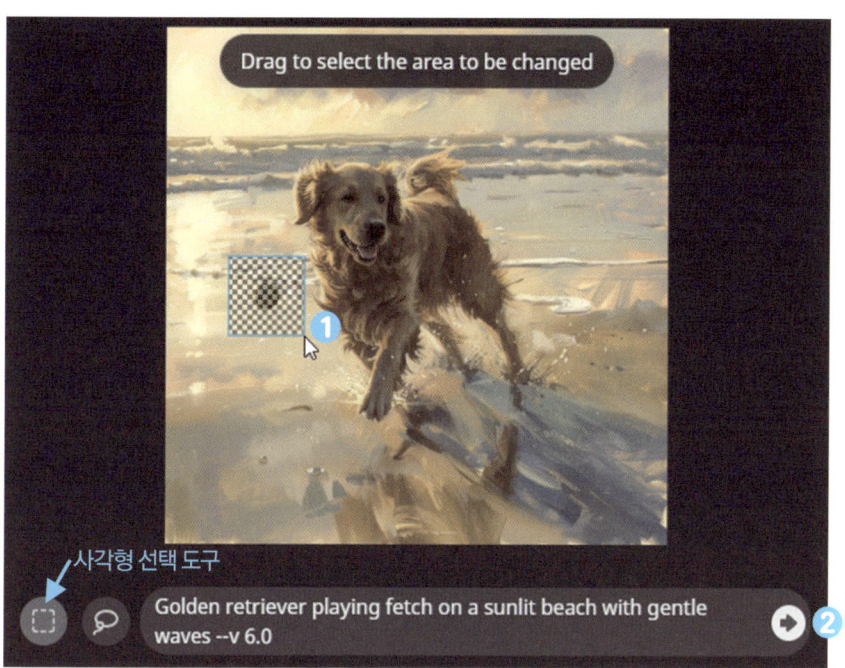

이미지 생성 후 해야 할 것들 087

7 **인페인트를 활용한 객체 바꾸기** 이번엔 강아지 눈에 안경을 씌어 보자. 그러기 위해 방금 생성한 4개의 이미지 중, 예시로 네 번째 이미지의 [U4] 버튼을 클릭한다.

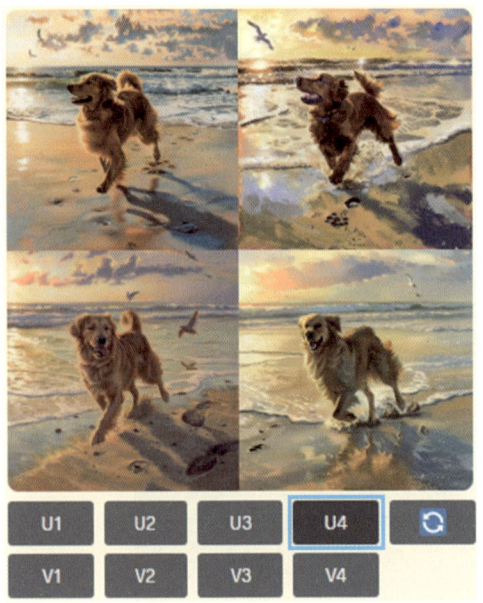

8 해당 이미지가 업스케일 되면 [Vary (Ragion)] 버튼을 클릭하여 리믹스 프롬프트 창을 열어준다.

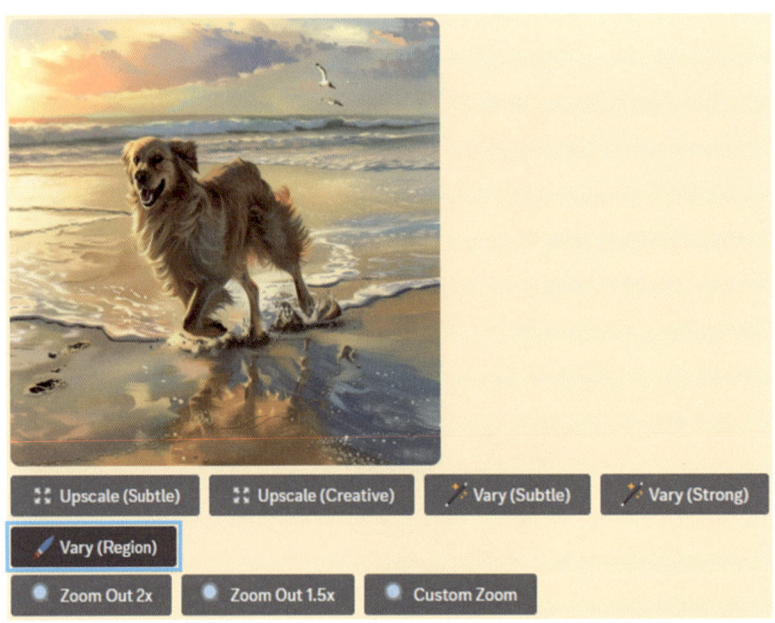

9 리믹스(인페인트) 창에서 그림처럼 강아지 눈 부분에 ❶[영역(영역이 너무 작으면 안됨)]을 만들어 주고, 프롬프트에는 ❷[Glasses]라는 키워드를 입력한다. 그다음 ❸[Submit Job] 버튼을 클릭한다. 그러면 지정된 영역에 다양한 스타일의 안경(썬글래스)이 적용된 4개의 이미지가 새롭게 생성된다. 보다 다양한 이미지를 생성하기 위해서는 프롬프트에 안경의 색상이나 형태를 세부적으로 입력하면 된다.

이미지 생성 후 해야 할 것들

이미지 크기 변형하기: Zoom 활용

미드저니의 줌(Zoom) 기능은 생성된 이미지의 구도를 동적으로 조정할 수 있는 강력한 도구이다. 이 기능을 사용하면 원본 이미지의 특정 부분을 확대하거나 축소하여 새로운 구도를 만들어낼 수 있다. 또한, Zoom은 단순히 이미지를 크게 또는 작게 만드는 것이 아니라, AI가 확대된 영역을 채우거나 축소된 영역 주변에 새로운 요소를 추가하여 자연스러운 결과물을 만들어낸다.

1 앞서 생성한 안경 낀 강아지 이미지를 예시로 하고, [U4] 버튼을 클릭한다.

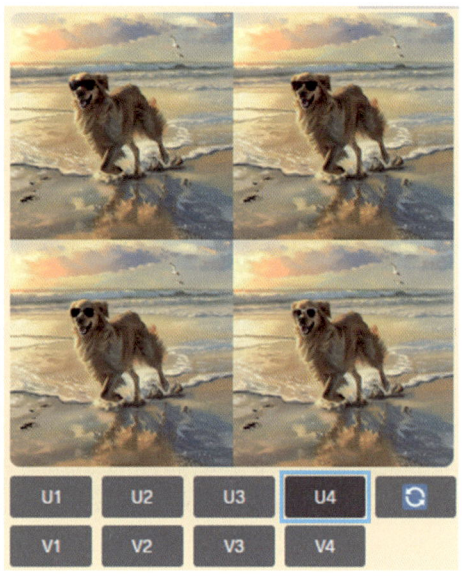

2 네 번째 이미지가 업스케일링 되면 여기에서는 사용자가 직접 비율을 설정하는 [Custom Zoom] 버튼을 클릭해 보자. 참고로 "Zoom Out 2x와 1.5x"는 각각 해당 비율로 이미지 비율을 조절하는 것이므로 직접 살펴보길 바란다.

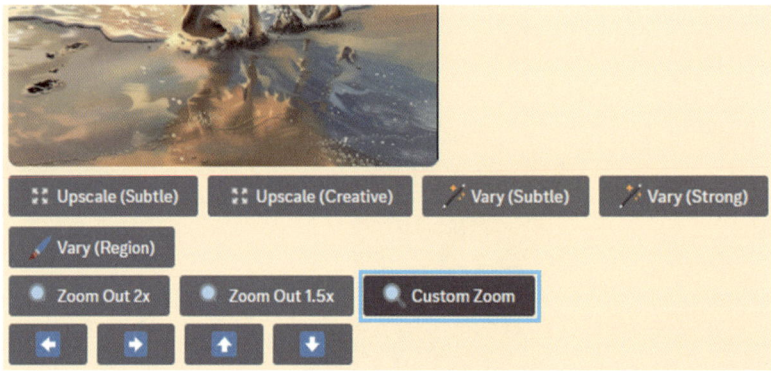

3 줌 아웃 창이 열리면, 이미지 비율(--ar)과 줌 비율(--zoom)를 설정해 보자. 예시로, ❶[이미지 비율은 4:3, 줌 비율은 1.8(1~2 사이에서만 설정 가능)] 정도로 설정한 후 ❷[전송] 버튼을 누른다.

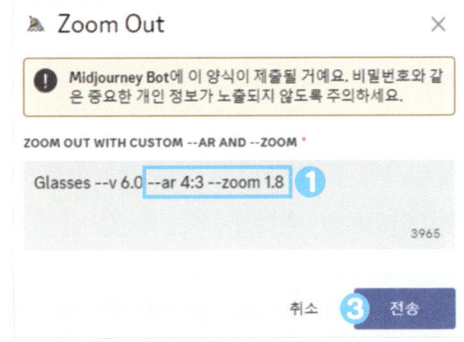

4 결과물을 보면 4:3 비율의 배경 영역이 1.8배 넓어진 형태로 이미지가 생성된 것을 알 수 있다. 이처럼 이미지의 주변을 확장하고자 할 때에는 줌 기능을 효과적으로 활용할 수 있다.

이미지 크기 변형하기: 화살표(Pan) 활용

미드저니의 화살표 모양의 팬(Pan) 기능은 생성된 이미지의 크기와 비율을 쉽고 빠르게 조정할 수 있는 유용한 도구이다. 이 기능을 사용하면 원본 이미지의 구도를 유지하면서 캔버스의 크기를 상하좌우로 확장하거나 축소할 수 있어, 다양한 용도에 맞는 이미지를 손쉽게 만들 수 있다.

1️⃣ 앞서 생성한 4:3 비율의 이미지를 예시로 하며, [U3] 버튼을 누른다.

2️⃣ 스케일링 된 세 번째 이미지에서 강아지의 앞쪽 부분을 확장해 보기로 하자. 그러기 위해 [좌측 방향 화살표(Pan)] 버튼을 클릭한다.

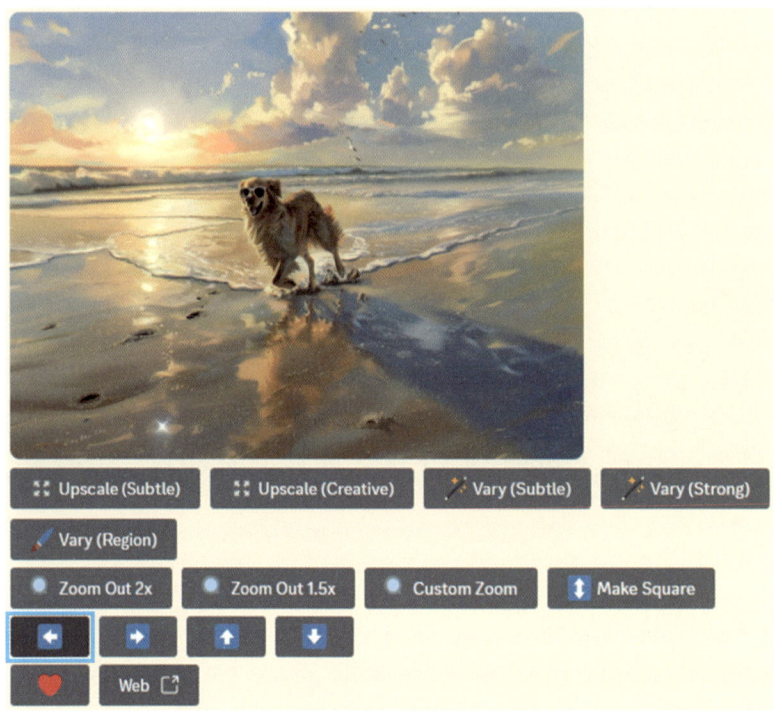

3 팬 레프트 창이 열리면 프롬프트 변경 없이 [전송] 버튼을 누른다.

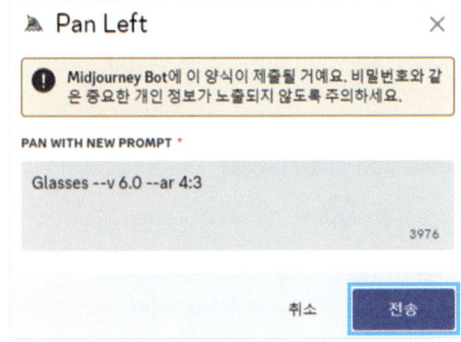

4 결과물을 보면 강아지 앞쪽 영역이 더욱 확장(31:17 비율이 됨)된 것을 알 수 있다. 이렇듯 이미지의 특정 영역을 확장하고자 할 때는 해당 방향 화살표(Pan) 버튼을 활용할 수 있다. 확장 되는 거리는 한 번에 1024 픽셀이며, 일반적으로 1:1 기본 비율을 기준으로 최대 12번, 즉 7680까지 가능하다. 나머지 방향 화살표 버튼은 직접 살펴보길 바란다.

미드저니 갤러리 등록하기: 하트 활용

생성된 이미지는 업스케일링 후 [하트♥] 버튼을 클릭하여 해당 이미지를 좋아한다고 표시할 수 있다. 이는 미드저니 갤러리 페이지에서 이미지를 정리 및 관리할 때 유용하다. 살펴보기 위해 미드저니 사이트(www.midjourney.com)에 접속하여 로그인한 후, 좌측 [Organize 혹은 Archive] 버튼을 클릭해 보자.

그다음 우측의 "Filters"에서 "Rating"을 검색하고, "Liked"를 선택하면, 하트 반응을 받은 이미지들만 표시되어, 해당 이미지만 확인할 수 있다.

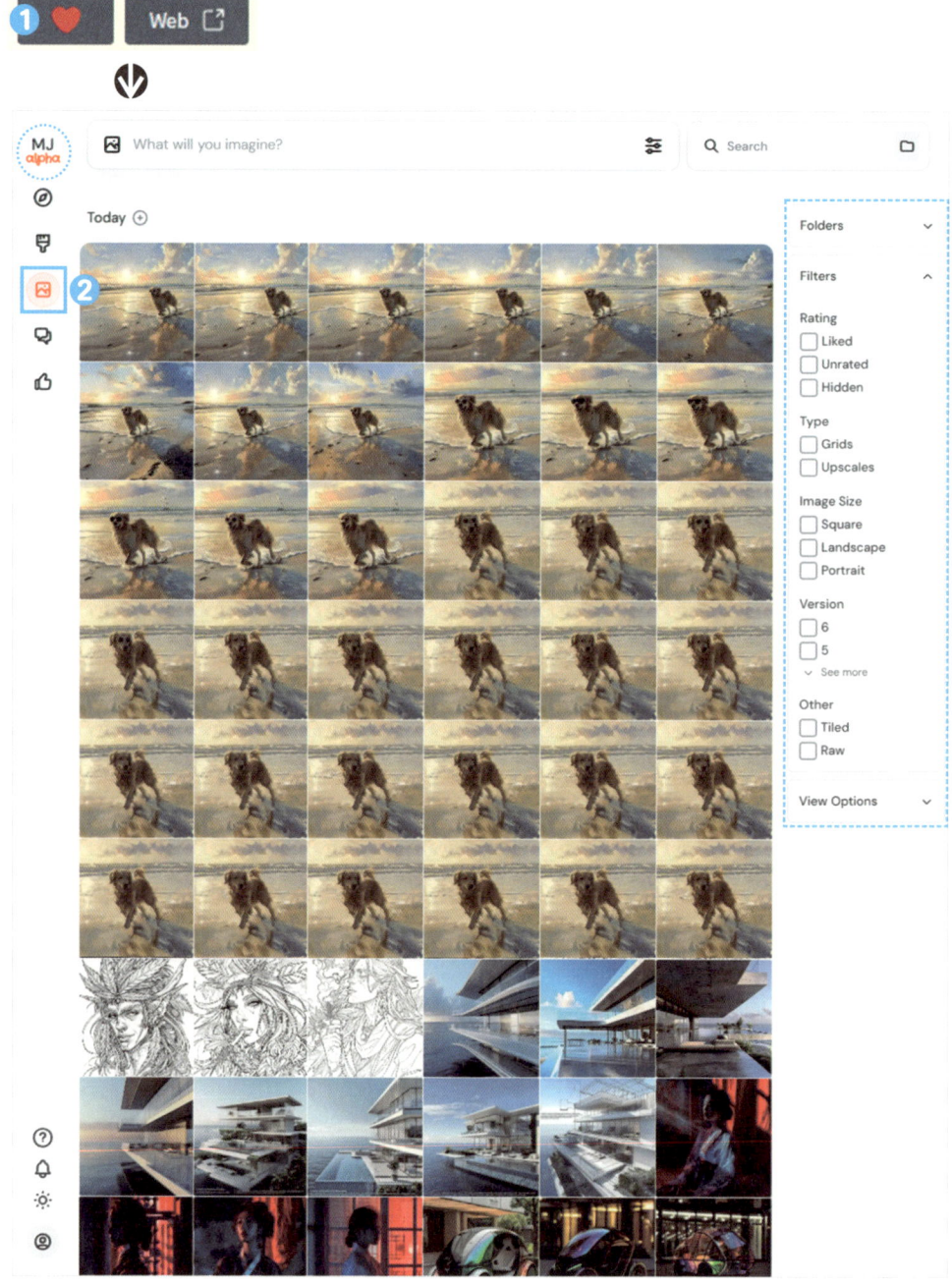

❋ 미드저니 갤러리(MJ alpha) 웹사이트는 다음 학습인 [Web] 버튼을 클릭하여 열어 줄 수도 있다.

생성된 이미지 다운로드받기: Web 활용

웹(Web) 버튼을 누르면 미드저니 갤러리에서 해당 이미지를 열 수 있다. 미드저니 갤러리에서는 이미지를 정리하고 관리할 수 있으며, 하트(좋아요) 표시를 통해 선호하는 이미지를 분류하고, 다양한 필터를 사용하여 쉽게 찾을 수 있다. 또한, 다른 사용자들이 생성한 이미지의 생성 과정 및 프롬프트에 대한 명확한 이해를 할 수 있으며, 생성된 이미지를 다운로드하거나, 다른 사용자와 공유할 수 있는 추가 기능을 사용할 수 있다. 이미지를 다운로드하기 위해서는 먼저 ❶[Web] 버튼을 눌러 갤러리를 열어준 후 ❷ [다운로드할 이미지]를 클릭한다. 그다음 우측 상단의 ❸[Download Image] 버튼을 누르면 된다.

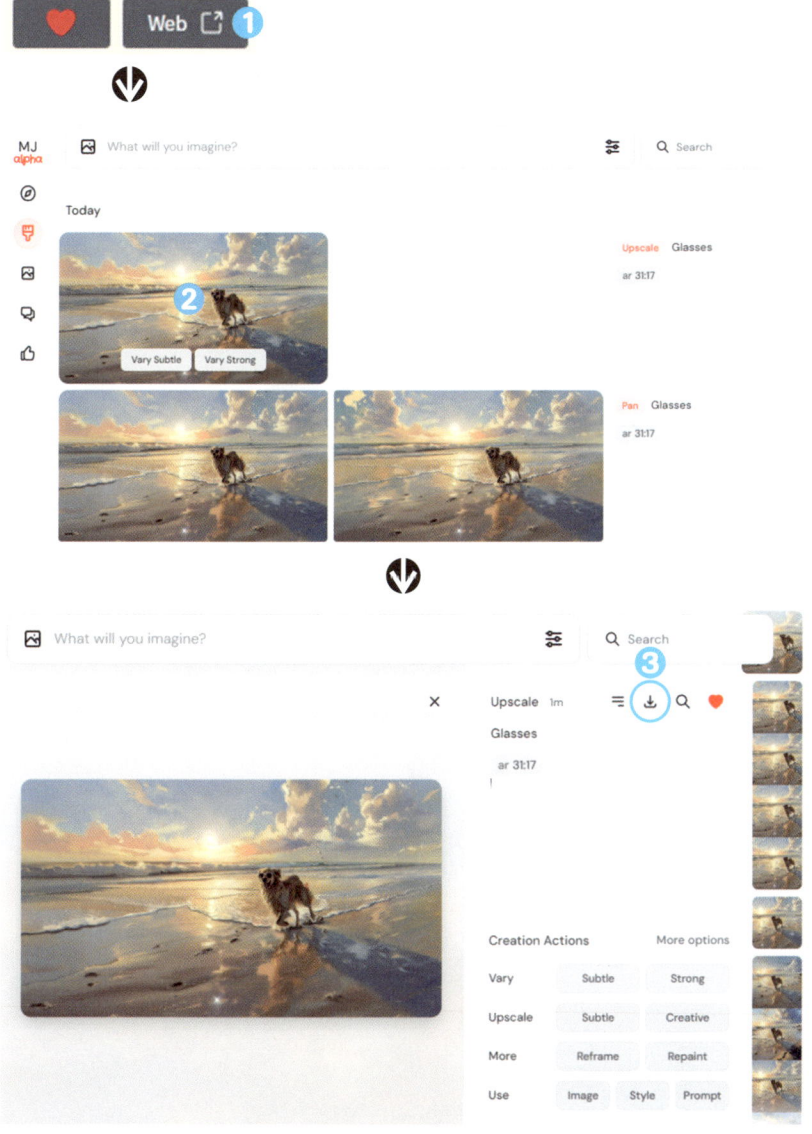

이미지 생성 후 해야 할 것들

V(변형) 버튼 활용하기

미드저니에서 V(변형) 버튼은 선택한 이미지의 변형 버전을 생성하여 다양한 스타일과 변화를 탐구할 수 있는 강력한 도구이다. V1, V2, V3, V4 버튼을 활용하면, 해당 번호의 원본 이미지를 각기 다르게 변형하여 생성할 수 있다. 각각의 버튼은 해당 위치의 이미지를 기반으로 변형된 버전을 생성하여 다양한 스타일과 구성을 탐구할 수 있게 한다. 이를 통해 보다 정교한 결과물을 얻을 수 있으며, 다양한 변형을 시도해 볼 수 있다.

1 이미지 변형을 위한 예시로, 앞서 생성한 안경 쓴 강아지 4개의 이미지 중에서 첫 번째 이미지의 [V1] 버튼을 클릭해 보자.

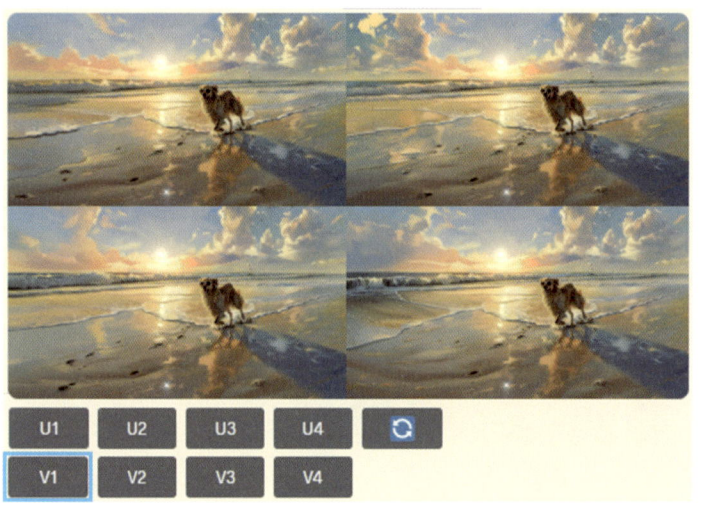

2 리믹스 프롬프트 창이 열리면, 새롭게 생성할 이미지에 대한 프롬프트를 재입력한다. 필자는 예시로, 다음과 같이 앞서 사용한 프롬프트 앞에 ❶[Yellow]를 입력한 후 ❷[전송]하였다.

prompt Yellow glasses, golden retriever playing fetch on a sunlit beach with gentle waves, vibrant sunset lighting, seagulls flying overhead, and footprints in the sand

3 결과물을 확인해 보면, 리믹스(인페인트) 프롬프트에 입력된 키워드처럼 노란색 안경을 쓴 강아지 이미지가 생성된 것을 알 수 있다.

4 아래 그림은 방금 생성한 리믹스 이미지의 2번(U2)을 고화질로 업스케일한 후의 모습이다. 확인해 보면 노란색 귀여운 안경을 쓴 강아지의 모습이 정확하게 표현된 것을 알 수 있다. 살펴본 것처럼 "V" 버튼을 활용하면 특정 이미지를 다른 스타일로 변형할 수 있다.

03-3 /imagine 그 이상의 명령어들

미드저니 봇은 디스코드에서 다양한 명령어를 통해 이미지 생성, 설정 변경, 사용자 정보 확인 등의 기능을 수행한다. 이 명령어들은 봇이 허용된 채널, 서버, 또는 직접 메시지에서 [/]를 입력하여 사용할 수 있으며, 미드저니는 명령어 해석에 매우 엄격하여 문법이나 철자 오류를 일절 허용하지 않는다. 이번 학습에서는 앞서 살펴본 "/imagine" 명령어 이외의 주요 명령어들에 대한 소개와 몇몇 명령어의 간단한 사용법에 대해 살펴볼 것이다.

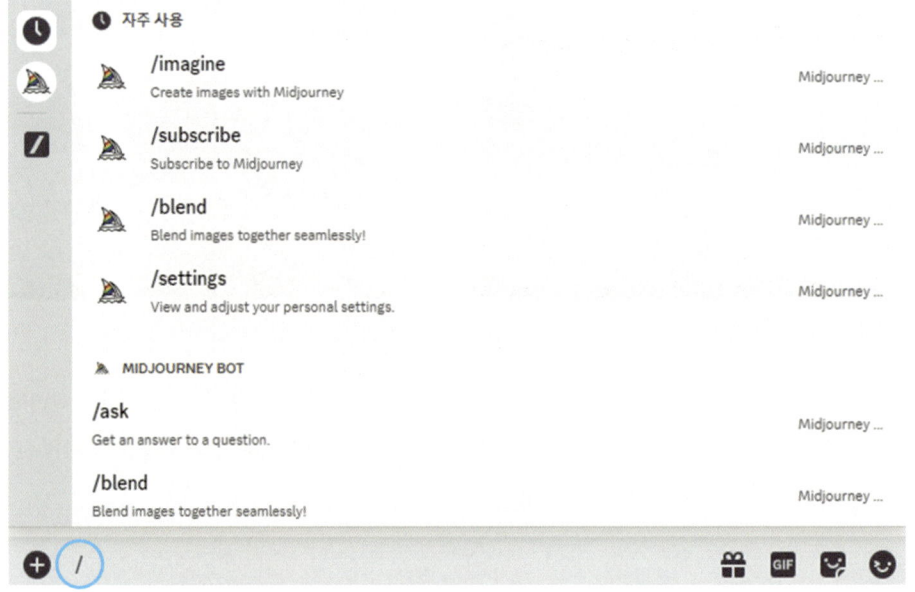

/ask 특정 질문에 대한 답변을 얻을 수 있다. 미드저니 사용법이나 기능에 대해 물어볼 수 있다.

/blend 최대 5개의 이미지를 결합(합성)하여 독특하고 새로운 이미지를 만들 수 있다.

/daily_theme 공식 미드저니 디스코드 서버의 #daily-theme 채널 업데이트 알림을 켜거나 끈다. 이 옵션은 공식 서버에서만 사용 가능하다.

/docs 사용자 가이드의 주제들에 빠르게 접근할 수 있다. 이 옵션 역시 공식 미드저니 디스코드 서버에서만 사용 가능하다.

/describe 이미지를 업로드하면 미드저니 봇이 4개의 재구성된 텍스트 프롬프트를 생성한다. 새로운 어휘와 시각적 스타일을 탐색하는 데 이상적이다.

/faq 프롬프트 작성에 관한 자주 묻는 질문들에 빠르게 접근할 수 있다. 이 옵션도 공식 서버에서만 사용 가능하다.

/fast 빠른 모드를 활성화한다. 이는 기본 모드이며 /settings 명령을 통해서도 설정할 수 있다. 이미지 생성 속도는 빠르지만, 구독 형태에 따라 제한된 빠른 처리 시간이 있음을 유의해야 한다.

/help 미드저니 봇에 대한 필수적인 팁과 정보를 볼 수 있다. 미드저니 공식 매뉴얼 가이드 및 갤러리 웹사이트를 쉽게 접속할 수 있다.

/imagine 미드저니에서 가장 많이 사용되는 명령어로, 주어진 프롬프트를 바탕으로 이미지를 생성한다.

/info 계정, 구독, 진행 중인 작업 등에 대한 상세 정보를 확인할 수 있다.

/stealth Pro 플랜 구독자 전용 기능으로, 생성된 이미지를 midjourney.com에 표시하지 않는다. /stealth로 활성화하고 /public으로 비활성화한다. 단, 공개 디스코드 채널의 이미지는 여전히 보일 수 있으므로 완전한 프라이버시를 원한다면 개인 메시지나 비공개 서버를 사용길 권장한다.

/public 공개 모드를 활성화한다. /settings 명령으로도 설정 가능하며, Pro 플랜 구독자만 이 옵션을 비활성화할 수 있다.

/subscribe 사용자의 계정 페이지로 연결되는 개인 링크를 생성한다.

/settings 미드저니 봇의 설정에 접근하고 수정할 수 있다. 여기에서 사용할 미드저니 모델(버전)을 선택할 수도 있다.

/prefer option 사용자 지정 옵션을 정의하거나 수정한다.

/prefer option list 설정한 사용자 지정 옵션들을 검토한다.

/prefer suffix 모든 프롬프트에 적용될 접미사를 지정한다.

/prefer remix 리믹스 모드를 켜거나 끈다.

/relax 릴렉스 모드를 활성화한다. 이 모드는 /settings 명령으로도 설정 가능하다. Standard, Pro, Mega 구독자가 사용할 수 있으며, GPU 시간을 소비하지 않고 무제한으로 이미지를 생성할 수 있다. 다만, 시스템 사용량에 따라 이미지가 대기열에 들어가 보통 0~10분의 대기 시간이 발생한다. 릴렉스 모드 활동에 따라 대기 시간이 달라질 수 있으며, 우선 순위는 매월 구독 갱신 시 초기화된다.

/show 이미지의 작업 ID를 사용하여 디스코드에서 작업을 복구하거나 수정한다. 고유한 작업 ID와 함께 이 명령어를 사용하면 작업을 다른 서버나 채널로 전송하거나, 잃어버린 작업을 찾거나, 이전 작업을 새로운 변형, 업스케일링, 최신 기능 적용 등으로 업데이트할 수 있다. 자신의 작업에만 한정된다.

/shorten 프롬프트를 최적화하고 검토한다. 프롬프트 작성에 도움을 주는 기능으로, 더 효과적인 결과를 얻는 데 유용하다.

/turbo 터보 모드를 활성화한다. 이 모드는 미드저니 모델 버전 5 이상에서만 사용 가능하며, /settings 명령을 통해서도 활성화할 수 있다. 고급 GPU 풀을 활용하여 Fast 모드보다 최대 4배 빠른 결과물을 생성할 수 있지만, Fast 모드에 비해 2배의 GPU 시간을 소비한다.

GPU(중앙 처리 장치) 시간과 Fast, Relax, Turbo, Stealth 모드에 대한 더 자세한 정보는 미드저니 계정 페이지(https://www.midjourney.com/account)에서 확인할 수 있다. 이러한 미드저니 봇의 명령어들을 통해 플랫폼과 더 세밀하게 상호작용할 수 있게 되었으며, 각 명령어는 특별한 기능을 제공하여 이미지 생성 과정을 향상시킬 수 있다. 이러한 기초를 바탕으로, 다음 학습에서는 초기 미드저니 모델인 V1부터 V6까지의 고유한 특징들을 살펴볼 것이다. 이는 시각적 능력의 진화를 이해하는 데 중요한 과정이 될 것이다.

03-4 미드저니 모델의 진화

기술의 진화, 특히 오늘날의 발전을 위한 토대를 마련한 초기 단계를 보는 것은 대단히 아름다운 일이다. 지금은 디스코드에서 수많은 팬을 거느린 미드저니도 처음부터 지금과 같이 세련된 플랫폼은 아니었다. 지금부터 숨 가쁘게 달려온 미드저니 모델에 대한 진화 과정을 살펴보기로 하자.

모델 V1과 V2

2022년 2월 미드저니 V1이 출시되었을 때, 그것은 마치 아기의 첫 걸음마를 지켜보는 것과 같았다. 모든 결과물이 기본적이었음에도 불구하고 놀랄만한 것이었다. 같은 해 4월에 V2가 등장했을 때에는 이미 조깅을 하기 시작했고, 더 많은 기술을 선보이며 잠재력을 더욱 명확히 드러냈다. 미드저니의 초기 버전인 V1과 V2에 대한 여정에서는 이 초기 버전들에 대한 지식을 흡수하면서, 모든 것이 어디서 시작되었고, 지금 우리가 얼마나 멀리 왔는지를 알 수 있는 매우 흥미로운 시간이 될 것이다.

앞으로의 과정은 모든 모델에서의 결과물에 대한 일관된 비교를 위해, 다음과 같은 프롬프트를 사용할 것이다. 현재 미드저니는 기본적으로 최신 모델(현재는 버전 6.0)을 사용하므로, V1과 같은 초기 버전을 사용하려면 특별한 과정을 거쳐야 한다.

예시 프롬프트 3D rendering, design of a electric tricycle with a pink color and white background, in a cartoonish character style, round shape, a red tail light in the center

프롬프트에 버전(모델) 지정하기

이 방법은 프롬프트에 수동으로 "--v 1" 접미사를 추가하는 것이다. 예를 들어, [/imagine prompt 3D rendering, design of a electric tricycle with a pink color and white background, in a cartoonish character style, round shape, a red tail light in the center --v 1] 프롬프트 뒤에 특정 버전을 입력하는 방법이다. "--v" 접미사 뒤에 숫자를 붙여 "--v 1, --v 2, --v 4, --v 5, --v 5.1, --v 5.2" 등 사용 가능한 모든 버전을 입력할 수 있다.

사용 모델 입력 시 주의할 것은 접미사(--v 1, --v 2, --v 4, --v 5, --v 5.1, --v 5.2)를 정확하게 입력하는 것이며, 지정된 형식에서 철자, 간격, 구두점, 띄어쓰기 형식이 조금이라도 틀리면 시스템이 명령을 인식하지 못해 이미지 생성이 불가능할 수 있다. 원하는 결과를 얻기 위해서는 이러한 명령의 정확성을 보장하는 것은 필수적이다. 다음은 방금 입력한 v 1(좌측 그림)의 결과물과 현재 버전인 v 6(우측 그림)의 결과물을 비교한 이미지들이다.

V 1의 결과물　　　　　　　　　　V 6의 결과물

초기 버전의 특징은 4개 이미지 그리드 이미지는 일관되게 저해상도(256x256 픽셀)로 생성된다. 이것은 아티팩트(이미지의 불완전한 부분)가 더 적으며, 선택한 이미지의 업스케일링이 새로운 버전보다 더 많은 시간이 걸린다는 것을 알 수 있다. 또한, 그리드(4개의 결과 이미지)에서 미리 본 이미지와 최종 업스케일된 결과 사이에 눈에 띄는 차이가 있다.

이것은 위 v1과 v6의 결과물에 대해 특별히 언급하지 않아도 현재 버전과 현격한 차이가 있다는 것을 알 수 있을 것이다. 하지만 각 모델의 특징적인 것을 반영한 이미지를 얻고자 할 때에는 하위 모델을 사용해야 하는 경우도 있다는 것을 명심하자.

계속해서 앞서 v 1 모델로 생성된 4개의 이미지 중 예시로, [U2] 버튼을 눌러 두 번째 이미지를 업스케일링 해보자. 결과물을 얻기 위한 시간이 더 소요될 것이다. 업스케일이 끝난 후의 이미지를 보면 저화질 이미지일 때보다 훨씬 뚜렷해졌을 것이다. 여기서 중요한 것은 업스케일을 한 후의 옵션 기능들이다. 몇몇 옵션들이 현재의 v 6과 다르다는 것을 알 수 있다.

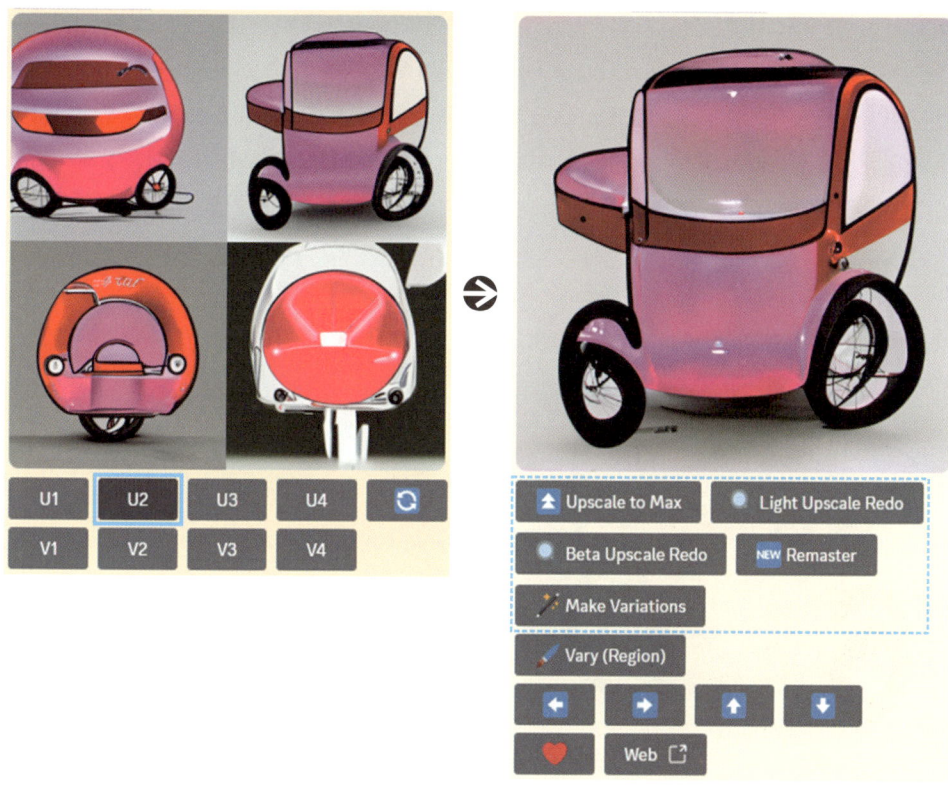

Make Variations (변형 생성) 현재 이미지를 기반으로 새로운 변형 이미지들을 생성한다. 전체적인 구도와 주제는 유지하면서 세부 사항, 색상, 스타일 등이 다른 여러 버전의 이미지를 만들며, 창의적인 탐색이나 다양한 옵션을 원할 때 유용하다.

Upscale to Max (최대 해상도로 업스케일) 이미지를 가능한 최고 해상도로 확대한다. 더 많은 세부 사항과 선명도를 얻을 수 있지만, 처리 시간이 더 오래 걸릴 수 있다. 고품질의 큰 이미지가 필요할 때 유용하다.

Light Upscale Redo (가벼운 업스케일 재실행) 이미지를 약간 더 높은 해상도로 확대하고, 원본의 특성을 대부분 유지하면서 약간의 세부 조정을 한다. 빠른 처리 및 미묘한 변화를 원할 때 유용하다.

Beta Upscale Redo (베타 업스케일 재실행) 실험적인 업스케일 알고리즘을 사용하여 이미지를 확대한다. 새로운 기술을 적용하여 더 좋은 결과를 얻을 수 있지만, 안정성이 떨어질 수 있다. 최신 기술을 시도하고자 할 유용하다.

Remaster (리마스터) 이미지를 전체적으로 개선하고 재처리한다. 색상, 대비, 선명도 등을 조정하여 이미지의 전반적인 품질을 향상시키며, 기존 이미지를 더 좋은 품질로 만들고 싶을 때 유용하다.

여기에서는 예시로, 최대 해상도로 업스케일링 하기 위해 [Upscale to Max] 버튼을 눌러보자. 결과물을 보면 "상세 업스케일 재실행(Detailed Upscale Redo)" 옵션이 있는 것을 알 수 있다. 이 옵션은 Remaster를 제외한 다른 업스케일러(Upscale to Max, Light Upscale Redo, Beta Upscale Redo)를 수행한 후에 나타난다. 지원 모델은 v 1, v 2, v 3이며, 1024x1024 픽셀 크기의 이미지를 생성해 준다. 이 옵션을 통해 이미지에 추가적인 세부 사항을 더해 풍성하게 만들며, 주어진 리믹스 프롬프트의 경우, 이미지를 더 복잡하게 만들지만, 다른 유형의 구성에서는 세부 사항과 텍스처를 추가하는 데 좋은 옵션이 될 수 있다.

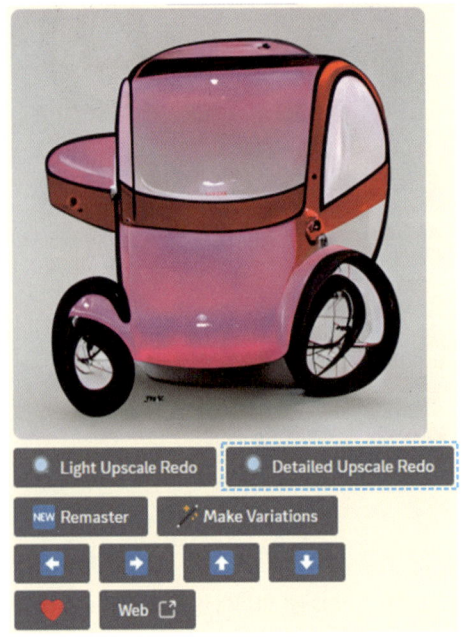

✱ 자세한 정보는 https://docs.midjourney.com/legacy/docs/upscalers 에서 확인할 수 있다.

이번에는 v 2 모델에서의 이미지를 생성해 보자. 프롬프트는 앞서 v 1 모델에서 사용했던 것과 동일하며, 끝 부분에 있는 접미사, "v 1"을 [v 2]로 바꿔주면 된다.

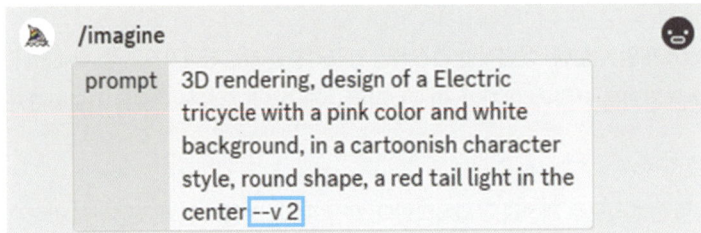

아래 그림은 v 2 모델에서 생성한 이미지들이다. 지금의 결과물만 보면 오히려, v 1보다 수준이 떨어져 보일 수 있다. 여하튼 살펴본 것처럼 V1과 V2는 미드저니 초창기 모델로, 이후 출시된 모델들과 비교했을 때 부족한 부분이 많다. 이후 모델들은 텍스처와 디테일, 색감 등이 크게 향상되었으며, 사용자 요구에 맞춰 더 정교한 결과물을 제공하게 되었다. 이러한 발전은 인공지능 이미지 생성 기술의 빠른 진보를 보여주는 좋은 예시라 할 수 있다.

v 2의 결과물

/settings에서 버전(모델) 선택하기

미드저니 모델의 선택은 프롬프트의 접미사를 추가하는 방법 이외에도 "/settings" 명령어를 통해서도 가능하다. 세팅 명령어는 프롬프트에 [/] - [settings]를 선택하거나 프롬프트에 직접 ❶[/settings]를 입력한 후 ❷[엔터] 키를 누르는 것으로 실행할 수 있다.

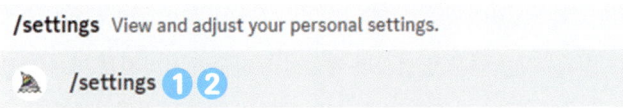

세팅 설정 창이 열리면, 상단 [V] 메뉴에서 원하는 모델 버전을 선택할 수 있다. 여기에서 선택된 버전

은 이후부터는 프롬프트 접미사에 입력하지 않아도 자동으로 지정한 모델에 맞는 이미지를 생성한다.

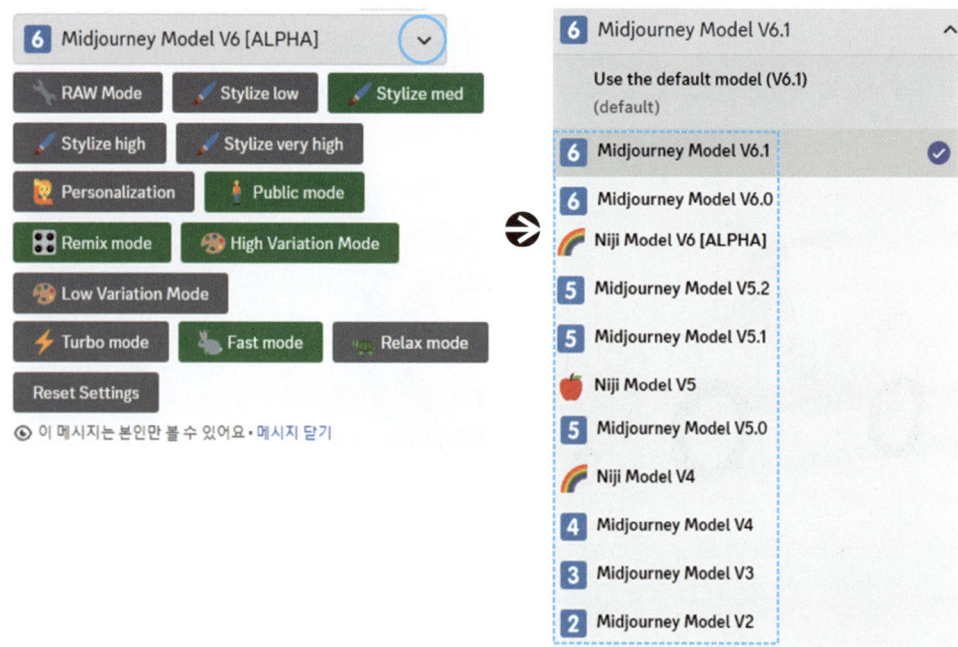

미드저니의 "/settings" 명령어를 통해 접근할 수 있는 다양한 옵션들은 사용자에게 광범위한 제어 기능을 제공한다. 여기에는 모델 버전 선택(V1부터 V6까지), 이미지 품질 설정(기본부터 매우 높음까지), AI의 창의성 정도를 조절하는 스타일 정도, 이미지 비율 선택, 빠른 생성이나 여유로운 생성 등의 생성 모드, 리믹스 모드 켜기/끄기, 그리고 공개/비공개 모드, 저작권 설정, 언어 선택 등의 기타 설정이 포함된다. 이러한 다양한 옵션들을 통해 사용자는 자신의 필요와 선호에 맞게 미드저니의 이미지 생성 과정을 세밀하게 조정할 수 있다. 주요 기능에 대해서는 차후 해당 학습에서 살펴볼 것이다.

모델 V3과 V4

2022년 8월에 출시된 V3는 AI 기반 시각 창작의 경계를 재정의하는 변혁적 변화를 가져왔다. 더 선명하고 생동감 있는 이미지와 함께 "stylize"와 "quality" 같은 동적 매개변수 기능이 도입되어 사용자에게 전례 없는 수준의 제어력을 제공했다. V4는 이를 더욱 발전시켜 예술성과 기술의 시너지를 미세 조정하며 미드저니 경험을 새로운 차원으로 끌어올렸으며, V3에서는 이미지가 더 선명하고 뚜렷해졌다.

이때부터 AI가 단순히 지시를 따르는 것이 아니라 자체적인 예술적 감각을 더하게 되었다. "stylize" 기능으로 사용자는 AI의 해석을 얼마나 반영할지 결정할 수 있게 되었고, "quality" 매개변수는 AI의 효율성을 조절할 수 있게 해주었다. 이러한 발전은 특히 인물(얼굴) 생성에서 뚜렷이 나타나, 이전에는 상상할 수 없었던 수준의 감정, 깊이, 세부 묘사를 가능하게 했다.

예술적 이미지로 진화한 V3

2022년 중반에 도입된 V3은 단순한 업그레이드가 아닌, AI 기반 시각 창작 세계에 변혁을 가져온 혁신적인 힘이었다. 이미지는 더욱 선명하고 뚜렷해졌으며, 이전에 보지 못했던 특별한 생동감을 지니게 되었다. 이는 단순한 기술적 개선을 넘어, AI가 지시를 따르는 데 그치지 않고 자체적인 예술적 감각을 더하는 새로운 지평으로의 도약이었다.

V3의 도입으로 "Light Upscale"의 성능이 향상되어, 왜곡이 크게 줄어든 선명한 이미지를 생성할 수 있게 되었으며, "stylize"라는 중요한 기능이 추가되어, 사용자가 AI의 해석을 얼마나 이미지에 반영할지 결정할 수 있게 되었다. 이로써 사용자는 AI가 지시를 엄격히 따르게 할지, 아니면 AI의 창의성을 발휘하게 할지 선택할 수 있게 되었고, 더불어 "quality" 매개변수를 통해 사용자는 이미지의 깊이, 감정, 세부 묘사, 선명도, 심지어 생성 비용까지 절감할 수 있게 되었다.

이제 V2와 V3의 혁신적 차이를 경험하기 위해, 이전과 같은 방법으로 v 3 모델을 사용하여 프롬프트를 작성해 보자. 이번 예시에는, 다음과 같은 인물을 생성해 보기로 한다.

예시 프롬프트 a beautiful brown-haired girl eating an ice cream in a magical garden

v 3 모델의 결과물을 보면 실사 느낌보다는 물감으로 그린 것 같은 그림 정도로 표현된 것을 알 수 있다.

이제 여기에 스타일(--s) 매개변수(파라미터)를 사용하여 사용자의 지시와 AI의 고유 예술성 간의 설정을 해보자. 방금 사용한 프롬프트 마지막에 입력된 모델 앞쪽에 [--s 1500]을 입력한 후 다시 이미지를 생성해 본다. 이때 신경써야 할 것은 하이픈(--), 스타일(s) 그리고 값에 대한 띄어쓰기이다. 생성된 결과를 보면 스타일 매개변수(값)에 의해 이전과 완전히 다른 느낌의 그림이 표현된 것을 알 수 있다.

✱ 스타일 매개변수는 AI의 훈련(트레이닝)을 기반으로 풍부한 예술적 색채, 균형 잡힌 구도, 표현력 있는 형태를 만들어 내며, 설정값 범위는 일반적으로 0~1000까지이다. 기본값은 100이다. 하지만, V3 모델에서는 625~6000까지이며, 기본값은 2500이다.

이번엔 퀄리티(quality) 매개변수에 대해 알아보자. 퀄리티(--q) 매개변수는 이미지의 생성 시간을 결정한다. 이 매개변수는 미드저니 기능의 핵심으로, 사용자에게 생성되는 이미지의 시간, 비용, 세부 사항 사이의 균형을 제어할 수 있게 해준다. 높은 품질(값)은 더 오래 걸리고 더 많은 GPU 시간을 사용한다. 흥미롭게도, 이는 이미지의 해상도에는 영향을 미치지 않고, 그림의 품질에만 영향을 준다는 것이다.

다음 4개의 결과물은 퀄리티 매개변수를 각각 "-- .25, -- 1.0, --2.0, -- 5.0"으로 설정하여 생성한 것들이다.

창의적 표현에 정점을 찍은 V4

2022년 11월부터 2023년 5월까지의 6개월 동안은, 미드저니의 V4의 시대였다. V4는 이전 버전들과 다르게 미드저니 팀이 독점적으로 개발한 완전히 새로운 코드 기반과 혁명적인 AI 아키텍처를 구사하여, 확장된 지식 기반의 더 넓은 범위의 캐릭터, 복잡한 시나리오, 또는 다중 캐릭터 장면 생성을 위한 길을 열었다고 해도 과언이 아니다.

V4에서의 프롬프트는 V3에서 사용했던 것을 그대로 사용하여 V3과 어떤 차이가 있는지 비교해 보자. 참고로 이번 예시는 V3에서 살펴보았던 --s, --q 매개변수는 사용하지 않는다.

V4 모델에서 생성된 결과물을 보면, 이전 모델과는 확연히 발전된 모습을 확인할 수 있다. V4는 더 선명하고 세밀한 이미지를 생성해 주며, 복잡한 장면이나 다중 요소를 더 잘 처리하고, 프롬프트의 모든 요소를 더 일관되도록 해주는 것을 알 수 있다. 또한, 더 풍부한 텍스처와 디테일을 표현하며, 더 자연스럽고 복잡한 조명 효과의 구현과 더 균형 잡히고 심미적인 구도를 만들어낸다. 이는 AI가 프롬프트를 더 창의적으로 해석하면서도 핵심 요소를 유지하는 것으로, AI 이미지 생성 기술의 큰 도약을 보여주며, 사용자들에게 더 높은 수준의 창의적 표현 가능성을 제공하는 것이다.

미드저니 V4는 세 가지 스타일 옵션을 제공한다. "4a, 4b, 4c" 이 스타일들은 기본 V4 모델의 세부 조정된 버전으로, 특정 미적 감각을 위해 훈련되어 생성된 이미지에 스타일적 변화를 가져온다. 이중 스타일 "4a"는 이전 V4 스타일(초기 v 4 출시 버전)에 더 가까우며, 보다 현실적이고 세부적인 이미지를 생성하기 위한 정확성에 중점을 둔다. 다음 그림은 "--style 4a" 프롬프트를 입력해서 얻을 결과물이다.

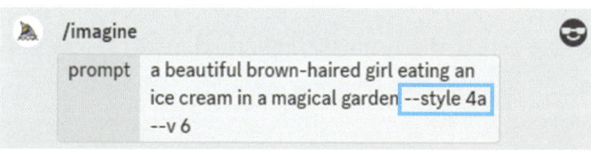

스타일 "4b"는 더 실험적인 스타일로, 창의적이고 스타일리시한 이미지를 생성하며, 때로는 덜 현실적인 이미지를 생성할 수 있지만, 정말 놀랍고 독특한 이미지를 만들어낼 수도 있다. 다음 그림은 "--style 4b"에 대한 결과물이다.

마지막 스타일 "4c"는 미드저니 V4의 기본 스타일이다. 이는 스타일과 현실성의 균형을 맞추며, 대부분의 프롬프트에 대해 일반적으로 좋은 결과물을 얻을 수 있다. 다음 그림은 "--style 4c"에 대한 결과물이다.

V4의 주요 특징

- **포괄적인 지식 기반** V4는 주제, 생물, 환경, 그리고 구체적인 사물에 대한 이해가 이전의 모든 버전을 능가한다. 이러한 높은 인식률은 현실과 일치하는 시각적 이미지를 생성하여, AI 생성 이미지와 인간이 인지하는 예술 사이의 격차를 좁혀준다.
- **향상된 일관성** V4의 특징 중 하나는 뛰어난 일관성이다. 특히, 이미지 프롬프트 작업 시 탁월한 정교함을 보여주며, 천 마디 문장보다 더 많은 이야기를 전달하는 작품을 만들어낸다.
- **디테일 마스터리** 이 버전은 세부 사항 처리에서 기준이 되었다. 복잡한 프롬프트에서 등장인물과 객체의 복잡한 구성을 정확하게 처리하는 능력을 보여준다.

살펴본 것처럼 V3과 V4의 능력은 모두를 놀라게 하였다. 하지만, 최신 모델인 V5에서 V6에 이르기까지, AI 혁신은 더욱 혁신적인 모습을 보여 주었다. 따라서, V3와 V4의 성과를 충분히 음미하면서, 미드저니의 세계에서 더 깊은 통찰과 더 넓은 전망을 준비해 보도록 하자.

모델 V5와 V6 (현재 모델)

미드저니의 기술적 타임라인을 통해, 진보와 혁신적인 도약을 하는 과정을 살펴보았다. 그러나 2023년 3월 15일은 단순한 개선이 아닌 혁명에 가까운 단계의 미드저니를 목격하였다. 바로 미드저니 V5가 출시되었기 때문이다. 한 아티스트가 기본 색상만 가지고 작업하다가 무한한 색조의 팔레트를 얻게 된 것을 상상해 보자. 바로 이런 스케일의 진화가 V5에서 실현된 것이다.

이후, 2023년 12월 21일, 미드저니 V6 알파 버전을 거쳐, 2024년 1월 20일, 미드저니 V6의 정식 버전의 도입은 AI 이미지 생성 기술의 새로운 표준을 설정했다. V6는 이전 모델보다 더욱 정교해진 텍스처와 색상, 그리고 보다 현실감 있는 고품질 이미지를 생성하며, 전 세계의 사용자를 경악하게 만들었다.

창작을 넘어 실사까지 섭렵한 V5

미드저니 V5 모델은 이전 모델들과 비교해 큰 혁신을 가져왔다. V5는 더 높은 이미지 해상도, 향상된 동적 범위, 그리고 더 정교한 실사 묘사를 제공하며, 스타일 범위와 프롬프트 응답성이 크게 확장되었다. 이 모델은 AI 슈퍼클러스터에서 새로운 신경망 아키텍처와 미적 기술을 사용해 개발되었으며, 사용자가 보다 현실적이고 생생한 이미지를 생성할 수 있게 하였다.

다음 그림은 [아이스크림을 먹는 갈색 머리의 예쁜 소녀] 프롬프트에 대한 v5 모델의 결과물이다.

결과물에서 확인할 수 있듯, 그리드에 실사 이미지가 포함된 것을 알 수 있다. 이렇듯 V5는 이미지 프롬프트와 텍스트 프롬프트를 동시에 사용할 수 있는 기능을 지원하며, 이로 인해 더욱 정확한 이미지를 생성할 수 있다. 또한, 손과 손가락의 묘사가 개선되어, 그동안 겪었던 문제를 해결하였다.

다음 그림은 더욱 진화된 "v 5.1과 v 5.2"에 대한 결과물이다. 버전에 대한 변화는 거의 없지만 품질에 대한 차이는 확연하게 발전된 것을 알 수 있다.

V5의 주요 특징

- **향상된 현실감** V5는 주제, 환경, 그리고 구체적인 사물에 대한 이해도를 크게 향상시켜 이전보다 훨씬 더 현실적인 이미지를 생성할 수 있다. 이는 AI가 사람의 눈으로 본 것과 매우 유사한 이미지를 생성할 수 있도록 한다.
- **세밀한 디테일** 복잡한 장면과 세부 사항을 처리하는 능력이 뛰어나, 보다 풍부하고 정교한 이미지를 만들어낸다. 이는 창의적인 작업에서 매우 유용하다.
- **빠른 생성 속도** V5는 이미지 생성 속도를 크게 향상시켜 사용자가 더 빠르게 결과물을 확인할 수 있게 한다. 이는 작업의 효율성을 높이는 중요한 요소이다.
- **다양한 스타일 옵션** V5는 여러 스타일 옵션을 제공하여 사용자에게 더 많은 창의적 자유를 제공한다. 이는 다양한 미적 요구를 충족시키는 데 매우 유용하다.
- **V5.1** 더 빠른 이미지 생성과 개선된 디테일 처리를 제공한다. 또한, 사용자 피드백을 반영하여 더 직관적인 인터페이스를 제공한다.

- **V5.2** 더 향상된 현실감과 디테일 표현을 통해 이미지를 더욱 생생하게 만들어준다. 또한, 새로운 업스케일링 기술을 도입하여 이미지를 더 고해상도로 확대할 수 있게 되었다.

초현실 창작 세계의 서막을 연 V6

V6 버전은 이전 모델의 모든 것을 뛰어 넘는 최상의 해상도와 개선된 자연 언어 처리 능력을 갖추고 있다. 이것으로 아티스트는 더욱 정교하고 현실적인 이미지를 생성할 수 있는 시대를 맞이 하였다. V6는 새로운 업스케일러를 통해 최대 2048x2048 픽셀의 이미지를 생성할 수 있다. 이는 이전의 1024x1024 픽셀보다 두 배 더 높은 해상도이다. 또한, 보다 직관적인 텍스트 입력을 통해 더 정확한 비주얼 그래픽을 표현할 수 있는 기회를 제공해 준다.

다음 그림은 "v 6" 모델의 결과물이다. 프롬프트는 V5에서 사용한 것을 그대로 사용하였다. 참고로 프롬프트에 모델 표시를 하지 않은 이유는 미드저니는 기본적으로 최신 모델을 반영하기 때문이다.

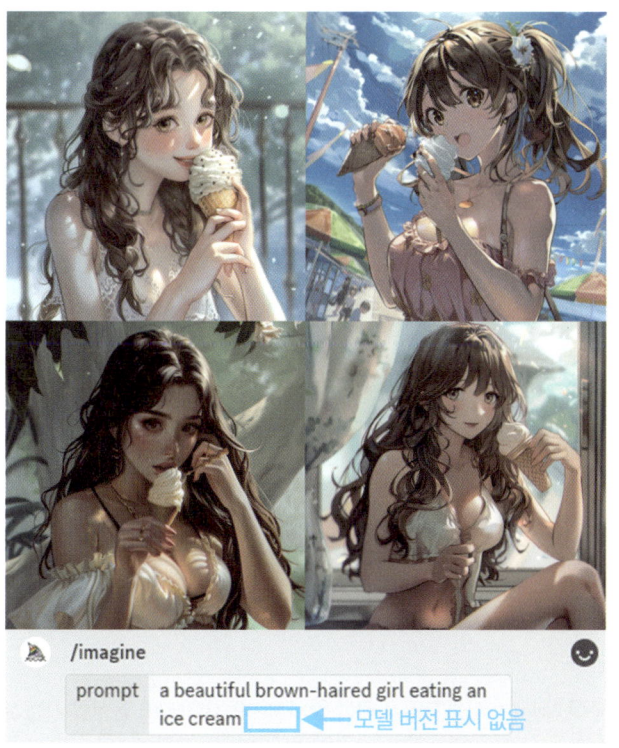

결과물에서 확인할 수 있듯, V6는 이전 버전에서는 표현할 수 없었던 최상의 결과물을 생성해 준다는

것을 알 수 있다. 이것이 바로 그동안 미드저니가 쌓아온 기술의 결정체라고 할 수 있다. V6는 미드저니의 결정판이라고 할 정도로 최상의 퀄리티를 제공하여 아티스트가 바라는 것 이상의 무엇을 창작할 수 있으며, 비즈니스 모델로 활용할 수 있는 충분한 가치를 제공한다.

본 도서에서는 기본적으로 V6 모델을 기준으로 학습을 전개할 것이며, 추후 이번 학습에서 살펴보지 않은 다양한 기능에 대한 소개와 활용법에 대해 깊이 있게 탐구해 나갈 것이다.

V6의 주요 특징

- **향상된 텍스처와 디테일** 더욱 풍부한 텍스처와 디테일을 제공하여 이미지를 더욱 생생하고 사실적으로 표현해 준다.
- **더 나은 색상 표현** 색상의 정확성과 깊이가 크게 향상되어 더욱 생동감 있는 이미지를 제공한다.
- **향상된 사용자 인터페이스** 사용자가 더 쉽게 접근하고 조작할 수 있도록, 사용자 친화적인 직관적 인터페이스를 제공한다.
- **고급 업스케일링 기술** 새로운 업스케일링 기술을 도입하여 이미지를 더 높은 해상도로 확대할 수 있도록 해준다.

Niji 모델: 애니메이션 세계

미드저니의 기술 진화 속에는 색감 넘치는 활기와 환상적인 스토리텔링이 지배하는 빛나는 장이 있다. 애니메이션과 만화 세계를 위한 니지(Niji) 모델이 바로 그것이다. 진정한 애니메이션과 만화(웹툰) 비주얼에 대한 수요를 충족시키기 위해 설계된 니지 모델은 버전 4와 5, 6을 제공하며, 기술적인 정밀성과 독특한 일러스트 스타일을 결합해 준다. 이러한 획기적인 모델을 최대한 활용하기 위해, 다음의 몇 가지 팁을 고려해 보자.

구체적으로 명시하기

- 프롬프트에서 더 구체적으로 설명할수록 Niji 4는 사용자의 비전을 일치시키는 이미지를 생성할 가능성이 높아진다. 예를 들어, 머리 색상, 설정 또는 배경이 실내인지 실외인지, 번잡한 거리인지 등을 명시하는 것이 중요하다.

키워드 사용하기

- 프롬프트를 작성할 때 원하는 이미지를 설명하는 키워드를 사용한다. 예를 들어, 애니메이션 배틀 장면을 만들고 싶다면, '액션', '싸움', '전사', '눈', '산'과 같은 키워드를 사용할 수 있다.

창의적으로 생각하기

- 프롬프트를 작성할 때 창의력을 발휘하는 것을 두려워하지 말자. 그러면 더 창의적일수록 더 흥미로운 이미지를 생성할 수 있다. 특정 스타일이긴 하지만, 슈퍼맨의 애니메이션 버전이나 모나리자를 Niji 스타일로 그렸을 때 어떻게 보일지와 같은 다양한 테마와 개념을 탐구하여 가능성을 이해해 보자.

Niji V4 모델

2022년 11월에 출시된 Niji 모델의 시작은 V4 버전이다. Niji V4는 애니메이션과 일러스트 스타일을 렌더링하기 위해 세심하게 훈련(학습)되었다. 이 모델의 고유한 강점은 역동적인 액션 장면과 캐릭터 중심의 구성에 중점을 두고 있으며, 현실적인 접근보다는 일러스트레이션에 더 중점을 두어, 액션 시퀀스와 캐릭터 초상화에 완벽한 대응을 한다. 또한, 니지 V4는 역동적이고 액션이 가득한 장면이나 캐릭터 중심의 구성을 위한 장면에 그 진가가 발휘된다.

다음은 "niji 4" 모델에서 얻어진 결과물이다. 프롬프트는 앞서 미드저니 V5에서 사용한 [아이스크림을 먹는 갈색 머리의 예쁜 소녀]이다. 참고로 니지 모델을 사용하기 위해서는 프롬프트의 접미사로 해당 니지 버전인 "--niji 4"를 입력하면 된다.

"niji 4"의 결과물을 보면, 프롬프트 내용에 맞게 애니메이션(일러스트) 스타일의 이미지가 생성된 것을 알 수 있다. 이렇듯 니지 V4 모델은 역동적이고 생생한 애니메이션 스타일의 이미지를 쉽게 만들 수 있다.

계속해서 [신비한 숲에서 용과 싸우는 푸른 갑옷을 입은 사나운 전사]와 [어둠의 마법에 걸린 숲에서 마법을 거는 젊은 마녀]라는 서로 다른 프롬프트를 사용하여 니지 V4 모델 이미지를 생성해 보았다. 그 결과, 두 프롬프트와 일치되는 애니메이션 스타일 이미지가 생성된 것을 알 수 있다.

Niji V4 사용 예시

- 역동적인 액션 샷 /imagine prompt a fierce warrior with blue armor battling a dragon in a mystical forest
- 캐릭터 중심의 구성 /imagine prompt a young witch casting a spell in a dark enchanted forest

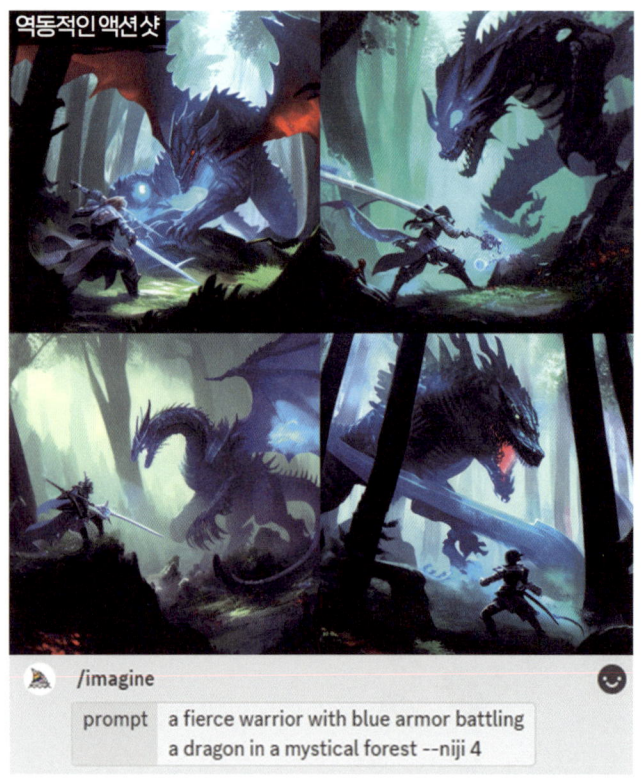

Niji V5 모델

2023년 5월에 출시된 니지 V5는 이전 버전의 모든 기능을 강화한 모델이다. 미드저니와 스펠브러시(Spellbrush)의 협력으로 탄생한 이 버전은 현실적이고, 세밀하며 더욱 스타일리시한 비주얼을 구현하는 데 중점을 두고 있다. 또한, 복잡하고 정교한 이미지를 생성할 수 있는 잠재력을 지니고 있어, 이미지 생성 시간이 더 오래 걸리는 대가를 치르지만, 그 기다림이 충분히 가치가 있다. 니지 V5는 애니메이션과 현실 세계가 교차하는 설정에서 복잡하고 스타일리시하며, 하이퍼 리얼리틱한 표현을 필요로 할 때 최고의 선택이다.

다음은 "niji 5" 모델에서 얻어진 결과물과 이전 버전인 "niji 4"의 결과물에 대한 비교 이미지이로, 살펴보면, 니지 V5가 훨씬 현실적이고, 정교한 것을 알 수 있으며, 또한 스타일도 더 세련된 것을 알 수 있다. 다만, 그만큼 정교해짐에 따라 이미지 생성 시간이 더 길어진 것은 다소 아쉬움으로 남는다.

참고로 프롬프트는 앞서 니지 V4에서 사용한 [아이스크림을 먹는 갈색 머리의 예쁜 소녀]이다.

niji 4에서 생성한 이미지

niji 5에서 생성한 이미지

계속해서 이번에는 보다 구체적인 키워드를 통해 창의적인 애니메이션 스타일을 생성해 보자. 이번 예시는 [흘러내리는 긴 머리와 날카로운 푸른 눈을 가진 두 명의 강렬한 전사들 사이의 역동적인 애니메이션 전투 장면과 짧은 스파이크 머리와 불타는 붉은 눈을 가진 다른 전사들 사이의 전투 장면]으로, 긴 문장을 통해 "다이내믹 애니메이션 배틀 장면", "강력한 전사들", "긴 흐르는 머리", "날카로운 파란 눈", "짧고 뾰족한 머리", "불타는 붉은 눈" 등의 키워드를 사용하여 원하는 장면의 느낌을 전달해 주었다.

예시 프롬프트 a dynamic anime battle scene between two powerful warriors, one with long flowing hair and piercing blue eyes, and the other with short spiky hair and fiery red eyes

결과물을 보면, 두 전사 간의 갈등과 같은 요소를 도입하여 더 흥미롭고 매력적인 이미지를 생성할 수 있었다. 이처럼 니지 V5를 사용하여 지금과 같은 프롬프트를 시도하면, 애니메이션과 일러스트 스타일의 생생하고 역동적인 이미지를 생성할 수 있다.

또한, 니지 V5는 기본 모델을 넘어 다양한 스타일 파라미터를 도입하여 사용자들이 출력물을 맞춤화하고 정교하게 조정할 수 있게 해준다. 이러한 파라미터를 통해 사용자는 애니메이션과 일러스트레이션의 시각적 요소를 더욱 세밀하게 제어할 수 있다. 참고로 니지 V5 모델에서 스타일 코드를 적용하기 위해서는 "--style original --niji 5" 형식으로 작성해야 한다.

Niji V5 주요 스타일 파라미터

- --style original 2023년 5월 26일 이전에 사용 가능했던 버전을 재현하는 스타일이다. 이전에 본 적 없는 독특한 이미지를 만들고자 할 때 유용하다.
- --style cute 귀여운 요소를 더욱 강조하여, 귀여운 동물이나 감동적인 장면을 만들 때 완벽한 선택이다.
- --style expressive 강렬한 감정을 전달하는 이미지를 생성한다. 표정과 감정 표현이 중요한 장면에 이상적이다.
- --style scenic 풍경과 와이드 앵글 샷에 적합한 스타일이다. 아름다운 배경을 만들기 위해 설계되었다.

prompt a beautiful brown-haired girl eating an ice cream in a magical garden --style original --niji 5

prompt a beautiful brown-haired girl eating an ice cream in a magical garden --style cute --niji 5

prompt a dynamic anime battle scene between two powerful warriors, one with long flowing hair and piercing blue eyes, and the other with short spiky hair and fiery red eye --style expressive --niji 5

prompt a beautiful brown-haired girl eating an ice cream in a magical garden --style scenic --niji 5

Niji V6 모델 (ALPHA)

니지 V6는 미드저니와 스펠브러시(Spellbrush)의 협업으로 탄생한 최신 애니메이션 및 만화 스타일 이미지 생성 모델로, 사용자에게 보다 다양하고 창의적인 애니메이션 비주얼을 제공하기 위해 개발되었다. 특히, 이 모델은 니지 V5의 성능을 한 단계 더 발전시켜, 고해상도 이미지와 더욱 정교하고 현실감 넘치는 이미지를 생성할 수 있게 해준다.

다음 그림은 "niji 6"에서 생성된 것으로, 이전 모델인 "niji 5"의 모든 장점을 계승하면서도 더 높은 해상도, 자연스러운 색감, 향상된 감정 표현을 느낄 수 있다. 또한, 해상도가 높아졌는데도 니지 V5보다 빠른 이미지 생성 시간은 작업 효율성을 높일 수 있게 해준다.

참고로 이번 예시에 사용된 프롬프트는 니지 V3에서 사용한 [마법의 정원에서 아이스크림을 먹고 있는 예쁜 갈색머리 소녀]이다.

지금까지 애니메이션과 만화 일러스트레이션을 제작하는 데 강력한 도구인, 미드저니의 모든 니지 모델에 대해 살펴보았다. 살펴본 것처럼 니지 V4는 애니메이션의 본질을 포착하는 데 탁월하며, 니지 V5는 더 넓은 범위의 스타일과 기능을 제공한다. 또한, 최신 버전인 니지 V6는 더 넓은 범위의 이야기와 감정을 표현할 수 있다. 이 세 버전 모두 독특한 강점을 가지고 있기 때문에 각 모델에 맞는 다양한 예술적 욕구를 충족시킬 수 있다.

이러한 AI 도구들을 통해 애니메이션 예술의 가능성은 무궁무진하며, 아티스트들의 상상력이 더욱 풍부하게 표현될 수 있게 되었다. 이는 전통적인 애니메이션 제작 방식의 한계를 넘어, 새로운 시각적 경험과 창의적인 스토리텔링을 가능케 하며, 아티스트들에게 영감의 원천이 되어, 창작 과정을 가속화하고 다양화하는 동시에, 더욱 풍성하고 혁신적인 애니메이션 콘텐츠를 제공할 수 있다.

04

매개변수 이해 및 학습

이 파트는 미드저니에서 사용할 수 있는 다양한 파라미터(매개변수)의 종류와 활용법을 상세하게 설명한다. 이미지를 더욱 디테일하게 표현할 수 있는 방법을 배우고, 프롬프트에 특정 파라미터를 적용하여 다양한 효과를 얻는 방법을 익히게 될 것이다.

프롬프트 a chinese girl, back view, long skirt, lots of flowers, coloful background, blue, white , 8K quality, --ar 3:4 --v 6.1

04-1 디테일한 표현을 위한 파라미터

미드저니에서 매개변수(파라미터)는 AI의 창의적 프로세스를 세밀하게 제어하는 데 중요한 역할을 한다. 다양한 매개변수를 활용하면 스타일, 구성, 전반적인 이미지의 느낌 등을 조정하여 원하는 결과에 더 가까워지는 결과물을 얻을 수 있다.

파라미터(매개변수)는 무엇인가?

파라미터(Parameter)는 미드저니에서 AI의 창의적 프로세스를 더 잘 제어할 수 있도록 설정하는 역할을 한다. 이를 통해 스타일, 구성, 전반적인 이미지의 느낌 등을 세밀하게 조정할 수 있다. 파라미터를 효과적으로 사용하면 더 다양한 창의적 결과를 얻을 수 있으며, 사용자가 원하는 니즈에 더 가까운 작품을 만들 수 있다.

참고로 파라미터는 항상 프롬프트 끝, 접미사로 추가되며, 두 개의 하이픈(--)을 사용해야 한다.

파라미터(매개변수)의 종류

- **기본 파라미터** 생성하는 이미지를 세밀하게 조정하는 데 필수적이다. 다음은 일반적으로 사용되는 몇 가지 기본 파라미터와 예시이다.

    --ar (비율): 생성된 이미지의 비율을 변경한다. 예시_ /imagine prompt cute robot walking in a busy NY city --ar 16:9

    --ar 16:9 --q (품질): 이미지의 품질을 조정한다. 예시_ /imagine prompt a detailed steampunk cityscape --q 2

    --hd: 고해상도 이미지를 생성한다. 예시: /imagine prompt a realistic portrait of an astronaut in space --hd

- **레거시 파라미터** 이전 미드저니 버전의 기능을 나타낸다. 여전히 과거 모델의 독특한 스타일과 효과를 재현하는 데 사용할 수 있다. 다음은 몇 가지 예시이다.

    --v 1, --v 2, --v 3, --v 4, --v 5: 미드저니의 이전 버전을 지정한다. 예시_ /imagine prompt a surreal landscape with floating islands --v 3

    --beta: 미드저니의 최신 기능이나 모델을 테스트할 수 있는 베타 기능을 사용한다. 예시_ /imagine prompt a futuristic robot design --beta

기본 매개변수를 사용해 보자. 예시로, 이번에는 이미지 비율을 "16 : 9 와이드" 형태로 생성해 보기로 한다. 프롬프트는 다음과 같이 [서울 강남의 변화한 도시를 걷는 귀여운 로봇]을 사용해 보았다.

prompt a cute robot walking through a busy city in gangnam, seoul --ar 16:9

계속해서 이번엔 이전 학습에서 배운 니지 V5 모델의 "--style cute" 매개변수를 통합하여 애니메이션 이미지를 생성해 보자. 프롬프트는 위와 동일하다.

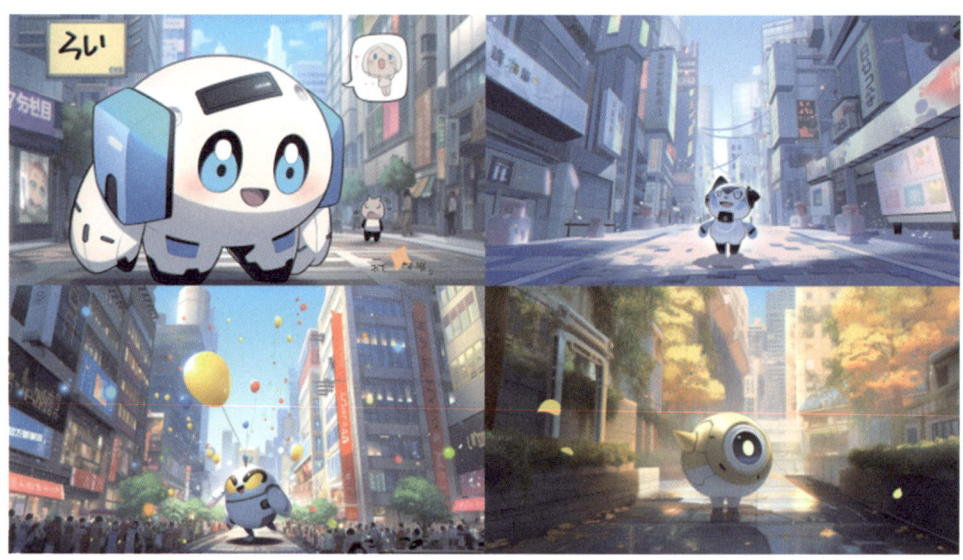

prompt a cute robot walking through a busy city in gangnam, seoul --ar 16:9 --style cute --niji 5

통합된 이 프롬프트는 와이드 앵글 뷰와 귀여운 스타일을 결합하여, 서울 강남 시내를 걷는 귀여운 로봇의 매력적이고 시각적으로 풍부한 이미지를 생성해 준다. 이를 통해 사용자는 더욱 다양한 시각적 효과를 통해 창의적인 결과물을 얻을 수 있다.

파라미터(매개변수) 목록과 활용

미드저니의 매개변수(파라미터)는 아티스트의 도구와 같아서 더 세밀하고, 통제 가능하며 창의적인 AI 예술을 만들 수 있게 해준다. 여기에서는 각 매개변수를 탐구하고, 그 목적을 설명하며, 어떻게 예술적 비전을 형성하고 다듬을 수 있는지 시연해 볼 것이다.

기본 파라미터

기본 매개변수는 이미지의 전체적인 스타일과 구성을 제어한다. 여기에는 가로세로 비율, 혼란(혼돈)도, 품질 등이 포함된다. 이제부터 사용 가능한 기본 매개변수 목록을 살펴보기로 하자.

가로세로 비율 (Aspect Ratios) (--aspect 또는 --ar 〈원하는 값〉)

가로세로 비율은 이미지나 화면의 너비와 높이 사이의 관계를 나타내는 기본 개념으로, 미드저니에서는 생성된 작품의 크기를 결정하는 중요한 요소이다. 기본 가로세로 비율은 1:1이며, 이는 정사각형이지만, "--aspect 또는 --ar" 플래그(Flag)를 사용하여 생성할 이미지의 가로세로 비율을 변경할 수 있다. 다음은 일반적인 가로세로 비율이다.

1:1 정사각형 (기본 규격)

5:4 프레임과 인쇄물에 많이 사용됨

3:2 사진에서 널리 사용됨

16:9 HD TV와 스마트폰 비율에 근접함

다음의 예시들은 각각 "정사각형 비율의 산과 강이 있는 아름다운 풍경", "인쇄 사진에 많이 사용되는 3:2 비율의 빈티지 옷을 입은 여성의 초상화", "와이드 앵글로 설정된 16:9 비율의 미래적인 도시 스카이라인", "반 와이드 앵글로 설정된 9:16 비율의 큰 눈 고양이의 초현실적인 초상화"에 대한 결과물이다.

prompt a portrait of a young woman in vintage clothing --ar 3:2

prompt a beautiful landscape with mountains and rivers --ar 1:1

prompt a futuristic city skyline at sunset --ar 16:9

prompt surreal portrait of a cat with big eyes, in the style of salvador dali --ar 9:16

1:1 비율의 비밀

가로세로 비율은 이미지 구성에 영향을 미칠 수 있다. 예를 들어, 와이드스크린 비율은 이미지를 더 넓고 확장된 느낌을 주지만, 좁은 비율은 더 답답한 느낌을 줄 수 있다. 만약, 어떤 가로세로 비율을 사용할지 확신이 서지 않는다면, 기본 1:1 비율로 시작하길 권장한다. 이 비율은 대부분의 이미지에 잘 어울리는 만능 비율이기 때문이다.

혼돈 (Chaos) (--chaos 또는 --c 〈값 범위 0에서 100〉)

카오스(Chaos) 파라미터는 AI 생성 예술에 예측 불가능성과 다양성을 더하는 도구이다. 이 파라미터는 결과물의 다양성을 제어하며, 0에서 100 사이의 값을 가질 수 있다. 0은 가장 낮은 수준의 혼란을 나타내며, 100은 가장 높은 수준의 혼란(혼돈)을 나타낸다. 기본값은 0으로, 이 값에서는 높은 유사성과 일관성을 가진 이미지를 생성하며, 혼란 값을 높이면 이미지에 더 많은 변화를 주어 다양한 결과물을 생성할 수 있다.

다음의 예시들은 각각 "혼란 없음 (--chaos 0 또는 --c 0)", "중간 혼란 (--chaos 50 또는 --c 50)", "높은 혼란 (--chaos 100 또는 --c 100)"에 대한 결과물이다. 프롬프트는 [꽃 향기를 맡는 판다]이다.

prompt panda smelling flowers --c 0

prompt panda smelling flowers --c 50

디테일한 표현을 위한 파라미터

prompt panda smelling flowers --c 100

살펴본 것처럼 카오스 파라미터를 사용하면, AI 생성 예술의 예측 불가능성과 다양성을 조절할 수 있다. 이를 통해 사용자는 자신이 원하는 수준의 변화를 추가하여 더 창의적이고 다양한 결과물을 얻을 수 있다.

패스트(Fast) (--fast)

패스트(Fast) 파라미터는 이미지 생성 속도를 높이려는 사용자에게 완벽한 기능이다. 이 파라미터는 기본 플랜에서 메가 플랜까지 모든 구독자에게 제공되며, 이미지를 생성하는 기본 모드이기도 하다. 이 파라미터를 사용하면 현재 설정을 무시하고 이 단일 작업을 빠른 모드로 실행하며, 미드저니는 더 빠른 알고리즘을 사용하여 이미지를 생성하므로, 생성 시간을 최대 50%까지 단축할 수 있다.

패스트 파라미터는 시간에 민감한 프로젝트를 진행하거나 다양한 아이디어를 실험할 때 유용하지만, 각 구독 상태(https://docs.midjourney.com/docs/plans)에 따라 월별 GPU 시간 할당량이 다르다는 점을 염두에 두어야 한다.

이미지 가중치(Image weight) (--iw 〈값 범위 0에서 2〉)

이미지 가중치(Image weight) 파라미터는 이미지와 텍스트 프롬프트를 모두 사용할 때 관련이 있다 (165페이지 참고). 이미지 가중치 매개변수인 "--iw"는 텍스트에 비례하여 이미지 프롬프트의 중요도를 설정하며, --iw 플래그의 값을 조정하면 최종 출력에서 이미지의 비중이 변경된다. 기본값은 모델 버전 5, 6에서 1이며, 값의 범위는 0에서 2이다. 높은 값은 이미지의 영향을 증폭시키고, 낮은 값은 텍스트(프롬프트)의 내용이 더 두드러지게 한다.

다음의 예시들은 각각 "높은 이미지 가중치 (--iw 1.5)", "낮은 이미지 가중치 (--iw .5 또는 --iw 0.5)"에 대한 결과물이다. 프롬프트는 [베개에 인쇄된 고양이]이다.

prompt cat.jpg printed on a pillow --iw 1.5

prompt cat.jpg printed on a pillow --iw .5

또한, 이미지 가중치 파라미터를 사용하면 이미지와 텍스트 프롬프트 간의 균형을 조정하여 원하는 결과를 얻을 수 있다. 프로젝트의 필요에 따라 이 매개변수를 조정하여 최적의 결과를 도출해 본다.

제외 (No) (--no〈제외할 요소 입력〉)

제외하기(No) 파라미터는 미드저니 봇에게 특정 요소를 이미지에서 제외하도록 지시한다. 이는 복잡한 구성을 다듬고, 더 집중된 예술 작품을 얻는 데 완벽하게 대응한다. "--no"의 제외 기능을 사용하려면, 프롬프트에 원하는 요소를 추가하고 제외할 요소를 해당 파라미터 뒤쪽에 접미사로 사용하면 되며, 여러 요소를 제외하고자 할 때는 쉼표(,)로 구분하여 나열하면 된다.

다음의 예시들은 각각 "나무에 앉아 있는 고양이의 이미지를 생성하되, 나뭇잎과 새를 제외하기"와 "미래적인 도시 풍경을 생성하되, 날아다니는 자동차와 드론을 제외하기"에 대한 결과물이다.

prompt a cat sitting in a tree --no leaves, birds

prompt a futuristic cityscape --no flying cars, drones

제외하기 파라미터는 복잡한 구성에서 특정 요소를 제외할 수도 있다. 다음은 "바쁜 시장 거리를 생성하되, 사람과 자동차를 제외하기"에 대한 결과물이다.

prompt a busy market street --no people, cars

살펴본 것처럼 제외하기 파라미터를 사용하면 이미지에서 특정 요소를 제외하여 더 정밀하고 집중된 작품을 얻을 수 있다. 여러 요소를 제외하고자 할 때는 쉼표로 구분하여 나열하면 되며, 이를 통해 더욱 창의적이고 만족스러운 비주얼 효과를 얻을 수 있다.

품질 (Quality) (--quality 또는 --q 〈값 범위 .25, .5, 1〉)

품질(Quality) 매개변수는 생성된 이미지의 품질을 제어한다. 이는 마치 아티스트의 붓이 이미지에 얼마나 많은 디테일과 텍스처를 생성할지 조절하는 것과 같으며, 이미지를 생성하는 데 소요되는 시간을 조정함으로써 작동한다. 허용되는 값은 .25, .5, 1이며, 기본값은 1이다. 높은 값일수록 더 상세한 이미지를 생성하지만 시간이 더 걸리고 더 많은 GPU가 사용된다.

품질 매개변수는 아티스트의 의도에 따라 다양한 효과를 생성하는 데 사용할 수 있다. 예를 들어, 낮은 설정은 추상적인 즉흥성을 포착하는 데 사용될 수 있으며, 높은 설정은 시각 자료에서 정교한 세부 사항을 강조하는 데 사용될 수 있다. 다음의 예시들은 각각 "기본 품질 (--quality 1)"와 "낮은 품질 (--quality .25)", "중간 품질 (--quality .5)"에 대한 결과물이다. 예시 프롬프트는 [매우 세밀한 환상의 성]이다.

prompt a highly detailed fantasy castle --quality 1

prompt a highly detailed fantasy castle --quality .25

prompt a highly detailed fantasy castle --quality .5

품질 매개변수를 사용하면 생성된 이미지의 디테일 수준과 생성 시간을 조절할 수 있다. 높은 품질 설정은 더 정교하고 상세한 이미지를 제공하지만, 더 많은 시간과 GPU 자원을 요구하며, 반대로 낮은 품질 설정은 덜 상세하지만 더 빠르게 이미지를 생성한다. 이를 통해 사용자는 프로젝트의 필요와 목표에 맞춰 적절한 품질 수준을 선택할 수 있다.

릴렉스 (Relax) (--relax)

미드저니는 이전에 설명한 패스트 파라미터와는 다른 여유로운 대안을 제공하는 릴렉스 파라미터를 제공한다. 표준, 프로, 그리고 메가 플랜 구독자들은 릴렉스 모드에서 매달 무제한으로 이미지를 생성할 수 있다. 이 모드는 GPU 시간을 소비하지 않지만, 공정성과 접근성을 보장하기 위해 각 사용자의 시스템 사용량에 따라 작업이 체계적으로 대기열에 배치되는 것이며, 릴렉스 파라미터를 사용할 때 현재 설정이 무시되고, 단일 작업이 릴렉스 모드에서 실행된다.

반복 (Repeat) (--repeat 또는 --r 〈값 범위 2에서 40〉)

반복(Repeat) 파라미터는 프롬프트의 여러 변형을 렌더링하여 AI 예술의 속도와 다양성을 증대시킨다. 이 파라미터는 작업을 여러 번 실행하여 각 프롬프트마다 다양한 이미지를 생성할 수 있다. 반복 파라미터는 패스트(Fast) 및 터보(Turbo) 모드에서만 사용할 수 있으며, 값의 범위(프롬프트를 반복하고 싶은 횟수)는 구독 형태에 따라 2에서 40까지이다.

- **기본 구독자** 2-4회
- **표준 구독자** 2-10회
- **프로 및 메가 구독자** 2-40회

1 반복 파라미터를 사용해 보기 위해 다음과 같은 프롬프트와 반복 파라미터를 입력한다.

2 프롬프트를 3회 재실행할 것지 묻는 메시지가 나타나면, [Yes]를 클릭하여 확인한다.

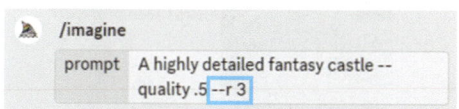

prompt highly detailed fantasy castle --quality .5 --r 3

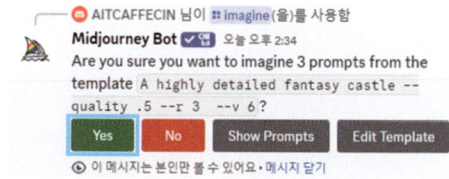

3️⃣ 3개의 프롬프트가 동시에 진행되는 것을 알 수 있으며, 작업이 처리 중임을 알려주는 새 메시지가 나타나면, 다음과 같은 옵션을 제공한다.

Show Template 전체 프롬프트 보기
Cancel All 모든 대기 작업 취소

여기에서 전체 프롬프트를 보고자 하면 [Show Template]을 클릭하면 된다.

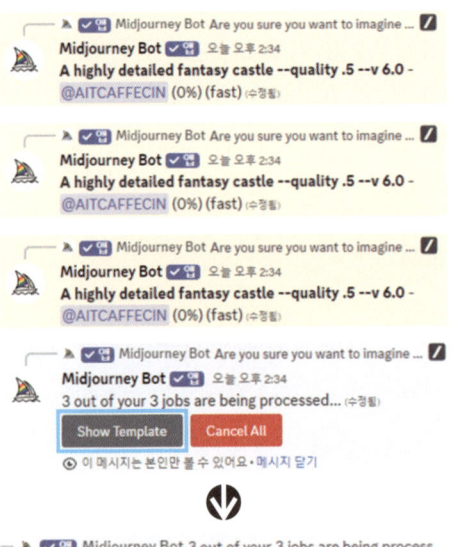

4️⃣ 완성된 3개의 결과물은 다음과 같다. 살펴본 것처럼 반복 파라미터를 사용하면 하나의 프롬프트를 여러 번 실행하여 다양한 결과를 얻을 수 있다. 이는 빠르고 다양한 이미지를 생성하려는 경우에 유용하다. 구독 상태에 따라 반복 횟수를 조정하여 창의적인 작업 속도와 다양성을 극대화할 수 있으며, 이를 통해 다양한 창의적 작업을 효율적으로 관리할 수 있다.

시드 (Seed) (--seed <원하는 값>)

시드(Seed) 파라미터는 각 이미지에 대해, 생성된 무작위 숫자를 지정하는 데 사용된다. 이는 동일한 시드 번호와 프롬프트를 사용할 경우, 프롬프트가 다르더라도 매우 유사한 이미지를 얻을 수 있다는 것을 의미한다. 시드 파라미터는 여러 이유로 유용할 수 있는데, 예를 들어 다음과 같은 작업을 수행할 수 있다.

- 약간 다른 프롬프트나 설정으로 이미지 재생성
- 이미지의 변형 시리즈 생성

1 **시드 번호 찾기** 미드저니 이미지의 시드 번호를 찾으려면 이미지에 '편지봉투' 이모지로 반응하면 된다. 이를 위해 해당 이미지에서 ❶[우측 마우스 버튼] - ❷[반응 추가하기(Add Reaction)] - ❸[:envelope(편지봉투 모양 이모지)]를 선택한다.

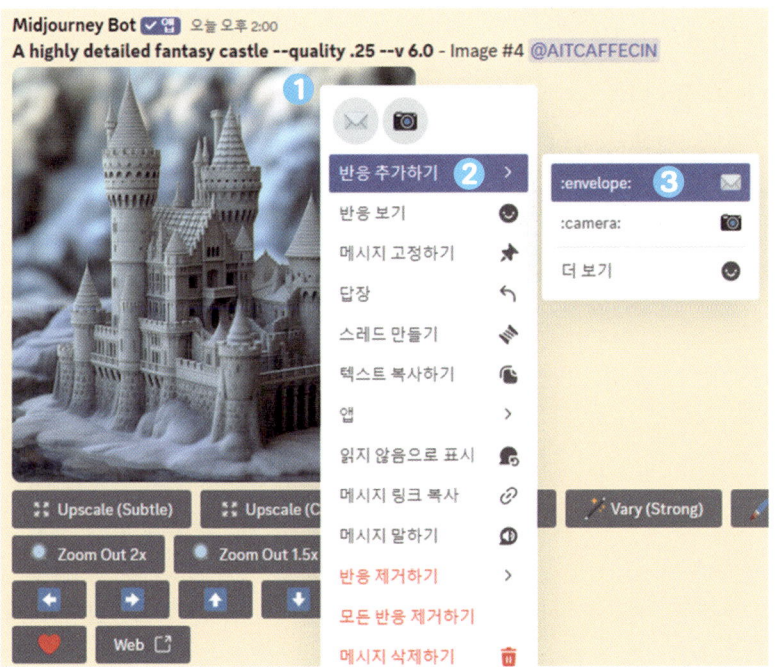

2 이미지 하단의 '하트' 모양 버튼 아래에 메시지가 왔다는 아이콘이 뜨면, 좌측 상단 미드저니 봇에 메시지 번호가 나타난다. 이제 [미드저니 봇] 버튼을 클릭해 보자.

3 그러면 해당 이미지에 대한 시드 번호가 있는 화면이 열린다.

잡 ID(Job ID)란?

잡 아이디(Job ID)는 미드저니에서 생성된 각 이미지에 고유하게 부여되는 식별 번호로, 다음과 같은 여러 가지 용도로 사용될 수 있다.

이미지 추적 생성된 이미지를 식별하고 추적하는 데 사용된다. 갤러리(미드저니 웹사이트)에서 잡 아이디로 검색하여 해당 이미지를 쉽게 찾아볼 수 있다.

이미지 재생성 동일한 잡 아이디를 사용하여 약간 다른 프롬프트나 설정으로 이미지를 재생성할 수 있다. 이를 통해 유사한 이미지를 여러 버전으로 만들 수 있다.

문제 해결 미드저니 봇의 문제를 해결할 때 잡 아이디를 사용하여 특정 작업에 대해 자세한 정보를 얻고 문제를 파악할 수 있다.

4 **시드 번호로 동일한 이미지 생성** 특정 이미지와 똑같은 이미지를 생성하기 위해 앞서 살펴본 시드 번호를 찾는다. 예시에서는 [--seed 344003632]를 사용해 보자. 그리고 프롬프트 또한, 예시 이미지에서 사용한 프롬프트를 사용한다.

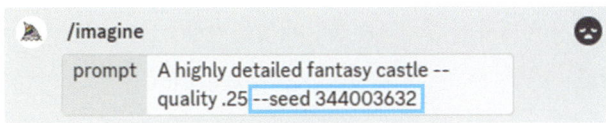

prompt a highly detailed fantasy castle --quality .25 --seed 344003632

5 위 프롬프트를 통해 생성된 이미지를 보면, 앞서 품질 매개변수에서 생성된 이미지와 동일한(흡사한) 이미지가 생성된 것을 알 수 있다.

＊ 위 이미지처럼 시드 번호가 같더라도 품질 매개변수를 프롬프트에 사용했기 때문에 약간의 차이가 있는 이미지가 생성 되었다.

정지 (Stop) (--stop 〈값 범위 10에서 100〉)

정지(Stop) 파라미터는 이미지 생성 과정을 언제든지 중지하고, 이미지의 명확성을 제어할 수 있게 해준다. 이 파라미터는 10에서 100 사이의 값을 받아들이며, 낮은 값일수록 추상적이고 흐릿한 결과를 생성한다. 값은 현재 작업이 중단되는 백분율을 나타내는데, 예를 들어 10은 작업이 10% 완료된 후 중단된다는 것을 의미한다. 정지 파라미터는 더 모호한 결과나 다른 유형의 창의적 해석을 얻고자 하는 사용자에게 매우 흥미로운 실험 도구가 될 수 있다.

다음 예시들은 "사바나에 있는 웅장한 사자 이미지"를 생성하는 동안 작업을 각각 "--stop 10, --stop 50, --stop 100"에서 정지한 결과물이다.

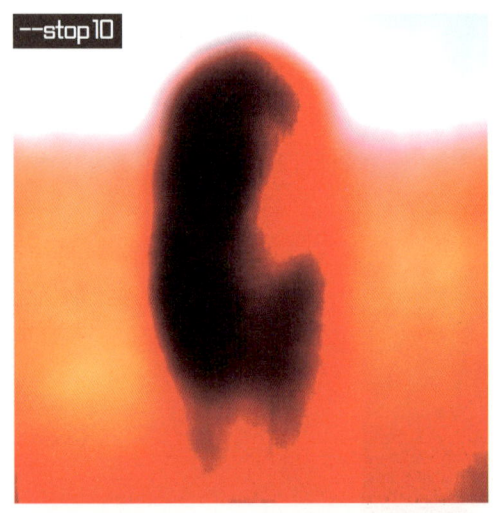

prompt a majestic lion in the savanna --stop 10

prompt a majestic lion in the savanna --stop 50

prompt a majestic lion in the savanna --stop 100

스타일 (Style) (--style <스타일 키워드>)

스타일(Style) 파라미터는 생성된 이미지의 스타일을 지정할 수 있게 해준다. 이 파라미터는 앞서 살펴본 적이 있듯이, 일부 미드저니 모델 버전의 미적 요소를 미세 조정하여, 더 사실적인 이미지, 시네마틱한 장면, 혹은 더 귀여운 캐릭터를 만들 수 있도록 도와준다.

버전 5.1 및 5.2, 6.0 모델 --style raw는 이미지를 생성할 때 더욱 사실적이고 세부적인 디테일을 강조하며, 기본 스타일과 비교하여, 더 사실적인 사진처럼 자연스럽고 본질적인 느낌을 제공한다.

Niji 5 스타일

--style cute: 귀엽고 매력적인 스타일

--style scenic: 아름다운 풍경 스타일

--style original: 원본 스타일

--style expressive: 감정 표현이 풍부한 스타일

버전 4 모델

--style 4a: 이전 V4 스타일에 가까운 스타일로, 더 현실적이고 세부적인 이미지 생성

--style 4b: 더 창의적이고 스타일화된 이미지 생성

--style 4c: 기본 V4 스타일로, 스타일과 현실적인 균형 유지

스타일라이즈 (Stylize) (--stylize 또는 --s 〈값 범위 0에서 1000〉)

스타일라이즈(Stylize) 파라미터는 생성된 이미지에 적용되는 스타일화 수준을 제어할 수 있게 해준다. 이는 세부 사항, 텍스처, 그리고 예술적 표현을 실험할 수 있는 매우 유용한 도구이다. 이 파라미터는 0에서 1000 사이의 값을 받아들이며, 기본값은 100이다. 값이 낮을수록 프롬프트에 더 가까운 단순하고 사실적인 이미지를 생성하고, 값이 높을수록 덜 정확하지만 예술적으로 독특한 이미지를 생성한다.

다음 예시들은 "파스텔 핑크색 바탕에 아이싱이 있는 도넛. 달콤한 도넛. 다양한 초콜릿 글레이즈드와 스프링클로 구성된 탑뷰, 슈가 스위트 컨셉 이미지"를 생성할 때 각각 "--stylize 0, --stylize 100, --stylize 500, --stylize 1000"의 스타일화 값을 설정한 결과물이다.

prompt donuts with icing on pastel pink background, sweet donuts, top view assorted with various chocolate glazed and sprinkles, sugar sweets concept --stylize 0

prompt donuts with icing on pastel pink background, sweet donuts, top view assorted with various chocolate glazed and sprinkles, sugar sweets concept --stylize 100

prompt donuts with icing on pastel pink background, sweet donuts, top view assorted with various chocolate glazed and sprinkles, sugar sweets concept --stylize 500

prompt donuts with icing on pastel pink background, sweet donuts, top view assorted with various chocolate glazed and sprinkles, sugar sweets concept --stylize 1000

타일 (Tile) (--tile)

타일(Tile) 파라미터는 프롬프트에서 반복되는 패턴의 타일 이미지를 생성한다. 이는 대형 이미지나 패브릭, 인테리어 데코, 벽지 등의 다양한 텍스처를 위한 반복 패턴을 만들 때 유용하다. 이 파라미터는 모델 버전 1, 2, 3, test, testp, 5, 5.1, 5.2, 6.0, 6.1에서 원활하게 작동하며, 별도의 값 없이 프롬프트 끝에 "--tile"을 추가하기만 하면 된다.

다음 예시들은 "장미꽃과 잎사귀"와 "선명한 색채의 기하학적 추상미술" 프롬프트에 타일 파라미터를 추가한 결과물이다.

prompt floral pattern with roses and leaves --tile   prompt geometric abstract art with vibrant colors --tile

1 **반복 패턴 이미지 제작** 반복 패턴을 만들기 위해 '포토샵' 또는 'Seamless Texture Checker'와 같은 도구를 사용할 수 있다. 여기에서는 Seamless Texture Checker를 사용하여 패턴을 만들어 보자. [www.pycheung.com/checker] 웹사이트를 열어준다. 웹사이트가 열리면, [File] 버튼을 클릭한다.

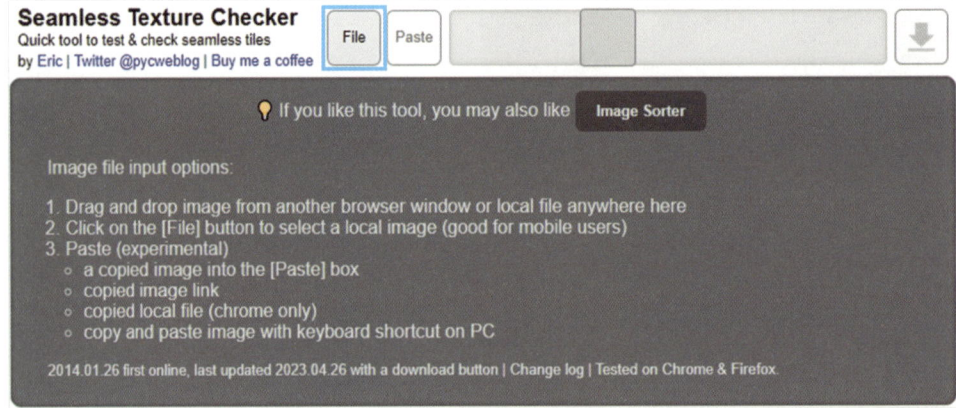

2 열기 창이 열리면 패턴으로 사용할 ❶[이미지]를 ❷[가져]온다. 만약 미드저니에서 타일 파라미터를 통해 만들어 놓은 이미지가 있다면 그 이미지를 사용하면 된다. 참고로 [학습자료] 폴더에는 미리 만들어 놓은 패턴 이미지가 있기 때문에 이 것을 사용해도 된다. 필자는 '패턴 01' 이미지를 가져왔다.

3 적용된 단일 패턴 이미지는 그림처럼 자동으로 연속되는 패턴 무늬로 전환된다. 이제 [다운로드] 버튼을 눌러 확장된 이미지 파일로 만들면 된다.

이미지(패턴)으로 수익화하기

미드저니와 같은 AI 이미지 생성 툴을 사용하여 제작한 이미지를 이미지 판매 플랫폼에서 유료로 판매할 수 있다. 대표적인 플랫폼 중 하나는 '파이버(Fiverr)'이다. 파이버는 국내뿐만 아니라 전 세계적으로 많은 사용자들이 이용하는 이미지 공유 플랫폼으로, 잘 만들어진 이미지는 큰 수익을 창출할 수 있는 잠재력이 있다.

터보 (Turbo) (--turbo)

터보(Turbo) 파라미터는 표준, 프로 및 메가 플랜 구독자에게 제공되며, 미드저니 모델 버전 5, 5.1, 5.2, 6.0에서 사용할 수 있다. 이 파라미터는 패스트(Fast) 모드 파라미터와 유사하지만, 훨씬 더 빠르다. 그러나 터보 모드의 속도는 패스트 모드의 두 배의 GPU를 소비하므로 리소스 소모가 매우 크다. 그러므로 이미지를 빠르게 생성해야 하는 사용자에게는 매우 유용하지만, 그렇지 않은 사용자에게는 권장하지 않는다. 참고로 실험적인 이 기능은 이용 가능 여부와 가격 구조가 수시로 변경될 수 있다.

비디오 (Video) (--video)

비디오(video) 파라미터는 실제 비디오를 생성하지는 않으며, 대신 이미지 생성 과정을 시각적으로 보여주는 짧은 클립을 만들어 준다. 이 클립은 애니메이션 GIF와 유사하다. 비디오의 길이는 명확하게 정의되어 있지 않지만, 생성되는 이미지의 복잡성과 미드저니 모델 버전에 따라 다르며, 보통 5~10초 정도이다. 참고로 비디오 파라미터는 이미지 그리드에만 적용되며, 업스케일링에는 사용할 수 없다.

필자는 이번 예시를 위해 "떠다니는 섬들이 있는 초현실적인 풍경" 프롬프트를 사용해 보았다.

prompt a surreal landscape with floating islands --video

1 비디오 파일 요청하기 비디오 파라미터를 통해 생성된 파일을 요청하기 위해서는 미드저니 이미지의 시드 번호를 찾기 위한 이미지에 편지봉투 이모지로 반응해야 한다. 이를 위해 그리드 이미지에서 ❶[우측 마우스 버튼] - ❷[반응 추가하기(Add Reaction)] - ❸[:envelope(편지봉투 모양 이모지)]를 선택한다. 메시지가 도착하면, 좌측 상단 ❹[미드저니 봇] 버튼을 클릭한다.

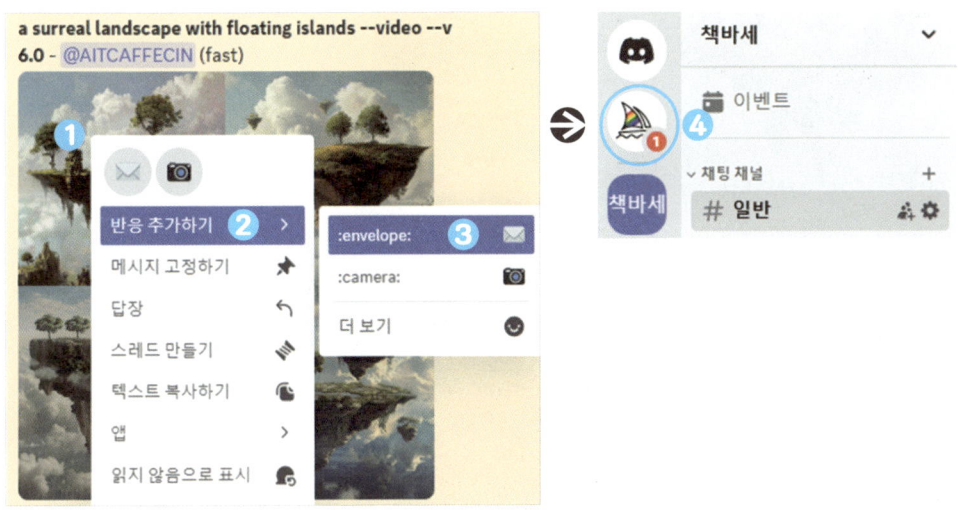

2 해당 그리드 이미지에 대한 잡 아이디와 시드 번호가 있는 화면이 열리면, 파란색 [비디오 링크 주소]를 클릭하여 이미지 생성 과정을 동영상으로 볼 수 있다.

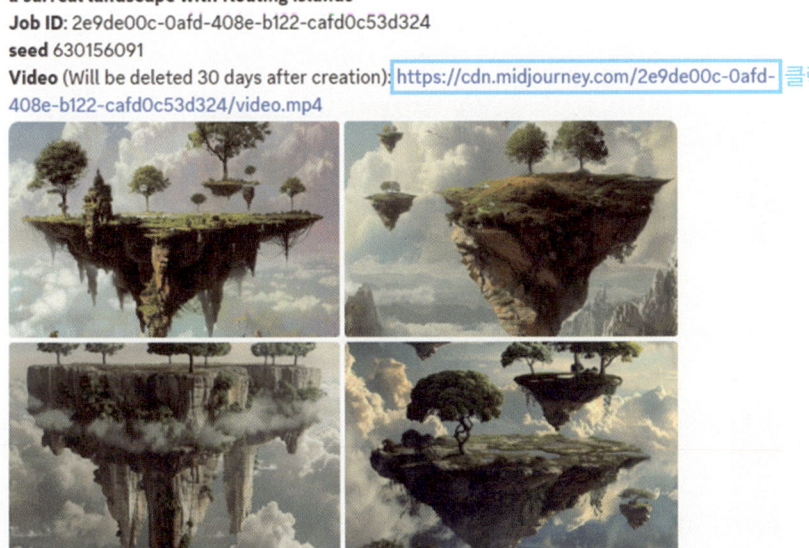

3 해당 링크로 연결되는 창이 뜨면 [사이트 방문하기] 버튼을 누른다. 그러면 비디오 파라미터로 생성된 이미지 생성 과정을 동영상으로 볼 수 있다.

비디오 파일 다운로드하기

비디오 파라미터로 생성한 동영상을 파일로 저장하고 싶다면, 비디오 파일이 재생되는 화면에서 ❶[우측 마우스 버튼] – ❷[동영상을 다른 이름으로 저장] 메뉴를 선택하면 된다.

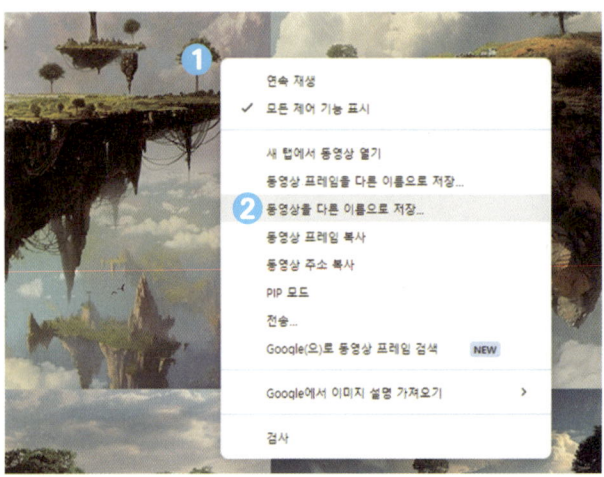

위어드 (Weird (--weird 또는 --w <값 범위 0에서 3000>))

위어드(Weird) 파라미터는 독창적이고 예상치 못한 AI 생성 이미지를 만들고자 하는 아티스트에게 강력한 도구이다. 이 파라미터는 작품에 독특한 엣지나 초현실적인 느낌을 추가하는 데 사용할 수 있다. 위어드 값은 0(기본값)에서 3000 사이에서 선택할 수 있으며, 값이 높을수록 이미지가 더 이상하고 독특해진다. 처음에는 낮은 값(예: 250 또는 500)으로 시작하여 어떤 결과가 나오는지 실험하는 것을 권장한다. 참고로 다른 파라미터(예: stylize 및 chaos)와 함께 사용하여 예상치 못한 더욱 독특한 이미지를 생성할 수 있다.

다음의 예시는 "중간 수준 (-weird 1000)"의 독특함을 표현한 결과물이다. 사용된 프롬프트는 [춤추는 작은 오리]이다.

prompt little duck dancing --weird 1000

계속해서 이번엔 위어드 값을 "높은 수준 (--weird 3000)"으로 설정한 후 이미지를 생성해 보자. 수치가 높아 짐에 따라 더 주제에서 벗어난 이상한? 결과물이 표현되는 것을 알 수 있다. 이렇듯 위어드 파라미터를 사용하면 이미지에 독특한 엣지와 초 비현실성을 추가할 수 있다. 값을 조정하면서 다양한 결과를 실험해 보자.

prompt little duck dancing --weird 3000

레거시 파라미터

미드저니에서 "레거시(Legacy)"라는 용어는 미드저니 모델의 이전 버전을 의미한다. 이러한 버전은 여전히 사용 가능하지만, 최신 버전만큼 발전되지는 않았으며, 일부 새로운 매개변수와 옵션은 완전히 호환되지 않을 수 있다. 다음은 이전 또는 특수 모델을 위한 특정 매개변수 목록들로 모델 버전을 변경하는 데 사용할 수 있으며, 이전 버전과 함께 사용할 수 있다.

화면 비율 (Aspect ratios)

기본 파라미터와 정의는 동일하지만, 이전 모델에서는 사용 가능한 화면 비율에 약간의 차이가 있다.

V5 및 Niji 5 모든 화면 비율 사용 가능

V4c 및 Niji 4: 1:2에서 2:1까지 사용 가능

V4a 및 4b 1:1, 2:3, 3:2까지 사용 가능

V3 5:2에서 2:5까지 사용 가능

test/testp 3:2에서 2:3까지 사용 가능

고해상도 (High definition) (--hd)

HD 파라미터는 초기 대체 모델의 영역을 탐구하여 크기가 크지만 일관성이 떨어지는 이미지를 생성한다. 이미지는 더 크고 더 상세하지만, 출력의 변동성이 내재되어 있어 각 작품이 독특하고 추상적인 예술의 깊이를 높여준다. 참고로 이 파라미터는 모델 버전 1, 2, 3에서 사용할 수 있으며, 상위 모델에서는 "--hd가 아닌 "--ar(비율)로 사용해야 한다.

다음 예시들은 각각 "--hd"과 "--ar16:9" 배율로 생성한 결과물이다. 사용된 프롬프트는 [고해상도 판타지 풍경 이미지]이다.

prompt a detailed fantasy landscape --hd --v 3

prompt a detailed fantasy landscape --ar 16:9 --v 6.0

세임시드 (Sameseed) (--sameseed 〈원하는 값〉)

세임시드(Sameseed) 레거시 파라미터와 기본 시드 파라미터는 둘 다 시드 값을 사용하여 새로운 이미지를 생성하며, 시드 번호를 얻는 방법도 동일하다. 하지만 두 파라미터 사이에는 다음과 같은 중요한 차이점들이 있다.

--seed 기본 시드 파라미터는 주어진 시드 값을 사용하여 한 가지 이미지를 생성한다. 동일한 시드 값으로 여러 번 실행해도 기본적으로 <u>동일한 이미지</u>를 얻을 수 있다.

--sameseed 세임시드 파라미터는 특정 시드 값을 사용하여 <u>4개의 매우 유사한 이미지</u>를 생성한다. 세임시드 파라미터로 생성된 4개의 그리드 이미지는 전체적인 구성이 동일하지만, 세부 사항에서 약간의 변형이 있다. 이 파라미터는 모델 버전 1, 2, 3, test, testp에서만 사용할 수 있다.

세임시드 파라미터는 동일한 시드 값을 사용하여 4개의 매우 유사한 이미지를 생성하는 데 유용하며, 이를 통해 동일한 주제나 구성을 가진 다양한 버전의 이미지를 얻을 수 있다.

스타일라이즈 (Stylize (--stylize 또는 --s 〈값 범위 0에서 1000〉)

스타일라이즈(스타일화) 파라미터는 여러 미드저니 버전과 모델에서 호환된다. 그러나 기본값과 범위 값은 다음과 같이 모델에 따라 다르게 설정해야 한다.

모델 버전 4, 5, 6 및 Niji 5, 6 기본값은 100이며, 값 범위는 0에서 1000이다.

모델 버전 V3 기본값은 2500이며, 값 범위는 625에서 60000이다.

테스트/테스트p 버전 기본값은 2500이며, 값 범위는 1250에서 5000이다.

스타일라이즈 파라미터를 사용하면 이미지에 적용되는 스타일의 강도를 제어할 수 있어, 창의적이고 예술적인 이미지를 원하는 대로 표현할 수 있다. 다음 예시들은 각각 "--test --stylize 3000", "--v 3 --stylize 5000", "--v 6.0 --stylize 500", "--niji 6 --stylize 500"에 대한 결과물이다. 사용된 프롬프트는 [초현실적인 꿈의 세계]이다.

prompt a surreal dream world --test --stylize 3000

prompt a futuristic cityscape --v 3 --stylize 5000

prompt a surreal dream world --v 6.0 --stylize 500

prompt a surreal dream world --niji 6 --stylize 500

디테일한 표현을 위한 파라미터

테스트 모델 (Test Models) (--test, --testp, --creative)

테스트 모델 파라미터는 사용자가 미드저니의 다양한 기능을 탐색하고 창의적인 작업을 수행할 수 있도록 한다. "--test, --testp 및 --creative" 파라미터를 사용하여 다양한 스타일과 사실성을 갖춘 이미지를 생성할 수 있다. V3가 기본이었던 시기에 출시된 이 세 가지 파라미터는 게임 체인저였다. 이후, 미드저니는 끊임없이 발전하며, 사용자가 새로운 예술적 지평을 탐험할 수 있도록 주기적으로 테스트 모델을 공개하고 있다.

--test 예술적인 스타일을 강조한 모델로, 일관성과 창의적인 스타일화를 강조하며, 스타일화된 상상력이 풍부한 구성을 제공한다.

--testp 사진 실사에 특화된 모델로, 강력한 일관성을 유지하고, 사실적인 이미지를 생성하며, 스타일화가 덜되고 더 정확한 묘사를 우선시한다.

--creative --test 및 --testp와 결합하여 사용할 때만 사용할 수 있으며, 다양한 창의적 구성을 제공한다.

다음 예시들은 각각 "--test, --testp 및 --creative"에 대한 결과물이다. 사용된 프롬프트는 [사바나에 있는 실물과 같은 사자]이다.

prompt a lifelike image of a lion in the savanna --test

prompt a lifelike image of a lion in the savanna --testp

prompt a lifelike image of a lion in the savanna --test --creative

prompt a lifelike image of a lion in the savanna --testp --creative

제외 (No) (--no 〈제외할 요소 입력〉)

기본 파라미터에서도 살펴보았듯, 이미지를 생성할 때 특정 요소를 제외하고 싶을 때 사용하는 파라미터이다. 이 파라미터를 통해 이미지에서 원하지 않는 항목을 명시적으로 제외할 수 있다. 하지만, 완벽하게 배제되지 않을 수 있기 때문에 멀티 프롬프트에서 부정문(Negative)을 입력하거나 가중치 파라미터(165, 168, 174페이지 참고)를 혼용하는 것을 권장한다. 다음은 "도심 속 빌딩들 이미지"에 "자동차"를 배제하기 위해 "--no cars"를 사용한 프롬프트의 결과물로, 자동차의 모습이 배제된 것을 알 수 있다.

prompt a bustling city street --no cars

＊ 미드저니 모델 6 이하 버전에서는 --no cars 매개변수를 프롬프트에 여러번 반복해서 사용할 수 있다.
예: --no cars --no people --no text

업스케일 (Upscale) (--uplight, --upbeta)

업스케일(Upscale) 파라미터는 미드저니의 초기 모델 버전에서 사용되며, 각각 고유한 특성을 가지고 있다. 이 두 가지 레거시 업스케일 파라미터는 다음과 같이 이미지의 해상도와 디테일을 조정하여 창의적인 작업에 필요한 다양한 비주얼 효과를 제공한다.

--uplight 작은 업스케일러로, 1024x1024 픽셀의 조화롭고 선명한 해상도를 가진 이미지를 생성한다. 원래 그리드 이미지와의 유연한 관계를 유지하여, 부드럽고 덜 상세한 렌더링을 제공하며, 초상화와 매끄러운 표면을 정제하는 데 이상적이다.

--upbeta 대안적인 베타 업스케일러를 소환한다. 이전 모델 버전(V1, V2, V3)에서는 1024x1024 픽셀 해상도로 작동하며, 이후 버전에서는 2048x2048 픽셀의 더 선명한 출력을 제공한다.

무료 이미지 업스케일러

본 도서의 마지막 섹션에서도 살펴볼 것이지만, 미드저니에서의 이미지 업스케일 작업은 어느 정도 한계가 있다. 만약, 미드저니나 그밖에 이미지 생성 도구를 통해 만든 이미지를 고품질 이미지로 업스케일하고자 한다면, 무료(본 도서 출간 날짜 기준)로 사용할 수 있는 '업스케일 이미지'를 추천한다. 이 도구를 사용하기 위해서는 [https://www.iloveimg.com]으로 들어간 후, [업스케일 이미지]를 선택하면 된다.

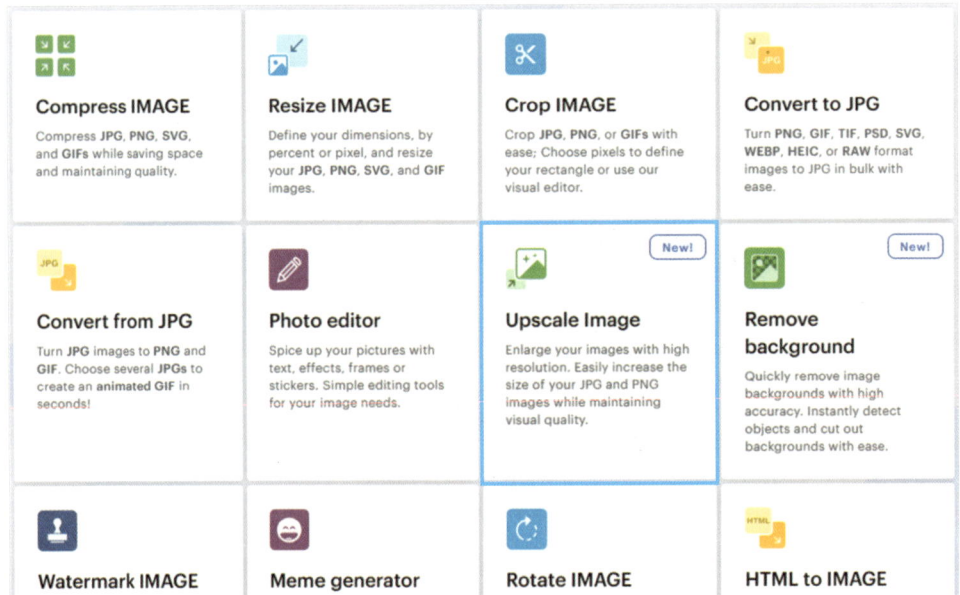

업스케일 이미지 창이 열리면 [Select images] 버튼을 눌러 업스케일에 사용할 이미지를 가져오면 된다. 업스케일 비율을 원본 기준 최대 4배까지 가능하다. 참고로 업스케일 이미지는 단순히 해상도를 높여주는 것 이외에 피부 보정까지 자동으로 해주기 때문에 프로필 사진 보정 작업에도 유용하다.

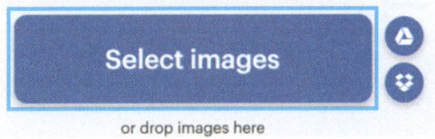

버전 파라미터 (Version parameter) (--version 또는 --v ⟨버전 숫자⟩)

버전 파라미터는 특정 프롬프트에 대해 "/settings" 명령어를 사용하지 않고도 미드저니 모델의 다른 버전을 사용할 수 있도록 해준다. 현재 사용할 수 있는 모든 버전은 "--v 1, --v 2, --v 3, --v 4, --v 5, --v 5.1, --v 5.2, --v 6.0, --v 6.1, --niji 4, --niji 5, --niji 6" 버전이다.

이번 학습에서는 매개변수를 이해하는 것의 중요성과 AI 생성 예술이 비전을 충실히 따를 수 있도록 하는 데 필요한 세부 사항에 대한 포괄적인 가이드를 제공하였다. 파라미터를 사용하면 사용자는 미드저니의 다양한 모델 버전을 쉽게 탐색할 수 있다. 또한, 각 버전은 고유한 특성과 스타일을 제공하여 창의적인 작업을 다양한 방식으로 확장할 수 있으며, 특히 레거시 파라미터는 이진 모델의 고유한 기능을 유지하면서도 새로운 예술적 가능성을 탐구하는 데 중요한 도구라는 것을 알 수 있었다. 이제 다양한 버전과 파라미터를 실험하여 자신이 원하는 비주얼 효과를 표현해 보자.

05

고급 프롬프트와
시각적 창작

이 파트는 고급 프롬프트 작성법과 시각적 창작 방법에 대해 다룬다. 블렌드 모드와 이미지 프롬프트 활용법, 멀티 프롬프트 활용법 등을 통해 더욱 다재로운 이미지를 생성하는 방법을 배우며, 스타일과 미학적인 표현을 강화하는 기법을 소개한다.

프롬프트 a highly detailed, surreal painting of a cat sitting on a vibrant, wavy, red-orange rock formation. The cat is realistic with intricate fur patterns, set against a dramatic sunset sky with deep blue and orange hues. The scene is reminiscent of a fantastical desert landscape, with a blend of realism and abstract art styles --ar 3:4 --stylize 750 --v 6.0

05-1 고급 프롬프트 작성법

앞서 프롬프트의 기본 개념을 마스터하여 자신이 생각한 아이디어에 맞는 이미지를 성공적으로 생성할 수준에 도달하였다. 이제 프롬프트를 더 잘 활용하여 사용자의 필요와 요구에 맞추는 방법을 탐구할 차례이다. 여기에서는 이미지 프롬프트를 사용하는 방법, 멀티 프롬프트의 복잡성과 유용성을 해독하는 방법, 프롬프트의 여러 버전을 생성하는 특별 기능을 통해 창작물을 정제하는 방법에 대해 학습할 것이다.

블렌드 모드와 이미지 프롬프트

이미지 프롬프트를 사용하면 텍스트 프롬프트만으로는 얻기 어려운 특정한 시각적 요소를 통합할 수 있다. 미드저니에서 이미지를 프롬프트에 포함시키려면 이미지 URL을 프롬프트의 시작 부분에 추가해야 한다. 이러한 과정을 통해 한 프롬프트에서 여러 요소를 결합할 수 있으며, 이를 통해 더 복잡하고 다층적인 이미지를 생성할 수 있다.

블렌드 명령을 활용한 다중 이미지 혼합하기

블렌드 명령어는 2개에서 최대 5개의 이미지를 하나의 새로운 이미지로 혼합할 수 있는 기능이다. 이 기능은 매우 사용자 친화적이며, "/blend" 명령어를 통해 쉽게 원하는 결과물을 얻을 수 있게 해준다.

1 혼합 이미지를 생성하기 위해 프롬프트에 ❶[/]를 입력한 후 ❷[/blend]를 선택한다. 참로고 블렌드는 최대 5개의 이미지를 혼합할 수 있으며, 원하는 개수만큼 선택하면 된다. 이번 예시에서는 2개의 이미지만 사용해 보자.

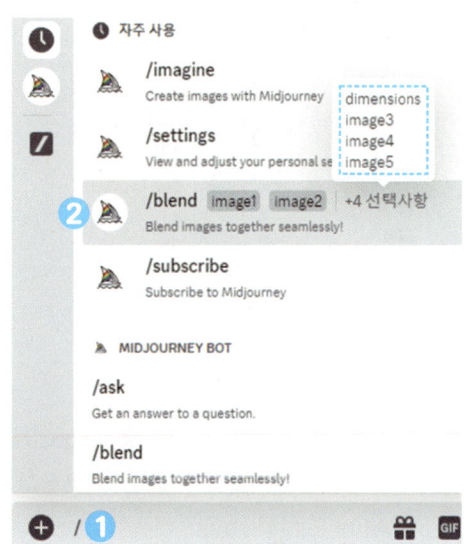

2 블렌드 창이 열리면 이 두 곳(image1, 2)에 혼합할 이미지를 가져와야 한다. 먼저 [image1] 부분을 클릭한다. 참고로 사용할 이미지는 직접 끌어다 놓아도 된다.

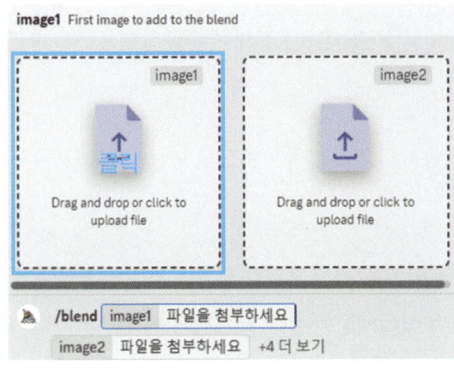

3 열기 창이 열리면 준비된 ❶[이미지] 하나를 선택하여 ❷[열기]를 클릭한다. 작업 파일은 사용자 자신의 파일을 사용해도 되고, 본 도서의 [학습자료] 폴더에 있는 파일을 사용해도 된다.

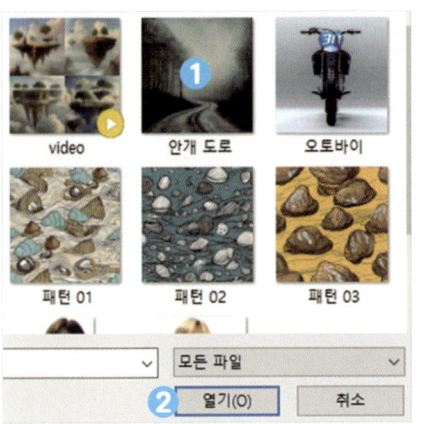

4 이어서 같은 방법으로 이번엔 ❶[image2]를 클릭하여 두 번째로 사용할 이미지를 적용한다. 그다음 ❷[엔터] 키를 누른다.

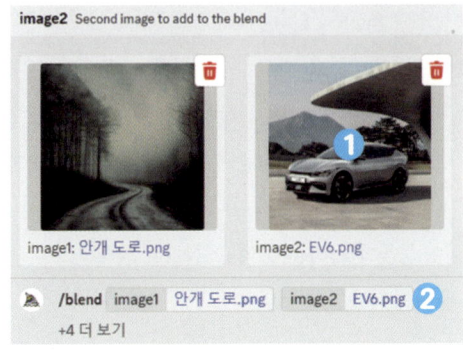

QUICK TIPS!

혼합될 이미지 비율 설정하기

블렌드를 사용할 때 혼합될 결과물(이미지)의 비율은 사전에 설정할 수 있다. 만약 원하는 비율을 설정하지 않으면 기본적으로 1:1 비율로 생성된다. 비율을 설정하기 위해 [더 보기] 버튼을 누른다.

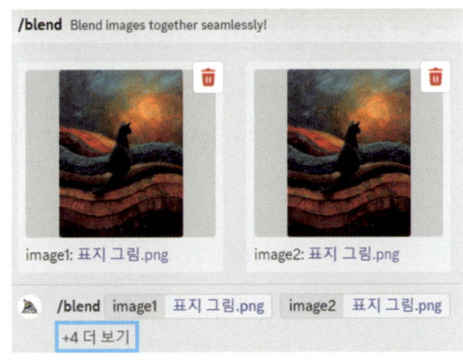

상단에 옵션 창이 뜨면 [dimensions]을 선택한다. 그다음 세 가지의 디멘션 중 원하는 하나를 선택하면 되는데, 비율은 다음과 같다.

Portrait 2:3 (증명사진)

Square 1:1 (정사각형)

Landscape 3:2 (풍경)

5 두 이미지의 혼합된 결과는 다음과 같다. 미드저니는 두 원본 이미지의 다양한 개념과 미학, 그리고 중요도를 계산하여 새로운 이미지를 생성해 준다. 지금처럼 안개 낀 도로와 자동차일 경우, 두 이미지를 혼합하여 안개 낀 도로에 자동차가 주행하는 모습으로 혼합되었다. 블렌드의 결과는 때로는 예측할 수 없지만, 항상 사용되는 이미지의 독특한 혼합을 제공해 준다.

블렌딩 과정을 최대한 활용하려면 동일한 가로세로 비율의 이미지를 업로드하는 것이 좋은데, 그렇게 하면 매끄럽게 블렌딩되고 일관된 최종 이미지를 얻을 수 있다. 또한, 모바일 사용이 증가하는 추세를 인식하여, 블렌드 명령은 모바일 장치에 최적화되어 있다. 사용자는 이미지를 드래그 앤 드롭하거나 사진 라이브러리에서 추가할 수 있다. 따라서, 텍스트 프롬프트는 직접적으로 수용되지 않지만, 정의된 경우 선호하는 접미사는 수용된다.

이미지 프롬프트로 다중 이미지 표현하기

미드저니는 블렌드 모드 외에도 텍스트를 추가하고 결과를 더 세밀하게 제어할 수 있는 방법을 제공한다. 이를 위한 가장 편리한 방법 중 하나는 이미지 프롬프트를 활용하는 것이다. 프롬프트에 하나 이상의 이미지를 링크하여 원하는 방향으로 작품 생성을 유도할 수 있다. 이 접근법은 블렌드 모드와는 다르며, 제공된 이미지의 미학적 특성과 텍스트 프롬프트에서 지정한 방향성 사이의 균형을 맞추는 데 도움이 된다.

예를 들어, 반 고흐의 역동적인 붓놀림과 모네의 섬세한 빛의 표현을 결합하고자 한다면, 반 고흐의 "별이 빛나는 밤"과 모네의 "수련" 시리즈를 참조 이미지로 사용할 수 있다는 것이다. 이를 통해, 반 고흐 특유의 소용돌이치는 하늘의 에너지를 간직하면서도, 모네의 부드러운 색채와 빛의 반사를 담아낸 새로운 풍경화를 만들어낼 수 있다. 이처럼 미드저니는 서로 다른 예술적 스타일을 창의적으로 융합하여 독특하고 혁신적인 작품을 탄생시킬 수 있다.

1 유니크한 프사 만들기 이미지 프롬프트에서 다중 이미지를 혼합하기 전에, 하나의 이미지를 프롬프트에 의해 변형된 이미지를 생성하는 방법부터 살펴보자. 참고로 지금의 작업은 본 도서의 표지(날개)에 있는 저자의 프로필을 만든 과정이기도 하다. 프롬프트 좌측에 ❶[+] 버튼을 클릭한 후 ❷[파일 업로드] 메뉴를 선택한다.

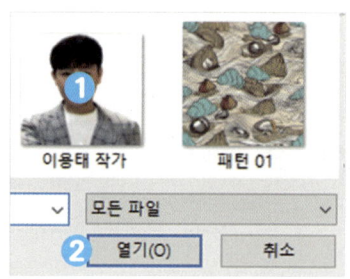

표지 프로필 사진

3 프로필 사진이 적용되면 [엔터] 키를 누른다. 그러면 가져온 프로필 파일이 미드저니(디스코드) 웹서버에 등록되어 이미지 링크 주소를 알 수 있게 된다.

2 열기 창이 뜨면, 사용하고자 하는 프로필 사진을 가져온다. 필자는 [학습자료] 폴더에 있는 필자(이용태 작가)의 사진을 사용하였다.

4 이제 디스코드 서버에 등록된 프로필 사진의 링크 주소를 복사하기 위해 [프로필 이미지]를 클릭한다.

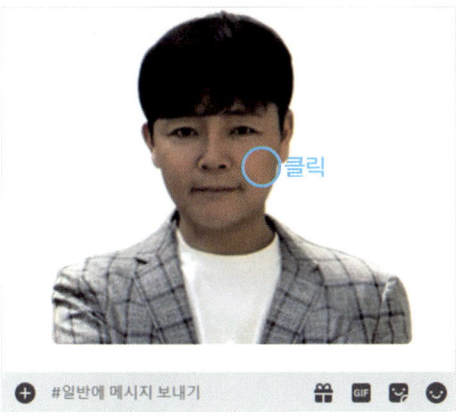

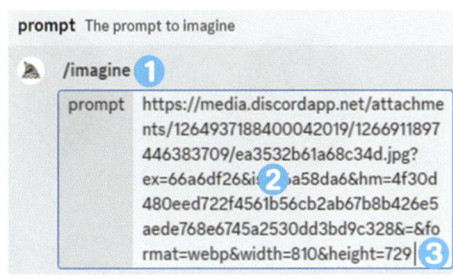

5 프로필 사진이 별도의 창으로 뜨면, 이미지 위에서 ❶[우측 마우스 버튼] – ❷[이미지 주소 복사]를 선택한다.

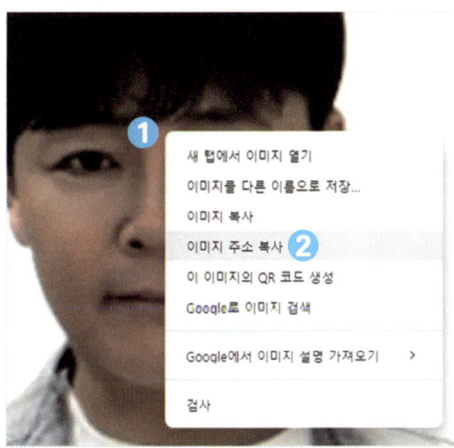

6 프로필 이미지 주소가 복사되면, 창을 닫고 (빈 곳 클릭), ❶[/imagine] 명령어를 적용한 후, 프롬프트에 ❷[붙여넣기(Ctrl+V)]한다. 그다음 작업의 편의를 위해 주소 마지막 부분에서 ❸[스페이스바]를 눌러 한 칸 띄워준다.

7 이제 링크 이미지를 변형하기 위한 프롬프트를 작성한다. 필자는 [옆구리, 블랙 재킷, 블론디 헤어, 라이트 미니멀한 배경, 사실적인 라이트 컬러, 사실적인 사진, 필름 카메라 사진] 프롬프트에 'niji 6' 모델을 사용하였다. 프롬프트 입력 후 [엔터] 키를 누른다.

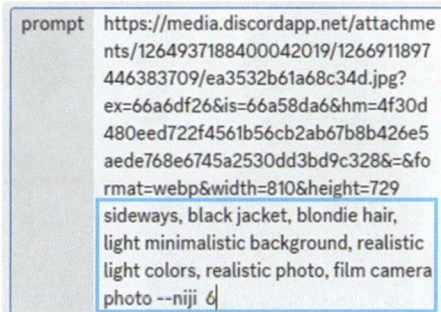

prompt sideways, black jacket, blondie hair, light minimalistic background, realistic light colors, realistic photo, film camera photo --niji 6

8 다양한 결과물이 생성되면 그중 마음에 드는 것을 사용하면 되고, 새로운 결과물을 원한다면 [리롤(re-roll)] 버튼을 누르거나, 지금의 과정을 반복한 후, 프롬프트를 수정하여 원하는 결과물이 생성되도록 한다.

원본(참조) 사진 기준, 다양한 텍스트 프롬프트를 통해 생성된 프로필 사진들

이제 이미지와 텍스트를 사용하여 프롬프트를 만들고, 이미지 가중치 매개변수(파라미터)인 "--iw"를 활용해 보자. 이 매개변수가 앞선 학습에서 살펴본 것처럼 이미지를 표현하는데 있어, 균형과 비중을 조절할 때 사용된다. 이미지 프롬프트의 주요 기능 중 하나는 --iw 매개변수를 사용하여 이미지의 가중치를 조정할 수 있다는 점이다. 기본적으로 이 파라미터는 "1"로 설정되어 있어 이미지와 텍스트 프롬프트의 영향이 균형을 이루도록 한다. 하지만 참조 이미지의 시각적 단서를 더 강조하고 싶을 때는 이 파라미터를 최대 2까지 증가시킬 수 있다.

예를 들어, "/imagine prompt 〈참조 이미지 URL〉 텍스트 프롬프트 --iw 0.5"를 사용하면 이미지 프롬프트의 중요성이 텍스트 프롬프트의 절반에 불과하게 된다. 하지만 "/imagine prompt〈참조 이미지 URL〉 텍스트 프롬프트 --iw 2"를 사용하면 이미지 프롬프트가 텍스트 프롬프트보다 두 배 더 중요해진다. 더 흥미로운 점은 미드저니가 다양한 참조 이미지에 다른 가중치를 할당할 수 있다는 것이다. 이는 사용자들이 하나의 이미지보다 다른 이미지를 더 강조하여, 최종 작품에서 보다 세밀한 조정을 가능하게 한다.

1 **이미지 가중치 사용하기** 이번에는 단일 이미지에 대한 가중치를 통해 균형을 설정해 보자. 앞서 프로필 변형 작업을 참고하여 '학습자료' 폴더에 있는 '고양이' 이미지의 링크 주소를 복사한 후, [/imagine] 명령에 붙여놓는다.

2 이제 고양이 이미지를 로봇으로 변신시키는 작업을 해보자. 그러기 위해 고양이 이미지 주소 뒤쪽에 다음과 같이 [꽃무늬 배경의 귀여운 로봇 고양이] 프롬프트와 이미지 가중치 파라미터를 [--iw 0.5]로 설정하여 이미지를 생성해 본다.

3 결과물을 보면, 꽃무늬 배경으로 귀여운 로봇 고양이의 모습이 텍스트 프롬프트에 가까운 로봇 이미지로 표현된 것을 알 수 있다.

4 이번에 이미지 가중치를 [--iw 2]로 높여서 이미지를 생성해 보자. 그러면 그림처럼 원본 이미지의 비중이 훨씬 높은 이미지가 생성된 것을 알 수 있다.

* 앞서 사용한 이미지 링크 주소는 그림처럼 이미지 그리드 위쪽의 주소를 그대로 복사하여 프롬프트에 활용할 수 있다.

5 **다중 이미지 혼합하기** 이번에는 여러 이미지를 가져와 혼합된 이미지를 표현해 보자. 지금의 작업은 블렌드 명령을 사용할 수도 있지만, 텍스트 프롬프트를 사용할 수 없기 때문에 디테일한 혼합 작업을 할 수 없다. 살펴보기 위해 앞서 단일 이미지를 가져왔을 때와 같은 방법으로 [2개의 이미지]를 가져온다. 그다음 [엔터] 키를 눌러 두 이미지를 디스코드 서버에 등록한다.

6 디스코드 웹서버에 등록된 두 이미지 주소를 복사하여 [/imagine] 프롬프트에 붙여놓는다. 이때 1번 이미지 주소 끝에서 띄어쓰기를 해야 자동 줄바꿈(구분)할 수 있다. 이어서 [엔터] 키를 누른다.

7 결과는 앞서 블렌드 명령에서처럼 두 이미지가 서로 균형있게 혼합된 것을 알 수 있다.

8 계속해서 두 이미지에 [flowers]란 키워드를 입력하여 이미지를 생성해 보자. 그러면 그림처럼 기이한 형태의 꽃 이미지가 표현된 것을 알 수 있다.

9 이번에는 이미지 가중치 파라미터를 사용하여 이미지를 생성해 보자. 예시로, 가중치를 [--iw 2]로 설정한 후 생성해 본다. 그러면 이미지에 대한 비중이 높아졌기 때문에 텍스트 프롬프트의 "꽃"은 상대적으로 줄어든 것을 알 수 있다.

살펴본 것처럼 나중 이미지 프롬프트에 텍스트 프롬프트를 사용하면, 원하는 이미지가 제대로 표현되지 않는다. 이와 같은 문제는 각 프롬프트의 요소를 분리하고 각각에 대해 구체적인 구분을 해주는 멀티 프롬프트와 이미지 가중치 파라미터를 결합하여, 더 정밀하고 정확한 이미지를 생성할 수 있다.

고급 프롬프트 작성법

멀티 프롬프트의 활용: 다중 이미지 분리(표현)하기

멀티 프롬프트는 "더블 콜론(::)"을 사용하여 프롬프트를 분리하고, 각 요소에 가중치를 부여하여 원하는 스타일이나 요소를 강조할 수 있는 파라미터이다. 예를 들어, "beautiful::2 flowers"와 같은 프롬프트를 사용하면 "beautiful" 요소가 더 강조되어 아름다움과 관련된 이미지가 더욱 두드러지게 된다. 멀티 프롬프트의 개념은 처음에는 다소 어렵게 느껴질 수 있지만, 미드저니의 강력한 기술 중 하나이기 때문에 더 섬세한 결과물을 얻고자 한다면 반드시 알아 두는 것이 좋다.

멀티 프롬프트를 지속적으로 미드저니를 사용하면서 알게된 것은 프롬프트에 더 많은 세부 정보를 추가할수록 결과가 초기 기대와 달라질 수 있다는 것이다. 그러나 멀티 프롬프트가 전통적인 프롬프트보다 본질적으로 더 나쁘거나 좋은 것은 아니다. 단순한 이미지 요청의 경우, 지금까지 테스트하고 작업한 표준 프롬프트면 충분하지만, 더 많은 제어와 미세한 조정을 원한다면 멀티 프롬프트의 사용을 권장한다.

멀티 프롬프트는 개념을 기본 요소로 분해하는 것이다. 더블 콜론(::)을 구분자로 사용(더블 콜론 사이에 공백이 없어야 함)하면, 미드저니 봇에게 프롬프트의 각 부분을 개별적으로 해석하도록 지시할 수 있다. 예를 들어, 간단한 프롬프트인 "beautiful flowers"는 단순한 꽃의 구성을 떠올리게 할 수 있지만, 이것을 "beautiful:: flowers"로 분할하면 아름다운 소녀가 꽃으로 둘러싸인 초상화를 생성할 수 있다.

여기서 중요한 두 가지 사항은 다음과 같다. 모든 가중치의 합은 항상 양수(+)여야 하고, 가중치가 명시되지 않은 요소는 기본 가중치인 1에 해당하는 값을 갖게 된다는 것, 즉 "beautiful:: flowers과 beautiful::1 flowers, beautiful:: flowers::1, beautiful::5 flowers::5"는 가중치 측면에서 동일하다. 다음은 멀티 프롬프트 가중치를 사용한 예시이다. 사용된 프롬프트 [beautiful flower]이다.

이번에는 프롬프트를 편집하는 과정을 반복하되, 제거를 위해 사용되는 "--no" 파라미터 대신, 음수 가중치를 사용해 보자. 그러나 프롬프트의 맨 앞에 음수 가중치를 추가하여 최종 결과에 더 큰 영향을 미치게 할 것이다. 여기서 중요한 두 가지 사항은 모든 가중치의 합은 항상 양수여야 하고, 가중치가 명시되지 않은 요소는 기본 가중치인 1을 갖게 된다는 것, 다시 말해 "beautiful:: flowers, beautiful::1 flowers, beautiful:: flowers::1, beautiful::5 flowers::5"는 가중치 측면에서 동일하다는 것이다.

예시에서는 "blues" 키워드를 프롬프트 맨 앞쪽에 입력하고, 가중치를 "-1"로 설정하였으며, "beautiful"의 가중치를 "2로" 설정하였다. 이는 "blues" 요소의 영향을 줄이고, "beautiful" 요소를 강조함으로써 원하는 결과에 더 가까운 이미지를 생성할 수 있도록 한다. 참고로 두 번째 그림은 "5"로 설정한 예시이다.

멀티 프롬프트 기술의 핵심은 균형을 맞추는 것이다. 너무 모호하면 AI가 이해하지 못할 수 있으며, 너무 많은 정보를 제공하면 혼란을 초래할 수 있다. 멀티 프롬프트의 범위는 -10000~10000이며, 멀티 프롬프트 기술을 숙달하는 가장 좋은 방법은 다음과 같은 사례를 따르는 것이다.

명확하게 시작하기

- 주요 주제를 개요로 제시하는 간단한 초기 프롬프트로 시작하여 이미지의 기초를 마련한다. 예를 들어, '아름다운 꽃'이나 '분주한 강남 거리의 드래곤'과 같은 간단한 프롬프트가 기본을 설정할 수 있다. 그런 다음 스타일, 캐릭터 세부 사항, 매체 등에 대한 추가 정보를 추가한다.

세부 사항과 균형 고려하기

- AI가 의도를 이해하도록 하면서도 너무 많은 정보로 압도하지 않도록 하는 섬세한 균형을 유지해야 한다. 또한, 프롬프트의 첫 부분에는 생성될 이미지에 대한 원하는 모든 것이 포함되어야 하며, 단어 수가 적을수록 더 많은 영향을 미친다는 점을 명심한다.

실험하고 가중치 사용하기

- 멀티 프롬프트는 기술이므로 결과에 따라 프롬프트를 수정하고, 가중치를 사용하여 더 많은 제어를 할 수 있도록 준비해야 한다. 가중치를 영향을 미치는 비율로 생각하면 더 쉽게 이해할 수 있다.

다시 한번 강조하자면, 멀티 프롬프트는 결과에 따라 프롬프트를 수정하고 가중치를 사용하여 더 많은 제어를 할 수 있도록 준비해야 하며, 가중치를 이미지에 영향을 미치는 비율로 생각하면 더 쉽게 이해할 수 있다. 지금까지 다룬 다양한 주제를 흥미롭게 마무리하기 위해 멀티 프롬프트와 가중치 및 파라미터를 결합하여 새로운 이미지 프롬프트를 만들어 보자.

먼저 앞선 학습에서 사용한 "고양이"와 이미지를 업로드하고, 최근 생성한 "플라워" 이미지(학습자료 폴더 활용)를 결합(162, 166페이지 참고)하도록 한다. 그다음 각 이미지에는 고유한 가중치를 부여한다. 이미지 프롬프트는 다음과 같다.

위와 같은 가중치로 이미지를 생성한 결과, 고양이와 플라워의 요소가 조화롭게 결합된 이미지를 얻을 수 있다. 여기서 고양이 이미지의 가중치가 "1.25"인 반면, 플라워 이미지의 가중치가 "2"이기 때문에 꽃의 요소가 조금 더 두드러지게 표현되었다.

계속해서 방금 학습한 고양이와 플라워 이미지 프롬프트에 다음과 같이 [low poly digital art --ar 3:2] 텍스트 프롬프트를 추가해 보자. 그러면 이미지 가중치와 텍스트 설명을 결합하여 보다 세밀하고 디테일한 이미지가 생성된다. 텍스트 프롬프트가 추가되어 로우 폴리 디지털 아트로 표현되었다. 이처럼 가중치와 텍스트를 적절히 조합하여 원하는 스타일과 디테일을 가진 이미지를 생성할 수 있다.

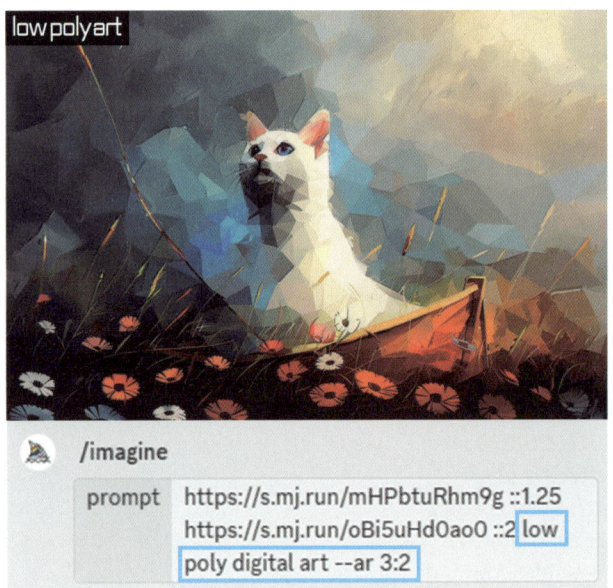

정리하자면, 멀티 프롬프트는 미드저니에서 특정적이고, 정교한 이미지를 생성하는 강력한 기법으로, 캐릭터나 스타일을 강조하거나, 원하지 않는 요소를 필터링하거나, 여러 예술적 개념을 하나의 이미지로 융합하는 등의 다양한 방식으로 활용할 수 있다. 이렇듯 가중치와 구분 기호(::)의 사용 방법을 이해하면, AI에게 구체적인 비전을 반영한 이미지를 생성하도록 지시하는 프롬프트를 만들 수 있다.

특정 이미지 스타일 적용: --sref 파라미터 사용법

미드저니 모델 6버전부터는 특정 이미지의 스타일을 참조하여, 동일한 스타일이 반영된 새로운 이미지를 만드는 스타일 참조, 즉 스타일 레퍼런스(--sref) 매개변수를 제공한다. 이 파라미터는 만들고 싶은 이미지의 스타일이나 미적 요소에 영향을 주기 위해 프롬프트에 이미지를 스타일 참조로 사용할 수 있다. 스타일 참조는 다음과 같이 텍스트를 포함하는 프롬프트에만 적용되고, 이미지만 있는 프롬프트에는 사용할 수 없으며, 모든 일반 이미지 프롬프트는 다음에 나와야 한다. 또한, 이 세 가지 요소는 순서대로 입력해야 하며, 각 요소 사이는 반드시 띄어쓰기를 해주어야 한다.

- 이미지를 묘사하는 프롬프트가 있어야 한다.
- 프롬프트와 참조 이미지 중간에 --sref를 사용해야 한다.
- 참조할 이미지의 URL이 있어야 한다.

이번 예시에서 사용될 참조 이미지는 앞서 사용했던 "고양이" 이미지이며, 프롬프트의 내용은 [해 질 무렵의 초현대적인 도시 스카이라인]이다. 이제 스타일을 참조한 이미지 생성을 위해 다음과 같이 ❶[/imagine] 명령어를 적용한 후, 이미지 묘사를 위한 ❷[a futuristic city skyline at sunset] 프롬프트 입력, 그다음 ❸[--cref] 파라미터, 마지막으로 참조 이미지가 링크된 ❹[https://s.mj.run/mHPbtuRhm9g] 주소를 입력(복붙)한다. 그리고 ❺[엔터] 키를 눌러 이미지를 생성한다.

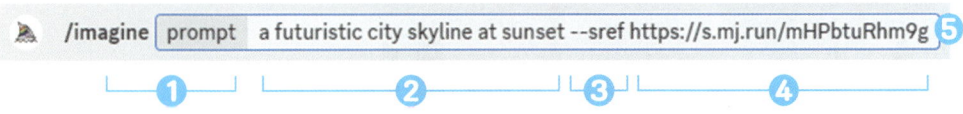

참조 이미지 스타일과 이미지 묘사로 사용된 "해 질 무렵의 초현대적인 도시 스카이라인" 프롬프트에 맞게 잘 조합된 이미지가 생성되었다. 결과물은 스타일 가중치를 사용하여 이미지에 반영할 수 있다.

스타일 가중치 조절하기: --sw 활용

"--sref"을 사용한 프롬프트에는 스타일 가중치(Style weight)를 통해, 참조 이미지의 스타일이 새로 생성하는 이미지에 반영되는 비율을 조절할 수 있다. 스타일 가중치는 참조 이미지 URL(링크 주소) 뒤쪽에서 한 칸 띄운 후, "--sw 〈원하는 값〉"을 입력하면 되며, 사용 가능한 가중치 범위는 "0~1000"이다.

다음은 앞서 사용한 스타일 참조 프롬프트에 스타일 가중치를 각각 "--sw 0, --sw 500, --sw 1000"으로 설정한 결과물이다. 가중치 값에서 알 수 있듯, 가중치가 높아질수록 원본 이미지의 스타일 비율이 더욱 높아지는 것을 알 수 있다.

✱ 스타일 참조와 스타일 가중치를 사용할 때, 실사 느낌을 살리기 위해서는 'photorealism'이나 'photograph' 등의 키워드를 추가해야 원하는 결과물에 가까운 이미지를 얻을 수 있다.

05-2 순열 프롬프트의 정석

가중치와 구분 기호(::)의 사용 방법을 이해하면, AI에게 사용자의 구체적인 비전을 반영한 이미지를 생성하도록 지시하는 프롬프트를 만들 수 있다. 멀티 프롬프트의 장점을 탐구한 후, 더 창의적인 결과물로 정제하기 위해 이번에는 순열 프롬프트(변형 및 매개변수, 스타일과 미학, 중첩 변형, 가중치와 이미지 참조 등)의 기본 개념부터 고급 사용법까지 살펴볼 것이다. 이를 통해 창의적이고 세밀한 이미지를 효과적으로 만들 수 있는 능력을 갖게 될 것이다.

순열: 한 번에 다채로운 이미지 생성하기

순열(Permutations: 퍼뮤테이션즈)은 하나의 프롬프트에서 여러 변형된 이미지를 생성할 수 있게 해준다. 특수 구두점(중괄호)을 사용하여 AI가 지정한 여러 조합을 생성하도록 지시할 수 있다. 이는 특정 마커가 시스템에 명령을 해석하고 실행하는 방법을 지시하는 코딩과 유사하다. 예를 들어, /imagine prompt a {woman, man} in a {forest, city} during {day, night}는 여러 변형된 이미지를 생성한다. 즉, 낮 동안 숲에 있는 여성, 밤 동안 도시에 있는 남성 등...

순열의 진정한 강점은 그 유연성에 있다. 이 기능은 다양한 옵션을 테스트하고 여러 이미지를 한 번에 생성하는 데 유용하며, 이 기술을 통해 다양한 옵션을 테스트하고, 이미지를 최대한 많이 생성할 수 있다. 다음은 순열의 잠재력을 최대화할 수 있는 몇 가지 방법이다.

순열과 파라미터

순열은 프롬프트 내에서 파라미터와 가중치를 조정할 수 있다. 이를 통해 단일 프롬프트 내에서 다양한 가로 세로 비율, 버전, 또는 카오스(Chaos) 값을 테스트할 수 있다. 참고로 가중치 변형을 위해서는 두 점과 "{중괄호}" 사이에 공백을 두지 않는 것이 원칙이다.

예: /imagine prompt text text text::{〈원하는 값〉}

다음은 다양한 가로세로 비율과 버전을 사용하는 순열 예시 프롬프트로, 이 프롬프트를 실행해 보자.

예시 프롬프트 korea's nature, harmonious atmosphere, small fog in the air, beautiful atmosphere, and sense of realism --ar {1:1, 3:2} --v {5, 5.2}

순열을 사용할 경우, 프롬프트를 입력한 후 다음과 같이 생성할 프롬프트 순열의 개별 이미지를 생성할지 여부를 묻는 메시지가 뜬다. 앞서 언급한 프롬프트는 4개의 결과를 생성하며, 다음 옵션 중에서 원하는 것을 선택할 수 있다. 일단, 순열 프롬프트에 대한 결과를 보기 위해 [Yes] 버튼을 클릭해 보자.

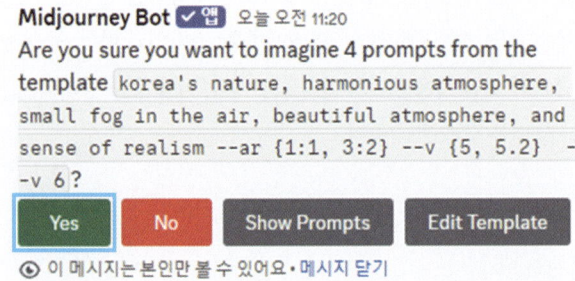

Yes 생성할 〈순열 프롬프트에 입력된 값〉 개별 순열 생성하기

No 생성 취소하기

Show Prompts 생성할 이미지에 대한 개별 프롬프트 목록 보기

Edit Template, Remix 모드와 유사한, 프롬프트 편집 창을 통해 프롬프트 편집하기

＊사용자 구독 플랜에 따라 순열 프롬프트의 개수가 초과될 수 있기 때문에 자신의 구독 플랜에 맞는 값을 사용해야 한다.

그러면 그림처럼 순열 프롬프트에서 지정한 개수에 맞게 각기 다른 비율과 버전의 그리드 이미지 4개가 생성되는 것을 알 수 있다.

176 고급 프롬프트와 시각적 창작

이렇게 순열 프롬프트를 활용하면 더욱 다양한 결과를 얻고, 여러 가지 변형을 테스트할 수 있다. 이를 통해 보다 정교하고 맞춤화된 이미지를 생성해 보자.

스타일과 미학

순열을 활용하면 다양한 예술적 스타일과 미적 요소를 매끄럽게 혼합할 수 있다. 이전 예시를 이어서 이번에는 카메라 앵글을 테스트해 보자. 이미지가 공중에서 촬영된 사진처럼 보이게 하기 위해 다양한 결과의 순열을 요청할 것이다. 여기에서 사용될 프롬프트는 다음과 같다.

예시 프롬프트 {aerial view, drone-footage, elevated shot} korea's nature, harmonious atmosphere, small fog in the air, beautiful atmosphere, and sense of realism --ar 3:2

그러면 다음과 같이 세 가지의 카메라 앵글에서 촬영된 이미지 그리드가 생성된다.

중첩된 변형

중첩된 변형은 훨씬 더 복잡한 조합을 제공한다. 중괄호 안에 다른 중괄호를 중첩하여 다양한 이미지 변형을 생성할 수 있다. 다음은 해당 프롬프트의 예시로, 이 프롬프트는 "조화로운 분위기, 아름다운 분위기, 사실감의 고조된 촬영", "한국의 자연과 아름다운 분위기, 사실감이 높은 사진", "약간의 안개가 낀 평온한 아프리카의 자연", 아름다운 분위기, 사실감의 고조된 사진", 그리고 "공중의 빗줄기, 아름다운 분위기, 사실감의 고조된 촬영"의 변형된 네 가지 이미지를 생성해 준다.

예시 프롬프트 elevated shot of a {nature in {korea, africa}, harmonious atmosphere, rain in the air}, beautiful atmosphere, and sense of realism --ar 3:2

살펴본 것처럼 순열은 창작 과정을 가속화하는 데 유용하다. 프롬프트의 거의 모든 요소에 대한 변형을 빠르게 얻을 수 있다. 참고로 순열은 프롬프트 내에서 다양한 가중치 변형을 테스트하는 데도 사용할 수 있다. 프롬프트 내에서 특정 요소에 대한 제어를 강화하기 위해 가중치 값을 순열로 만드는 형식은 다음과 같다.

예시 프롬프트 text prompt::{1, 2.}

이때, 두 점과 중괄호 사이에 공백을 두지 않도록 유의히야 하며, 또한 참조 이미지를 순열에 사용할 수도 있다. 형식은 다음과 같다.

{IMAGE URL, IMAGE URL} {IMAGE URL, IMAGE URL} your text prompt

✱ 순열 프롬프트는 패스트 모드에서만 사용할 수 있으며, 순열의 각 변형은 개별 작업으로 간주된다. 기본 구독자는 최대 4개의 작업을, 표준 구독자는 최대 10개, 프로 및 메가 구독자는 최대 40개의 작업을 단일 순열 프롬프트로 생성할 수 있다. 이때 GPU 사용량에 주의해야 한다.

06

최적의 결과를 위한 프롬프트

이 파트에서는 프롬프트 작성의 다양한 기술을 통해 최적의 이미지를 얻는 방법에 대해 학습한다. 타인의 프롬프트를 활용한 창작, 스타일 프롬프트의 활용, 그리고 쇼튼을 활용한 이상적인 프롬프트 작성법 등을 소개하여 미드저니에서의 창의성을 극대화할 수 있다.

프롬프트 minimalist cat sculpture, smooth white porcelain, sitting pose, elegant curves, side view, long tail curled around base, pointed ears, black and white photography and kazuki takamatsu's ghostly figures, soft diffused lighting, subtle shadows, clean background, studio setting, fine art aesthetic --ar 2:3 --v 6.0

06-1 타인의 프롬프트(그림) 훔치기

웹이나 그밖에 공간에서 마음에 드는 이미지를 발견한 후, 미드저니에서 비슷한 것을 만들고 싶지만, 적절한 키워드가 떠오르지 않거나 다른 사람들이 만든 이미지의 프롬프트가 어떤 것인지 궁금한 적이 있을 것이다. 이럴 때 미드저니에서는 "디스크라이브(Describe)" 명령어를 활용하면, 타인의 이미지를 분석하여 프롬프트 및 이미지를 생성할 수 있다.

"/describe" 명령어를 사용하면 간단하게 이미지를 업로드하고, 미드저니가 해당 이미지에서 얻은 시각적 정보를 분석하여 네 가지 다른 프롬프트를 제공 받을 수 있다. 이러한 프롬프트는 새로운 이미지를 위한 영감으로 사용하거나 자신의 예술적 스타일을 개발하는 데 도움을 준다. 그러나 이렇게 생성된 프롬프트는 영감 제공의 성격이 강하며, 정확한 청사진을 제공하는 것은 아니기 때문에, 업로드된 이미지를 그대로 복제하는 것 보다는 이 방법을 통해 자신의 영감을 끌어 올리기 위한 목적으로 사용하는 것이 좋다.

이제 디스크라이브 명령어를 사용하는 방법에 대해 알아보기로 하자. 그 전에 먼저, 미드저니 사용자를 위한 타인이 생성한 이미지에 대한 프롬프트를 아는 방법에 대해 알아보자. ❶[미드저니 그룹]의 ❷[룸]으로 들어가 보면, 타인의 작품을 볼 수 있다. 이 작품들은 모두 해당 이미지 위쪽에 프롬프트를 보여준다. 그러므로 마음에 드는 이미지에 대한 프롬프트를 쉽게 활용할 수 있다.

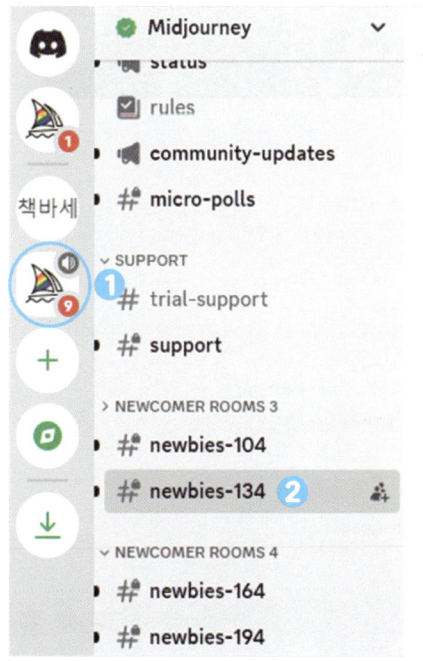

또한, 미드저니 갤러리(www.midjourney.com)의 "익스플로러(Explore)"에 들어가 보면, 미드저니에서 생성된 뛰어난 작품들을 확인하고, 마음에 드는 작품을 클릭하여 해당 작품에 대한 정보(프롬프트)를 확인할 수 있다. 하지만 이와 같은 방법은 미드저니와 디스코드 내에서만 가능한 작업이기 때문에, 외부 이미지일 경우에는 디스크라이브 명령어를 활용해야 한다.

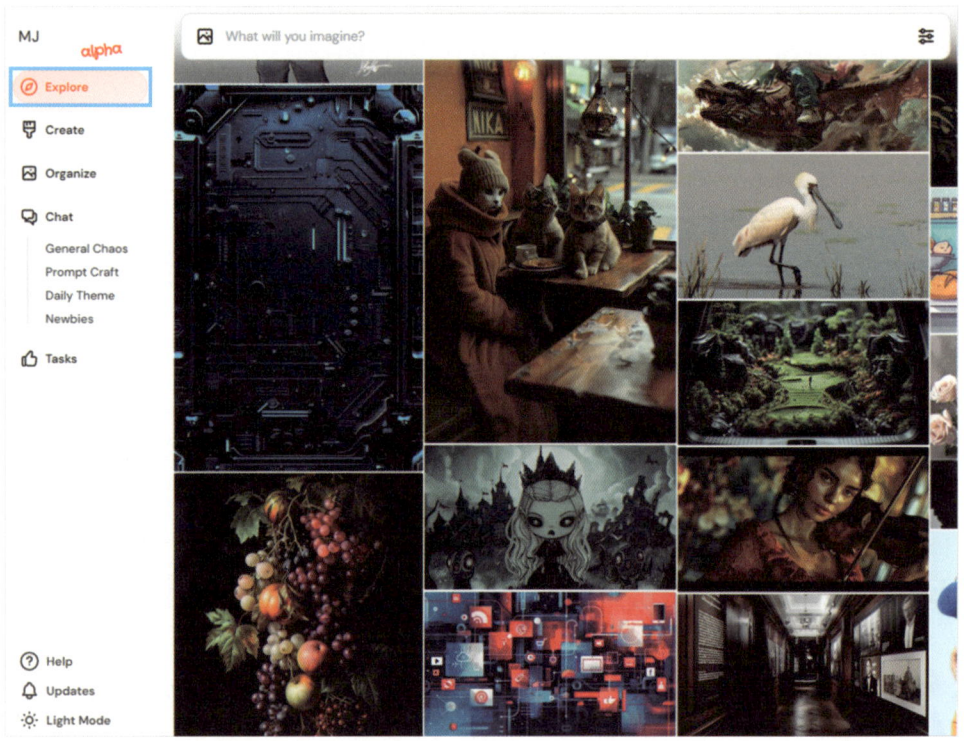

1 **PC에 있는 이미지 사용하기** 이제 디스크라이브에 대해 알아보기 위해 프롬프트에 ❶[/]를 입력한 후, 명령어 목록 중 ❷[/describe]를 선택한다.

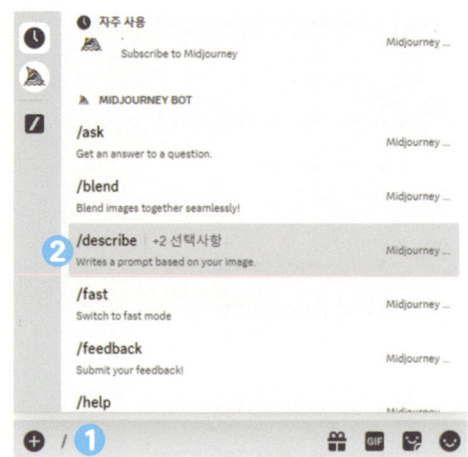

2 그러면 이미지 선택을 할 수 있는 두 가지 옵션 창이 뜬다. 먼저 [image] 방식을 선택해 보자.

4 이미지가 적용되면 [엔터] 키를 누른다.

3 이미지 가져오기 창이 열리면, ❶[점선 사각형 영역]을 클릭한 후, 자신의 PC에 있는 ❷[이미지를 선택]하여 ❸[열기]를 한다. 필자는 '학습자료'에 있는 '이미지(늑대 아이)'를 가져왔다.

5 이미지 분석 후, 다음과 같은 4개의 샘플 프롬프트를 제시하였다. 일단 [2번]를 선택해 보자.

타인의 프롬프트(그림) 훔치기 183

6 프롬프트 확인 및 편집 창이 뜨면, 수정 없이 [전송] 버튼을 누른다.

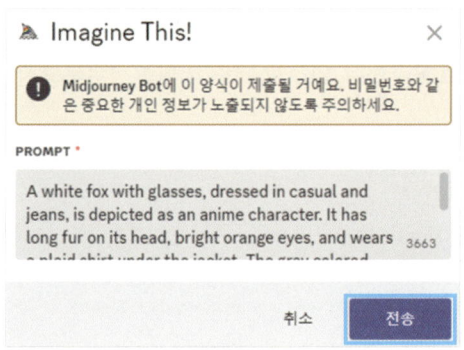

7 생성된 결과를 보면 4개의 그리드 이미지가 샘플 이미지와 거의 흡사하게 표현된 것을 알 수 있다. 제법 만족스러운 결과이다. 이제 나머지 3개의 프롬프트에 대해서도 이미지를 생성해 보고, 그중 가장 마음에 드는 것을 사용하면 된다.

8 **웹에 있는 이미지 사용하기** 계속해서 이번에는 웹사이트상에 있는 이미지를 분석하여 유사한 이미지로 만들어 보자. 먼저 사용할 이미지가 있는 웹 페이지를 찾은 후, 이미지 위에서 ❶[우측 마우스 버튼] - ❷[이미지 주소 복사]를 선택한다. 때론 이미지 주소가 제공되지 않는 웹사이트도 있으므로 주의한다.

이미지 출처: https://peakd.com/@fashion-people

1 A black woman wearing an oversized white t-shirt with the words "time to die" printed on it, she has long hair in braids and wears makeup, selfie taken at home with her phone, aesthetic of aesthetic photography, aesthetic, black people aesthetics aesthetic aesthetic aesthetic aesthetic aesthetic aesthetic aesthetic aesthetic aesthetic aesthetic aesthetic aesthetic

2 a black woman wearing white t-shirt with the words "time to die" printed on it, she has long hair in braids and is posing for an instagram selfie, her face looks like Marilyn Monroe's from movie chic film, aesthetic aesthetic, aesthetic aesthetics, aesthetic photography, aesthetic photo shoot, aesthetic aesthetic, aesthetic

3 a black woman wearing white t-shirt with picture of marilyn monroe and text "time to die" printed on the shirt, instagram photo from reddit, no makeup.

4 a young black woman wearing an oversized white t-shirt with the words "time to die" printed on it, she has long braids and is posing for her instagram photo shoot

9 이제 미드저니에서 ❶[/describe] 명령을 실행한 후, ❷[link] 옵션을 선택한다. 그다음 앞서 복사한 이미지 주소를 ❸[붙여넣기(Ctrl+V)]한 후, ❹[엔터] 키를 누른다. 분석 결과 창이 뜨면 원하는 번호를 누른다. 필자는 ❺[4번]을 선택하였다.

타인의 프롬프트(그림) 훔치기　185

🔟 프롬프트 편집 창이 열리면, 수정 없이 [전송] 버튼을 누른다.

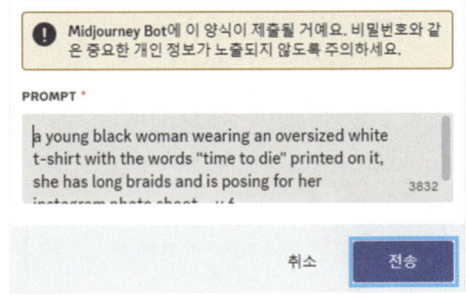

1️⃣1️⃣ 4개의 그리드 이미지가 생성되었다. 그런데 웹사이트의 이미지와 사뭇 다르고, 유사도가 떨어진다. 보다 만족스러운 결과물을 얻기 위해서는 몇 번의 반복 작업을 해야 한다.

미드저니가 생성한 프롬프트 제안을 살펴보면 몇 가지 주요 패턴을 관찰할 수 있다. 첫째, 미드저니는 특정 단어를 우선적으로 사용하며, 항상 프롬프트의 첫 부분에 배치(예: white, cute, black, young 등)한다. 둘째, "confidence"와 "cool demeanor" 같은 새로운 용어를 도입하고, 심지어 "time to die"와 같은 텍스트나, "Marilyn Monroe"와 같은 영화배우를 닮았다고 정의하기도 한다. 이는 미드저니가 인간 언어의 뉘앙스를 이해하고 해석할 수 있으며, 이를 바탕으로 창의적인 정보가 풍부한 결과를 생성한다는 것을 시사한다. 이러한 새로운 아이디어를 프롬프트에 통합하여, 이미지 창작 결과를 향상시킬 수 있다.

06-2 모방을 통한 창작: 스타일 프롬프트 활용

미드저니 프롬프트에 스타일을 추가하는 것은 이미지 창작의 결과를 향상시키고 원하는 결과물을 표현하기 위한 가능성을 확장하는 좋은 방법이다. 스타일을 지정하면 미드저니는 그 스타일과 일치하는 이미지를 생성하려고 시도한다. 예를 들어, "인상주의 스타일의 풍경"이나 "르네상스 예술의 초상화"와 같은 특정 유형의 이미지를 만들려고 할 때 유용하다. 미드저니 프롬프트에서 스타일을 사용하는 방법은 다양하지만, 일반적으로 다음과 같은 주요 두 가지 주요 방법을 사용한다.

주요 스타일 요소

- **'in the style of' 구문 사용** 스타일을 지정하는 가장 간단한 방법이다. 'in the style of' 뒤에 원하는 스타일을 입력하면 된다. 예를 들어, 'in the style of impressionism' 또는 'in the style of renaissance portraits'라고 입력할 수 있다.
- **키워드 사용** 미드저니는 키워드도 이해한다. 예를 들어, 표현주의 스타일의 이미지를 만들고 싶다면 'bold colors, distorted forms, emotional intensity'와 같은 키워드를 사용할 수 있다.

물론, 이 두 방법을 결합하여 더욱 구체적인 프롬프트를 만들 수도 있다. 예를 들어, [대담한 색채와 몽환적인 분위기를 지닌 르네상스 미술 양식의 여인의 초상(a portrait of a woman in the style of renaissance art, with bold colors and a dreamy atmosphere)]이라고 사용할 수 있다. 다음은 스타일을 사용하여 순차적으로 확장되는 결과를 만들어내는 방법에 대한 예시이다. 기본형은 [여인의 초상화]이다.

기본 프롬프트

prompt a portrait of a woman

"in the style of Renaissance art"가 사용된 이 이미지는 현실적인 비율, 이상화된 특징, 그리고 얼굴의 특징과 아름다움 또는 의상 장식에 중점을 둘 가능성이 높다.

prompt a portrait of a woman in the style of Renaissance art

"bold colors and a dreamy atmosphere"가 사용된 이 이미지는 채도가 높은 색상과 환상적이거나 비현실적인 분위기를 가질 수 있다.

prompt a portrait of a woman with bold colors and a dreamy atmosphere

"in the style of와 bold colors and a dreamy atmosphere"가 사용된 이 이미지는 이전 프롬프트보다 르네상스 예술 스타일에 더 가깝지만, 더 많은 디테일과 더 몽환적인 분위기를 가질 수 있다.

prompt a portrait of a woman in the style of Renaissance art, with bold colors and a dreamy atmosphere

이처럼 다양한 예술 스타일과 키워드를 사용하여 전통 회화에서 디지털 아트까지 다양한 매체를 아우르는 광범위한 이미지를 창조할 수 있다. 물론, 스타일과 키워드뿐만 아니라 스타일을 강화하는 다른 단어나 표현도 결과를, 원하는 방향으로 더욱 정확하게 유도할 수 있다는 것을 알아야 한다. 예를 들어, 간단한 프롬프트 "/imagine prompt 〈주제〉, in the style of 〈avant-garde, art deco, art nouveau, baroque, bauhaus, geometric, gothic, minimalism, ukiyo-e〉" 등을 사용할 수 있다.

예술(Art) 스타일

예술(Aartistic) 스타일 프롬프트는 특정 예술 양식, 시대, 또는 예술가의 독특한 스타일을 AI 생성 이미지에 반영하도록 지시하는 핵심 요소이다. 예를 들어, "in the style of Van Gogh"나 "Art Nouveau inspired"와 같은 표현을 사용하여 원하는 예술적 분위기를 얻을 수 있다. 예술 스타일 프롬프트는 사용자의 예술적 비전을 실현하는 강력한 도구로, 구체적이고 명확한 지시를 통해 더욱 정확한 결과를 얻을 수 있다. 그러나 너무 많은 스타일을 동시에 지정하거나 저작권 문제에 주의해야 한다.

애니메와 만화(Anime and Manga) 스타일

애니메는 밝고 선명한 색상, 과장된 표정, 역동적인 움직임이 특징이다. 반면에 만화 스타일은 전통적인 일본 만화 예술과 유사하게 더욱 세밀하고 정교한 이미지를 생성해 준다. 참고로, 이번 예시에서는 V6 모델과 Niji V6를 통해 비교 생성해 보았다.

prompt anime shot of women dressed in floral shirts posing for a magazine, in the style of anime, dark orange and light bronze, wrapped, intense close-ups, luxurious fabrics --v 6.0

prompt anime shot of women dressed in floral shirts posing for a magazine, in the style of manga, dark orange and light bronze, wrapped, intense close-ups, luxurious fabrics --niji 6

카툰 스타일(Cartoon) 스타일

카툰 스타일은 단순하고 아동적인 비주얼, 밝은 색조와 최소한의 디테일이 특징이다.

prompt cartoon of women dressed in floral shirts posing for a magazine, in the style of cartoon, dark orange and light bronze, wrapped, intense close-ups, luxurious fabrics --v 6.0

prompt cartoon of women dressed in floral shirts posing for a magazine, in the style of cartoon, dark orange and light bronze, wrapped, intense close-ups, luxurious fabrics --niji 6

코믹북(Comic book) 스타일

만화와 유사하지만, 더 역동적이고 스타일화된 외형을 가지며, 굵은 선이 특징이다.

prompt a superhero flying through the city skyline, in comic book style --v 6.0

잉크 드로잉(Ink drawing) 스타일

잉크와 종이를 사용하여 만들어진 이미지로, 대담하고 유연하며 풍부한 표현력을 가지고 있다.

prompt a tree with intricate branches, in ink drawing style --v 6.0

prompt BW ink drawing, ink drawing style, fine line black and orange, wrap, intense close-up, luxurious fabric for women in flower-patterned shirts posing --v 6.0

유화(Oil painting) 스타일

유화 물감을 사용해 제작된 풍부하고 텍스처(질감)가 살아있는 시각적 이미지를 생성한다. 감정과 디테일을 강조할 수 있으며, 예술적 깊이와 표현력을 극대화할 수 있는 다양한 미적 효과를 가지고 있다.

prompt a serene landscape at sunset, in oil painting style reminiscent of rembrandt's masterpieces --v 6.0

파스텔 드로잉(Pastel drawing) 스타일

파스텔을 사용해 그린 이미지로, 일반적으로 부드럽고 섬세한 느낌을 가진다. 부드러운 색조와 섬세한 디테일을 강조할 수 있으며, 이미지에 따뜻하고 환상적인 느낌을 가미할 수 있다.

prompt a serene landscape at sunset, in pastel drawing style --v 6.0

연필 드로잉(Pencil drawing) 스타일

연필을 사용하여 그린 그림으로, 종종 사실적이고 세밀한 외관을 갖추고 있다. 연필 드로잉 스타일은 디테일과 사실적인 표현을 강조하며, 이미지에 정교하고 섬세한 느낌을 더할 수 있다.

prompt a portrait of an elderly man with deep wrinkles, in pencil drawing style --v 6.0

수채화(Watercolor painting) 스타일

투명성과 유동성이 특징인 이 스타일은 수채화 물감을 사용하여 만들어지며, 종종 부드럽고 천상의 느낌을 갖고 있다.

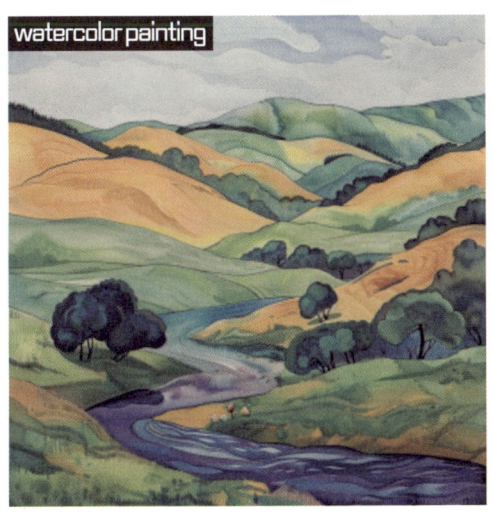

prompt a landscape with rolling hills and a flowing river, in the style of watercolor painting --v 6.0

공상 과학(Sci-Fi) 스타일

고급 기술과 외계 생명체가 등장하는 미래의 환경을 보여준다. 프롬프트에 영화 제목을 삽입하여 영감을 얻고 최종 결과를 유도할 수 있다. 또한, 레트로 및 미래지향적 용어와 잘 어울린다.

prompt a futuristic cityscape with flying cars and towering skyscrapers, in the style of blade runner --v 6.0

픽셀 아트(Pixel art) 스타일

초기 비디오 게임 그래픽을 연상시키는 디지털 아트로, 8비트 픽셀 아트 또는 콘솔, 게임, 캐릭터 이름 등의 용어를 사용할 수 있다. 흥미롭게도 이 스타일은 해상도로 인해 V4 모델에서 더 효과적이다.

prompt a knight in shining armor in 8-bit pixel art style --v 6.0

prompt a knight in shining armor in 8-bit pixel art style --v 4

벡터 아트(Vector art) 스타일

벡터 아트는 수학적 공식을 사용하여 이미지를 생성하며, 날카롭고 확대 가능한 그래픽을 만들어준다. 이 스타일을 강화하기 위해 디자인 분야에서 일반적으로 사용되는 키워드를 추가하는 것이 중요하다.

prompt a minimalist cat silhouette in vector art style, flat, graphic vector art --v 6.0

로우 폴리(Low poly) 스타일

로우 폴리 스타일은 간단하고 기하학적인 형태로 구성된 3D 이미지를 특징으로 한다. 이 스타일은 특히 저해상도 게임, 그래픽 디자인 및 애니메이션에서 많이 사용된다.

prompt a low poly fox in a forest --v 6.0

글리치 아트(Glitch art) 스타일

디지털 이미지에 의도적 오류를 도입하여 왜곡되고 다른 세상 같은 효과를 만들어내는 스타일로, 디지털 왜곡, 색상 변형, 노이즈 및 기타 시각적 이상을 포함하여 독특하고 강렬한 시각적 충격을 준다.

prompt a glitch art portrait of a woman --v 6.0

사이버펑크(Cyberpunk) 스타일

사이버펑크는 고도로 발전된 기술과 디스토피아적 세계관을 묘사하는 스타일로, 종종 어두운 도시 배경, 네온사인, 사이버네틱스, 미래 지향적인 요소들을 포함한다. 사이버펑크는 현대 기술과 인간 사회의 복잡한 관계를 탐구하며, 기술 발전이 가져오는 사회적, 윤리적 문제들을 시각적으로 표현한다.

prompt a cyberpunk cityscape with neon lights and advanced technology --v 6.0

팝 아트(Pop art) 스타일

팝 아트는 대중 문화와 대중 매체의 이미지를 특징으로 하는 예술 스타일로, 광고, 만화, 일상용품 등에서 영감을 받아 대중 문화의 요소를 예술 작품으로 승화시킨다. 팝 아트는 종종 밝고 강렬한 색상, 반복적인 패턴, 그리고 명확하고 두드러진 라인으로 표현되기도 한다.

prompt a pop art portrait of a celebrity with bright colors and bold outlines --v 6.0

prompt vibrant pop art style portrait, bold primary colors, ben-day dots pattern, comic book inspired, thick black outlines, flat color blocks, andy warhol influence, roy lichtenstein aesthetic, 1960s retro feel, high contrast, screen printing effect, iconic cultural symbol, repeated motifs, ironic and playful mood --v 6.0

분위기(Mood) 스타일

분위기 스타일은 특정 예술 스타일 외에도 이미지의 전반적인 감정과 분위기를 조정할 수 있는 프롬프트 요소이다. "Ethereal(몽환적인)", "Moody(음울한)", "Vibrant(생동감 있는)" 등의 단어를 사용하여 이미지의 감성적 톤을 설정할 수 있다. 이러한 스타일은 색상, 조명, 구도에 영향을 미치며, 여러 스타일을 조합하거나 특정 예술 스타일과 함께 사용하여 더욱 복잡하고 독특한 이미지를 만들어 낼 수 있다. 또한, 분위기 스타일을 활용하면 사용자가 원하는 정확한 감성과 분위기를 이미지에 효과적으로 담아낼 수 있어, 더욱 다양하고 섬세한 시각적 표현이 가능해진다.

어두운 분위기(Moody) 스타일

이 스타일은 어두운, 무거운, 그리고 대기적인 느낌을 가지고 있다. 대부분 짙은 색조와 깊은 그림자를 사용하여 감정적이고 강렬한 분위기를 조성한다.

prompt a moody landscape with dark clouds and a stormy sea --v 6.0

prompt moody comic book style illustration of a panda --v 6.0

감정적인(Evocative) 스타일

특정 예술 스타일뿐만 아니라 감정적이고 생각을 자극하는 시각적 이미지를 생성할 수도 있다. 생생한 색상, 강렬한 표현, 또는 상징적인 요소를 사용하여 감정을 자극하고 깊은 인상을 남긴다.

prompt an evocative landscape with a lone tree on a hill at sunset --v 6.0

마법적 사실주의 (Magical realism) 스타일

현실적인 요소와 환상적인 요소를 결합하여 신비롭고 초현실적인 이미지를 생성하는 스타일로, 현실 속에 마법적인 요소를 자연스럽게 통합하여, 일상적인 세계를 더욱 매력적이고 신비롭게 표현한다.

prompt a magical realism landscape with floating islands and glowing flowers --v 6.0

prompt magical realism scene, old library with books floating mid-air, ivy growing from ancient tomes, window revealing impossible landscape, ordinary objects casting fantastical shadows, vintage photograph aesthetic, muted color palette with pops of vibrant hues, gabriel garcía márquez inspired, intimate lighting, hyper-detailed textures, time-worn patina, seamless blend of mundane and extraordinary --v 6.0

사진(Photographic) 스타일

사진 스타일은 현실감 있고 특정 분위기를 지닌 이미지를 생성하는 데 중요한 프롬프트 요소이다. 음식 사진, 에디토리얼 사진, 스튜디오 사진, 상업 사진, 풍경 사진, 스트리트 사진 등 다양한 스타일이 있으며, 각각 고유한 특징을 가진다. 예를 들어, 음식 사진은 음식의 질감과 색감을 강조하고, 에디토리얼 사진은 스토리텔링에 중점을 둔다. 그리고 스튜디오 사진은 통제된 환경에서 주제에 집중하며, 상업 사진은 제품이나 서비스를 매력적으로 표현고, 풍경 사진은 자연의 광활함을, 스트리트 사진은 도시 생활의 즉흥적인 순간을 포착하여 사용자의 창작 의도를 효과적으로 실현할 수 있다.

인물 사진(Portrait photography) 스타일

이 스타일은 개인이나 그룹의 본질과 개성을 포착하는 데 중점을 둔다. 단순히 얼굴을 촬영하는 것이 아니라, 사람의 표정과 태도를 통해 이야기를 전달하는 것이 목적이다.

prompt a portrait of a young woman with expressive eyes and a serene background --v 6.0

풍경 사진(Landscape photography) 스타일

자연 및 인공 환경의 아름다움을 포착한다. 풍경 사진은 웅장한 산맥부터 번화한 도시 경관까지, 세상의 웅장함을 보여주는 목적이 있다.

prompt a breathtaking landscape with majestic mountains and a serene lake at sunrise --v 6.0

정물 사진(Still life photography) 스타일

무생물 피사체를 대상으로 하며, 종종 신중하게 구성된 배열을 통해 촬영한다. 일상 사물의 아름다움과 중요성을 강조하는 목적이 있다.

prompt a still life composition with vibrant fruits and flowers on a rustic table --v 6.0

놀링 사진(Knolling photography) 스타일

놀링 사진은 물체(도구)를 체계적이고 정돈된 방식으로 배열하여 촬영하는 독특한 사진 기법으로, 정돈된 미학과 체계적인 구성을 통해 시각적 명확성과 아름다움을 동시에 추구한다. 이는 복잡한 개념을 단순화하거나 제품의 구성 요소를 명확하게 보여주는 데 특히 효과적이다.

prompt a knolling arrangement of kitchen utensils and ingredients on a clean surface --v 6.0

자연 사진 (Nature photography)

식물과 동물, 계절 변화 및 날씨 패턴을 포함한 자연 세계의 아름다움을 표현한다.

prompt a serene nature scene with blooming flowers and a clear blue sky --5:4 --v 6.1

야생 동물 사진 (Wildlife photography)

동물들이 자연 서식지에서 보여주는 행동, 상호작용, 그리고 그들이 서식하는 환경을 포착한다.

prompt a majestic lion in its natural habitat, showcasing its regal demeanor --ar 5:4 --v 6.1

도시 풍경 (Cityscape photography)

건축적 경이로움과 도시 생활의 활기를 강조하며, 도시의 모든 아름다움을 포착한다.

prompt a bustling cityscape with skyscrapers and busy streets at sunset --ar 5:4 --v 6.1

천문 사진 (Astro photography)

별이 빛나는 밤 하늘에서부터 경이로운 행성 이벤트에 이르기까지, 천체에 초점을 맞춘다.

prompt a starry night sky with the milky way and shooting stars --ar 5:4 --v 6.1

마이크로 사진 (Macro photography)

작은 주제의 섬세한 디테일을 드러내며, 눈에 보이지 않는 미세한 부분을 확대하여 표현한다.

prompt macro photography of a moth in flight, water droplets flying through the air, highly detailed, high-speed photography, cinematic --ar 5:4 --v 6.1

항공 사진 (Aerial photography)

창공을 날으는 새의 시각으로 풍경과 대상을 포착하며, 종종 드론을 통한 신선한 시각을 제공한다.

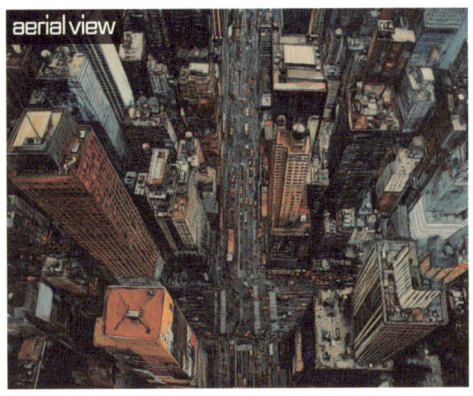

prompt an aerial view of a bustling cityscape with tall --ar 5:4 --v 6.1

수중 사진 (Underwater photography)

해양 생물과 수중 풍경의 경이로움을 보여주며, 종종 보이지 않는 세상을 드러낸다.

prompt an underwater scene with vibrant coral reefs and diverse marine life --ar 5:4 --v 6.1

스트리트 사진 (Street photography)

자연스러운 도시 생활의 순간 포착부터 거리에서 펼쳐지는 다양한 이야기를 담아낸다.

prompt a candid street photo capturing a busy marketplace in daily activities --ar 5:4 --v 6.1

고속 사진 (High-speed photography)

운동의 본질을 포착하여 인간의 눈에 감지되지 않는 속도에서 보이지 않는 세계를 표현한다.

prompt a high-speed photo of a water droplet hitting a surface, a splash in vivid --ar 5:4 --v 6.1

이중 노출 (Double exposure)

두 개 이상의 이미지를 겹쳐서 결합하여 초현실적이고, 꿈 같은 구성을 창의적으로 표현한다.

prompt a double exposure photograph forest with a silhouette of a woman --ar 5:4 --v 6.1

포토그램 (Photogram)

빛에 민감한 종이에 물체를 배치하고 빛에 노출시켜 창의적인 이미지를 표현한다.

prompt rgb photogram of a mouse --ar 5:4 --v 6.1

증기파크 (Steampark)

스팀펑크와 테마파크의 요소를 결합하여 기계적이고 환상적인 분위기를 연출한다.

prompt victorian steampark with mechanical rides and whimsical atmosphere --ar 5:4 --v 6.1

예술적인 느낌 제대로 살리기

미드저니에서 원하는 예술적인 느낌을 제대로 살리기 위해서는 다양한 요소들이 필요하다. 이는 단 하나의 단어로도 작품의 방향을 바꿀 수 있지만, 정확한 결과를 얻기 위해서는 더 세밀한 접근이 필요하다. 다음은 그 몇 가지 전략이다.

프롬프트 강화하기 단순히 스타일 묘사어를 추가하는 대신, 관련 용어들을 포함시키면 미드저니가 더 정확하게 인식할 수 있다. 예를 들어, '초현실적' 대신 '꿈의 풍경'이나 '떠다니는'과 같은 용어를 사용한다.

비율 실험하기 일부 스타일, 특히 파노라마 풍경은 넓은 프레임 형태가 더 적합할 수 있다. 넓은 뷰를 원할 경우, '--ar 16:9'를 사용할 수 있다.

아티스트 참고하기 피카소와 같은 아티스트를 언급하여 큐비즘 스타일을 얻을 수 있다. 또한, 달리와 마그리트를 조합하여 독특한 혼합 결과를 얻을 수도 있다.

코어 미학 스타일 묘사어(특정 문화, 분위기 등)에 'core'를 추가하여 미드저니의 감각을 강화할 수 있다. 예를 들어, flowercore, bubblecore, punkcore, ghostcore, dragoncore, naturecore와 같은 코어 미학을 사용해 본다.

조명(Lighting) 스타일

조명은 미드저니에서 이미지의 분위기와 효과를 크게 향상시키는 중요한 요소이다. 자연광, 스튜디오 조명, 백라이트, 렘브란트 조명, 하이키, 로우키, 황금시간 조명, 파라볼릭 조명 등 다양한 조명 스타일이 있으며, 각각 고유한 특성과 효과를 가진다. 예를 들어, 자연광은 부드럽고 자연스러운 분위기를 만들고, 로우키 조명은 극적이고 분위기 있는 효과를 표현한다. 또한, 황금시간 조명은 따뜻하고 로맨틱한 분위기를 연출하며, 스튜디오 조명은 전문적이고 정교한 이미지를 만든다. 프롬프트에 원하는 조명 스타일을 명시함으로써, 사용자는 자신의 창작 의도에 가장 적합한 분위기와 효과를 가진 이미지를 생성할 수 있다.

볼류메트릭 조명(Volumetric lighting) 스타일

공간 내의 물체와 빛이 상호작용하는 방식을 시뮬레이션하여 깊이와 현실감을 부여한다. 이 조명은 주로 풍경 촬영에 사용되며 대기 조건과 결합하면 더욱 향상된 표현을 얻을 수 있다.

prompt forest with volumetric light, god rays filtering through the trees, creating a scenic lighting effect --v 6.1

prompt a breakfast scene bathed in gentle morning volumetric sunlight Include delicious chocolate muffins with a golden-brown top and molten chocolate chips, placed near a bowl of crispy breakfast --v 6.1

시네마틱 조명(Cinematic lighting) 스타일

이 조명은 영화나 드라마 장면을 연상케 하는 드라마틱하고, 시각적으로 매력적인 이미지를 생성하는 데 사용된다. 글로벌 일루미네이션(Global illumination), 영화적 조명(Cinematic light), 삼점 조명(Three-point lighting) 등의 키워드를 사용할 수 있다.

prompt cityscape photography of romantic couple kissing in paris, eiffel tower in background, cinematic lighting --v 6.1

언리얼 엔진 조명(Unreal engine lighting) 스타일

이 조명 스타일은 비디오 게임이나 기타 가상 환경에서 현실적이고 몰입감 있는 이미지를 생성하는 데 자주 사용된다.

prompt a futuristic cityscape with unreal engine lighting, ray tracing, neon glow, and artificial lights --v 6.1

인물 조명(Portrait lighting) 스타일

사물을 비추는 주광원으로 사용되며, 주로 피사체의 얼굴을 밝히는 데 주로 사용된다. 이 조명 스타일은 피사체의 얼굴을 강조하고, 인물의 특징과 감정을 더욱 돋보이게 하며, 다양한 분위기와 효과를 연출하기 위해 여러 유형의 조명을 사용할 수 있다.

prompt a portrait of a woman with bright natural sunlight and soft lighting, high saturation --v 6.1

Portrait Lighting의 세부 표현

- **어두운 조명 (dim dark lighting)** 은은한 빛으로 피사체를 강조하며, 어두운 배경에서 주로 사용된다.
- **밝은 자연광 (bright natural sunlight)** 자연스러운 태양광으로 피사체를 밝게 비추며, 따뜻하고 생동감 있는 이미지를 표현한다.
- **뒤에서 비추는 빛 (light behind)** 피사체 뒤에서 빛을 비추어 실루엣 효과를 연출하거나 배경을 강조한다.
- **드라마틱 조명 (dramatic lighting)** 강한 명암 대비를 사용하여 피사체의 감정과 분위기를 극적으로 표현한다.
- **고채도 (high saturation)** 색상이 강하고 선명하여, 화려하고 강렬한 이미지를 표현한다.
- **고대비 (high contrast) 및 매우 밝은 조명 (very bright)** 밝고 선명한 이미지로, 피사체의 디테일과 선명함을 강조한다.
- **부드러운 조명 (soft lighting)** 부드럽고 은은한 빛으로 피사체를 자연스럽게 표현하며, 특히 피부 결을 아름답게 표현한다.

역광(Backlighting) 스타일

피사체를 뒤에서 비추어 깊이감과 신비감을 연출하는 조명으로, 피사체의 실루엣을 강조하고 배경과의 대비를 통해 더욱 드라마틱한 효과를 표현할 수 있다. 또한, 피사체의 가장자리에 빛나는 림 조명(Rim lighting)효과를 추가하여 입체감을 강화할 수 있다.

prompt beautiful dear running in a magical forest, wildlife photography, rim lighting, backlighting --v 6.1

주변 조명(Ambient lighting) 스타일

앰비언트 조명은 이미지 전체에 일반적인 조도를 제공하여 균형 잡힌 빛을 연출하는 조명 스타일로, 이미지의 전체적인 분위기를 설정하고, 특정 부분에 과도한 그림자가 생기지 않도록 한다. 특히, 실내 촬영이나 균일한 빛을 필요로 하는 장면에서 유용하다.

prompt a cozy living room with ambient lighting, creating a warm and inviting atmosphere --v 6.1

스튜디오 조명(Studio lighting) 스타일

전문적인 촬영 환경에서 사용하는 균형 잡힌 조명으로, 피사체를 고르게 비춰준다.

prompt steak grilling on top view plate on dark wood table and knife, in the style of gourmet food studio studio lighting, refined aesthetic sensibility, food photography, shaped canvas, fine lines, delicate --v 6.1

스포트라이트(Spotlight) 스타일

특정 피사체나 영역에 집중된 빛을 비추어 그 부분을 강조하는 조명 스타일로, 무대나 사진 촬영에서 특정 인물이나 사물을 부각시키기 위해 자주 사용된다. 스포트라이트 조명은 피사체의 디테일을 돋보이게 하고, 주변 환경과의 대비를 통해 시각적인 흥미를 더할 수 있다.

prompt a product shot in a studio with spotlight and fill lighting, highlighting the product's details --v 6.1

황금 시간대(Golden hour) 스타일

일출과 일몰 직전과 직후의 부드럽고 따뜻한 자연광을 활용한 조명 스타일로, 장면을 따뜻하고 낭만적으로 만들며, 부드러운 그림자와 고른 빛 분포로 인해 인물 및 풍경 사진에 매우 인기가 있다.

prompt a couple walking on the beach during golden hour, long shadows, the sun setting in the background creating a warm glow --v 6.1

카메라 앵글 및 렌즈(Camera angles & Lens) 스타일

카메라 앵글과 렌즈는 미드저니에서 이미지를 구성할 때 중요한 역할을 하며, 다양한 감정과 효과를 창출하는 데 사용된다. 카메라 앵글을 사용하여 관객의 시선을 유도하고, 깊이감을 부여하며, 이미지의 다양한 요소를 강조할 수 있다. 아이 레벨 샷, 하이 앵글, 로우 앵글, 버즈아이 뷰, 더치 앵글, 오버 더 숄더 샷, 클로즈업 등 다양한 앵글이 있으며, 각각 고유한 효과를 가진다. 프롬프트에 원하는 카메라 앵글을 명시함으로써, 사용자는 자신의 창작 의도에 가장 적합한 구도와 효과를 가진 이미지를 생성할 수 있으며, 이를 통해 관객의 시선을 유도하고, 깊이감을 부여하며, 이미지의 특정 요소를 강조하는 등 더욱 효과적이고 강력한 시각적 표현이 가능해진다.

하이 앵글(High angle) 스타일

위에서 아래로 피사체를 내려다보는 앵글로, 이 유형의 샷(Shot)은 피사체를 작고 중요하지 않게 보이게 하거나 규모감을 보여줄 때 사용될 수 있다. 예를 들어, 많은 사람들의 군중이나 광활한 풍경을 보여주기 위해 높은 앵글 샷을 사용할 수 있다. 비슷한 효과를 얻기 위해 와이드 앵글, 와이드 앵글 샷, 와이드 퍼스펙티브, 파노라마 샷, 울트라 와이드 앵글, 익스트림 와이드 샷, 롱 샷, 익스트림 롱 샷, 또는 파 샷을 사용할 수 있다.

prompt a bustling city square seen from a high angle, capturing the movement and scale of the crowd --v 6.1

prompt a high-angle view of an ancient castle on a cliff, with detailed stone walls and turrets, the surrounding landscape bathed in golden hour light, showing the contrast between the old structure and the natural beauty around it --v 6.1

로우 앵글(Low angle) 스타일

카메라를 피사체 아래에 배치하여 피사체를 아래에서 위로 바라보는 각도로 촬영하는 기법으로, 피사체를 강력하고 위협적으로 보이게 하며, 경외감과 놀라움을 줄 수 있다. 예를 들어, 높은 마천루나 거대한 산을 보여줄 때 효과적이다.

prompt a low-angle shot of a towering skyscraper with reflective glass windows, set against a clear blue sky, capturing the height and grandeur of the building --v 6.1

아이 레벨 샷(Eye level shot) 스타일

피사체의 눈 높이에서 촬영하는 기법으로, 관객과의 친밀감과 연결감을 창출하고, 피사체의 시점을 보여주거나 인물의 감정을 강조하는 데 효과적이다.

prompt an eye-level shot of two friends having a conversation at a cozy coffee shop, with warm lighting and a background filled with coffee cups and pastries, emphasizing their connection and conversation --v 6.1

더치 앵글(Dutch angle) 스타일

카메라를 축에 따라 기울여 촬영하는 기법으로, 불안감이나 혼란스러움을 전달하는 데 효과적이다. 위험에서 도망치는 사람이나 혼란과 혼돈의 장면을 표현할 때 더치 앵글 샷을 사용할 수 있다.

prompt a dutch angle shot of a person running away from danger in a dark alley, with shadows of urgency and fear --v 6.1

prompt a dutch angle shot of a vintage blue car chase, high-speed photography --v 6.1

조감도(Bird's-eye view) 스타일

위에서 아래로 바라보는 시점의 샷으로, 넓은 영역을 보여주거나 장면 내의 다양한 요소 간의 관계를 설명하는 데 사용된다. 특히, 건축(도시)에 관한 프로젝트에서 많이 사용된다.

prompt a bird's-eye view of a vast park with winding paths, lush greenery, and people enjoying their day, creating a serene and expansive scene --v 6.1

항공 뷰(Aerial view) 스타일

피사체 바로 위에서 촬영한 샷으로, 큰 면적을 보여주거나 장면 내 요소 간의 관계를 나타내는 데 사용된다. 이 샷은 드론, 위성, 혹은 높은 곳에서 촬영한 이미지로 널리 활용된다.

prompt an aerial view of a forest during autumn, the trees displaying a variety of colors --v 6.1

백 앵글(Back angle) 스타일

피사체 뒤에서 촬영되는 샷으로, 피사체의 얼굴을 볼 수 없기 때문에 신비로움이나 긴장감을 조성하는 데 사용할 수 있다. 또한, 피사체의 신체 언어를 보여주거나 배경을 강조하는 데도 유용하다.

prompt a back angle of an explorer walking through a mystical forest, surrounded by towering trees and glowing plants, creating a sense of adventure and mystery --v 6.1

어안 렌즈(Fisheye lens) 스타일

물고기 눈과 닮았다 하여 붙여진 이름으로, 180도 이상의 시야를 캡처하여 왜곡된 이미지를 생성한다. 독특하고 예술적인 효과를 표현할 수 있다. 360도 뷰와 유사한 이미지를 얻을 수 있다.

prompt a cityscape with towering skyscrapers, fisheye lens, dramatic perspective --v 6.1

광각 렌즈(Wide-angle lens) 스타일

넓은 시야를 캡처하며, 풍경 사진이나 건축 사진에 적합하다. 광각 렌즈의 가장 큰 특징은 배경과 피사체까지 또렷하게 표현된 이미지를 만들어 준다.

prompt a serene beach scene captured with a wide-angle lens, gentle waves, golden sand, sunrise light --v 6.1

망원 렌즈(Telephoto lens) 스타일

먼 거리의 대상을 확대하여 촬영할 수 있으며, 야생동물 사진 등에 주로 사용된다. 사물에 포커스가 맞춰지기 때문에 배경이 흐릿한 아웃포커싱 효과를 얻을 수 있다.

prompt a giraffe in the savannah, telephoto lens, golden hour lighting --v 6.1

보케(Bokeh) 스타일

보케는 사진에서 렌즈의 품질에 의해 결정되는 흐림 효과를 말한다. 주로 배경이나 전경의 빛이 부드럽게 흐려져, 피사체가 돋보이도록 해준다. 보케 효과는 특히 인물 사진, 매크로 사진, 야경 사진 등에서 많이 사용된다.

prompt a city skyline at night with colorful bokeh lights, sharp focus on the buildings --v 6.1

프레이밍 워드(Framing words): 기본 카메라 각도 외에도 보다 창의적인 각도를 시도해 볼 수 있다. 예를 들어, 거꾸로 된 샷(Upside-down shot)이나 극단적으로 좁은 각도 샷(Extreme narrow-angle shot) 같은 것을 사용할 수 있으며, 또한 다른 조명 및 구성 기법과 카메라 각도를 결합하여 더욱 멋진 이미지를 만들 수도 있다. 다양한 카메라 각도와 샷 유형을 실험해 보고, 어떤 결과가 나오는지 테스트해 보자. 다음 그림의 예시처럼, 극단적인 클로즈업(Extreme close-up), 클로즈업(Close-up), 중간 클로즈업(Medium close-up), 중간 샷(Medium shot) 및 풀 샷(Full shot) 등을 시도해 볼 수 있다.

prompt full-body portrait of a fictional prisoner, standing against a height measurement chart on the wall behind, wearing black and white striped prison uniform, neutral gray background, harsh frontal lighting, stoic expression, holding prison number placard, ultra-realistic detail, high contrast, 4K resolution, straight-on camera angle, institutional setting, handcuffs visible, prison-issued shoes, shaved head, muscular build, tattoos visible on arms, gritty atmosphere, clear height markings visible from floor to above head level, metric and imperial measurements on chart --v 6.1

prompt extreme close-up of an eye with intense emotion, detailed iris, tears reflecting light, capturing raw emotion and depth --v 6.1

prompt close-up of a smiling woman, soft focus on her face, natural light highlighting her features, capturing warmth and happiness --v 6.1

prompt medium close-up of a man reading a book, focus on his thoughtful expression, dimly lit room with warm tones, highlighting concentration and calm --v 6.1

prompt medium shot of a businesswoman standing confidently in an office, professional attire, background showing a cityscape through large windows, capturing ambition and determination --v 6.1

prompt full body shot of a dancer in mid-air, vibrant outfit, dynamic pose, studio background with soft lighting, capturing grace and movement --v 6.1

prompt close-up of a runner's legs in motion, muscles tensed, dusty trail beneath, sun setting in the background, capturing strength and speed --v 6.1

모방을 통한 창작: 스타일 프롬프트 활용

06-3 이상적인 프롬프트 작성법: 쇼튼 활용

이전 학습에서는 선택한 이미지에 단어를 추가할 수 있는 명령어와 다양한 예술적, 조명 및 카메라 앵글 스타일이 이미지를 향상시킬 수 있는 방법에 대해 살펴보았다. 이번 학습에서는 "/shorten" 명령을 활용하여 이러한 요소를 결합하고, 프롬프트에 효과적인 키워드를 식별하는 방법에 대해 살펴볼 것이다.

미드저니의 쇼튼 명령어는 매우 흥미로운 기능이다. 미드저니를 처음 사용할 때, 프롬프트를 어떻게 작성해야 하는지에 대한 정보나 방법에 대해 많이 서툴기 마련이다. 이럴 때 초보자는 종종 지나치게 길고 상세한 설명을 작성하게 되는데, 모든 세부 사항을 제공하는 것이 중요하다고 생각하고, 또 미드저니가 이런 모든 문장(키워드)을 이해할 것이라고 믿기 때문이다.

그러나 프롬프트에 너무 많은 정보를 제공하면, 더 복잡하고 때로는 원치 않은 결과로 이어질 수 있다는 것, 즉 지나치게 긴 프롬프트는 미드저니가 많은 정보를 빼버리는 경우가 빈번하다는 것이다. 이것이 바로 이번에 학습할 쇼튼 명령어가 필요한 이유이다. 이 명령어는 중요한 단어를 강조하고 생략할 수 있는 부분을 제안하여 프롬프트를 최적화하는 데 도움이 되도록 한다.

쇼튼 명령을 사용하기 위해 다음과 같이 긴 프롬프트(우주에서 바나나를 잡는 원숭이)를 준비해 보자.

예시 프롬프트 a little monkey, clad in an astronaut suit, gracefully drifts through the cosmos. her helmet, a mirror to the galaxy, sparkles with the vibrant stars of the milky way. she's on a whimsical quest to catch flying bananas, darting past her in a dazzling array of colors. her spacesuit, whimsically adorned with bunny ears and a fluffy tail, is complemented by a jetpack shaped like a colossal banana. in the backdrop, futuristic spaceships glide silently, their engines casting an ethereal glow against the void. the bunny astronaut, with determination and wonder in her eyes, reaches for the bananas, all while being mesmerized by the breathtaking view of the sprawling galaxy before her. the scene is a blend of vibrant colors, high detail, and a touch of hyper-realism, capturing the essence of cinematic futurism and photorealism

이제 이 프롬프트에서 ❶[/] - [/shorten] 명령어를 선택한 후, 위의 ❷[긴 문장을 입력(복붙: Ctrl+C, Ctrl+V)]한다. 그다음 ❸[엔터] 키를 눌러 쇼튼이 실행되도록 한다.

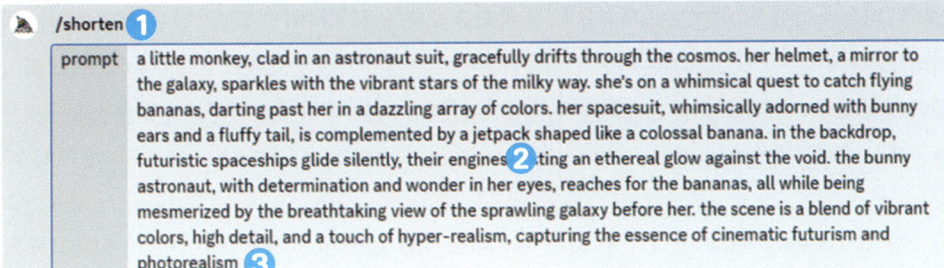

그러면 그림처럼 프롬프트를 검토한 메시지 창이 나타난다. 이 메시지에는 중요한 토큰과 다섯 개의 간략화된 프롬프트 목록(생성할 프롬프트 선택 버튼)이 포함되어 있다. 여기서 "중요한 토큰(Important tokens)"에서는 몇몇 단어들이 굵게 표시되어 있는데, 이 단어들을 프롬프트에서 가장 중요한 토큰으로 이해하면 된다. 반면, 취소선이 그어진 단어들은 미드저니가 중요하지 않다고 여기는 단어들이다. [Show Details] 버튼을 눌러, 중요한 토큰의 역할과 그밖에 이해해야 할 것들에 대해 알아보자.

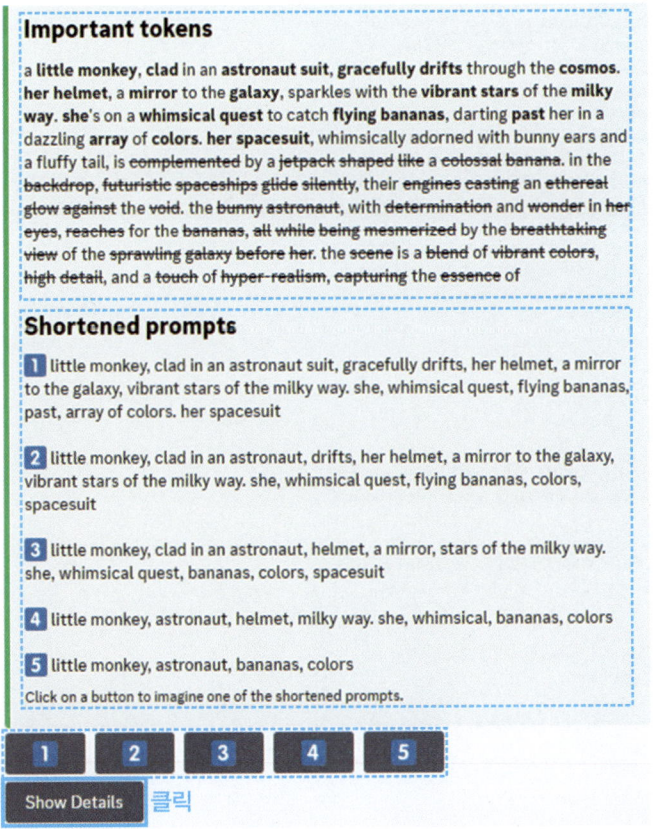

이상적인 프롬프트 작성법: 쇼튼 활용

그러면 다음과 같이 "중요한 토큰(키워드)", "덜 중요한 토큰"을 분석하여 프롬프트를 단축할 수 있는 데이터를 보여준다. 이 정보를 통해 어떤 단어들이 프롬프트에서 가장 중요한 역할을 하는지, 어떤 단어들이 불필요한지를 파악할 수 있기 때문에, 향후 프롬프트 작성 시 더 효율적이고 명확한 프롬프트를 작성하는 데 도움을 받을 수 있다.

여기에서는 "monkey (1.00)"가 가장 중요한 키워드라는 것을 알 수 있고, 대부분의 단어가 "0.00"으로 나타난다. 이것은 현재의 프롬프트에 거의 또는 전혀 기여하지 않으며, 미드저니에 의해 무시될 가능성이 높음을 의미하는 것이다. 요약하면, 모든 단어중 프롬프트에서 18개만이 어떤 가치를 지니고 있으며, 그 중 "bunny", "little", "colors" 3개만이 실제로 중요한 역할을 한다는 것이다. 확인해 보기 위해 중간 정도를 함축된 [3번] 프롬프트를 클릭해 보자.

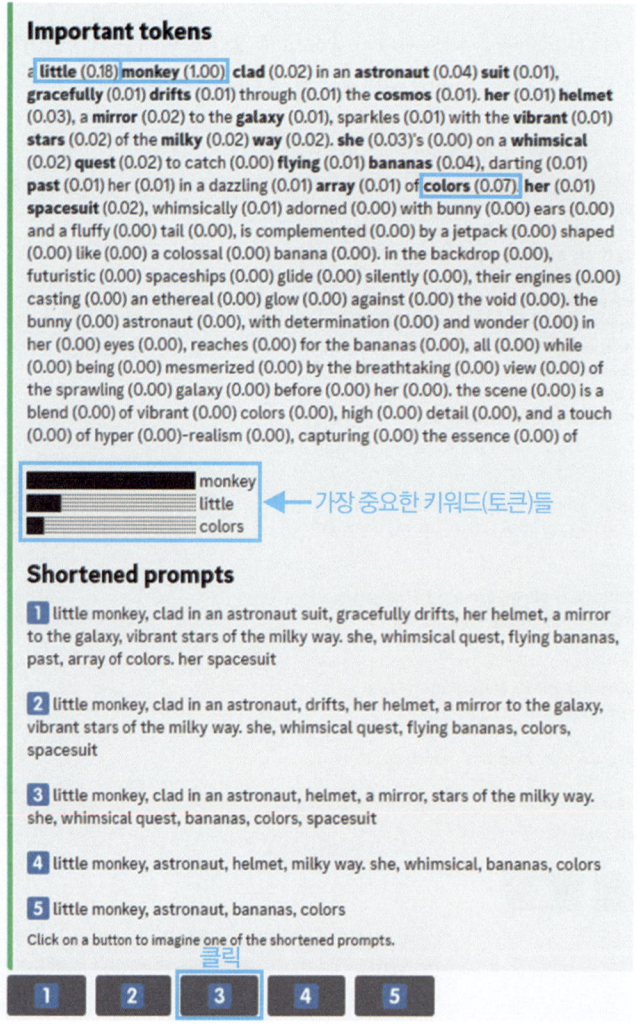

프롬프트 편집 창이 열리면, 수정 없이 [전송] 버튼을 눌러 이미지를 생성해 보자.

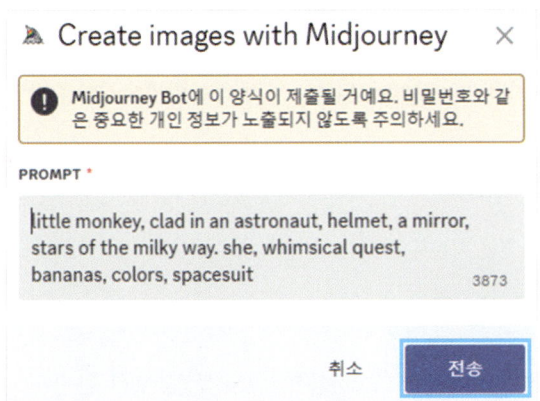

다음 그림은 원본 프롬프트로 생성된 이미지(좌측)와 쇼튼 명령을 통해 축소된 3번 프롬프트의 결과물(우측)이다. 비교해 보면 축소된 프롬프트는 원래 프롬프트의 일반적인 미적 감각을 유지했지만, 일부 비효율적인 단어들이 제거되면서 몇 가지 미묘한 차이점(불필요한 토끼 귀)은 사라졌다. 이 예시를 통해, 원래 프롬프트의 핵심 요소(토큰)가 유지되면서도 프롬프트가 간결해지는 과정을 확인할 수 있다.

원본 프롬프트 결과물   쇼튼을 통해 축소된 프롬프트 결과물

이것으로 생성된 이미지들의 결과가 유사하며, 처음에 가졌던 정보의 양이 불필요했음을 확인할 수 있다. 사실 필자가 의도했던 것은 "우주에서 날아다니는 바나나를 잡는 원숭이" 이미지였다. 여기서 중요

이상적인 프롬프트 작성법: 쇼튼 활용

한 것은 프롬프트가 처음부터 더 일관성 있게 구성되어야 한다는 것이다. 본질적으로, 쇼튼 명령어는 미드저니가 프롬프트를 어떻게 해석하는지 이해하는 데 도움을 주는 가이드 역할을 한다는 것, 이는 어떤 단어가 영향력이 있는지, 어떤 단어가 불필요한지에 대한 명확한 시각을 제공하는 것이다. 그러나 프롬프트 구성에 대한 최종 결정은 여전히 사용자의 몫이며, 원하는 미적 요소와 세부 사항은 반영되도록 해야 한다는 것이다.

챗GPT 확장 도구로 미드저니 프롬프트 생성하기

쇼튼 명령어의 중요성과 유용성을 이해한 후, 챗GPT의 활용은 이상적인 프롬프트 작성을 위한, 한 단계 더 발전시킬 수 있는 방법이다. 챗GPT 자체로도 미드저니 전용 프롬프트를 생성할 수 있지만, 확장 프로그램에서 제공되는 다양한 미드저니 관련 도구를 통해 해당 과정을 더욱 간소화할 수 있다.

챗GPT 확장 프로그램을 사용하기 위해 챗GPT 좌측 상당의 ❶[GPT 탐색] 메뉴를 선택한 후, 검색기에 ❷[미드저니]를 입력해 보면, 미드저니 관련 다양한 확장 프로그램이 나타난다. 예시로, ❸[미드저니 프롬프트 만드는 프롬프트]를 선택해 보자.

선택한 확장 프로그램 정보가 나타나면, 한 번 살펴본 후 [채팅 시작] 버튼을 누른다. 그러면 해당 프로그램이 좌측 상단에 등록되어 언제든지 사용할 수 있다.

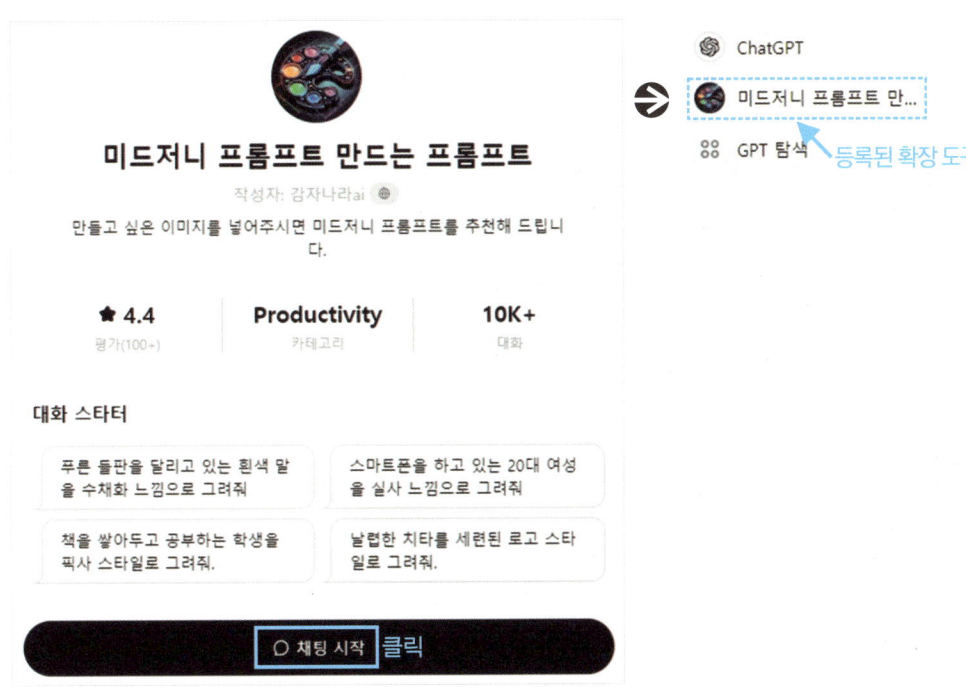

사용해 보기 위해 프롬프트에 ❶[하늘을 훨훨 날아 다니는 검은 망토 원숭이]라고 짤막하게 ❷[질문]을 해보자. 그러면 다음과 같은 여러 개(기본적으로 5개)의 프롬프트와 주제가 생성된다. 여기에서 생성된 프롬프트 중 마음에 드는 것을 복사해서 사용하면 된다.

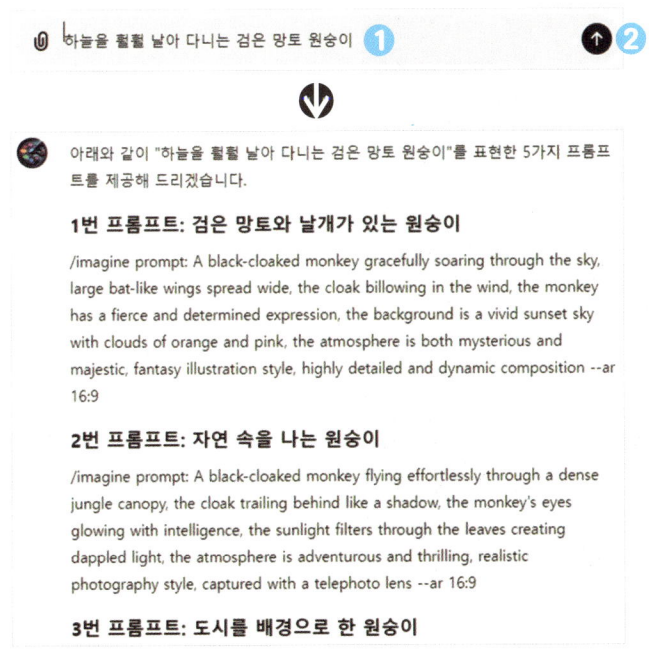

아래와 같이 "하늘을 훨훨 날아 다니는 검은 망토 원숭이"를 표현한 5가지 프롬프트를 제공해 드리겠습니다.

1번 프롬프트: 검은 망토와 날개가 있는 원숭이

/imagine prompt: A black-cloaked monkey gracefully soaring through the sky, large bat-like wings spread wide, the cloak billowing in the wind, the monkey has a fierce and determined expression, the background is a vivid sunset sky with clouds of orange and pink, the atmosphere is both mysterious and majestic, fantasy illustration style, highly detailed and dynamic composition --ar 16:9

2번 프롬프트: 자연 속을 나는 원숭이

/imagine prompt: A black-cloaked monkey flying effortlessly through a dense jungle canopy, the cloak trailing behind like a shadow, the monkey's eyes glowing with intelligence, the sunlight filters through the leaves creating dappled light, the atmosphere is adventurous and thrilling, realistic photography style, captured with a telephoto lens --ar 16:9

3번 프롬프트: 도시를 배경으로 한 원숭이

다음의 5가지 이미지들은 앞서 필자가 질문한 프롬프트 예시를 통해 생성한 결과물이다. 살펴본 것처럼 챗GPT의 다양한 확장 프로그램을 사용하면, 사용자들은 창의성의 경계를 넓히고, 더 효율적인 이미지를 만들 수 있는 기회를 제공 받을 수 있다는 것을 알 수 있다.

prompt a black-cloaked monkey gracefully soaring through the sky, large bat-like wings spread wide, the cloak billowing in the wind, the monkey has a fierce and determined expression, the background is a vivid sunset sky with clouds of orange and pink, the atmosphere is both mysterious and majestic, fantasy illustration style, highly detailed and dynamic composition --v 6.1

prompt a black-cloaked monkey flying effortlessly through a dense jungle canopy, the cloak trailing behind like a shadow, the monkey's eyes glowing with intelligence, the sunlight filters through the leaves creating dappled light, the atmosphere is adventurous and thrilling, realistic photography style, captured with a telephoto lens --v 6.1

prompt a black-cloaked monkey gliding over a modern cityscape at night, the monkey's cloak blends with the dark sky, the city lights below create a contrast of blues and yellows, the atmosphere is dark and enigmatic, cyberpunk style, highly detailed with glowing elements --v 6.1

prompt a black-cloaked monkey floating through the air, the cloak wrapped around its body, the monkey has a wise and mystical aura, the background is a night sky filled with stars and swirling magical energies, the atmosphere is otherworldly and enchanting, digital painting style, with glowing magical effects --v 6.1

prompt a black-cloaked monkey soaring high above a vast mountain range, the cloak flowing behind like a dark cloud, the monkey has a heroic and noble expression, the background is a dramatic sky with storm clouds and lightning, the atmosphere is epic and powerful, cinematic style with dramatic lighting --v 6.1

07

미드저니 설정 및 스타일 튜닝

이 파트는 미드저니에서 사용할 수 있는 다양한 사용자 옵션과 스타일 튜닝 방법에 대해 학습한다. 리믹스 모드, 개인화 설정, 스타일 코드 결합 등 다양한 기능을 활용하여 자신의 스타일을 미세하게 조정하는 방법에 대해 학습할 것이다.

프롬프트 paper art origami, norwegian forest cat, 3d model, pure white, layered paper art, highly detailed fur, made of curved paper strips, elegant posture, sitting position, realistic cat eyes, sharp ears, flowing tail, 3d paper art, minimalist background, soft studio lighting, high contrast shadows, fine art photography style, ultra high resolution, hyper-realistic texture --ar 3:4 --v 6.1

07-1 미드저니 사용자 옵션 활용

미드저니의 주요 기능 중의 하나는 사용자의 창작 과정을 고도로 제어할 수 있게 해주는 간단하지만 강력한 설정 메뉴이다. 여기에서는 미드저니의 다양한 설정법과 이를 통해 다양한 결과를 얻을 수 있는 방법에 대해 살펴볼 것이다. 또한, 미드저니 사용자 선호도를 맞춤 설정하는 방법에 대한 방법도 배우게 될 것이다. 이 과정을 통해 미드저니의 다양한 설정에 대해 종합적으로 이해하고, 이러한 설정이 예술 창작 과정에 어떻게 영향을 미치는지에 대해서도 배우게 될 것이다.

이미지 생성 환경 설정

미드저니의 "/settings" 명령어는 사용자에게 다양한 설정 옵션을 제공하여 이미지를 세밀하게 조정할 수 있게 해준다. 주요 설정으로는 다양한 MJ 모델 버전 선택, 기본 품질, 스타일화 수준, 밝기 조정, 공개/비공개 모드, Remix 모드, Fast/Relax 모드 등이 있으며, 이를 통해 사용자는 자신만의 창의적이고 만족스러운 이미지를 생성할 수 있다.

살펴보기 위해 먼저 미드저니 프롬프트에서 ❶[/]를 입력한 후, 명령어 메뉴 목록에서 ❷[/settings]를 선택한다. 이어서 설정 명령어가 적용되면 ❸[엔터] 키를 눌러 설정 창을 열어준다. 참고로 해당 명령어를 프롬프트에 직접 입력하여 실행해도 된다.

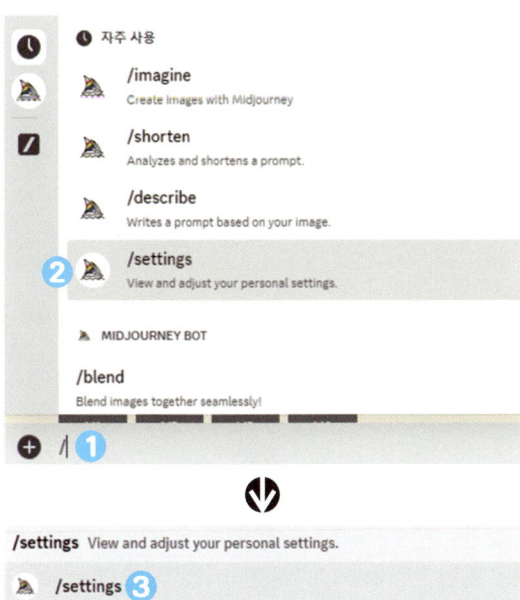

미드저니 설정 목록에서는 이미지 생성의 기본적인 측면을 제어할 수 있다. 여기에는 다양한 스타일과 기능을 제공하는 버전 선택, 이미지 해상도와 품질 설정, 예술적 스타일 적용 수준 조정, 이미지 밝기 자동 조정, 공개 또는 비공개 모드 선택, 기존 이미지 변형 기능 활성화, 그리고 이미지 생성 속도와 품질 균형 조절 등이 포함되며, 이러한 설정을 이해하고 활용하여 생성된 이미지의 품질과 구체성을 크게 향상시킬 수 있다. 참고로 옵션들은 선택한 모델 버전에 따라 달라진다.

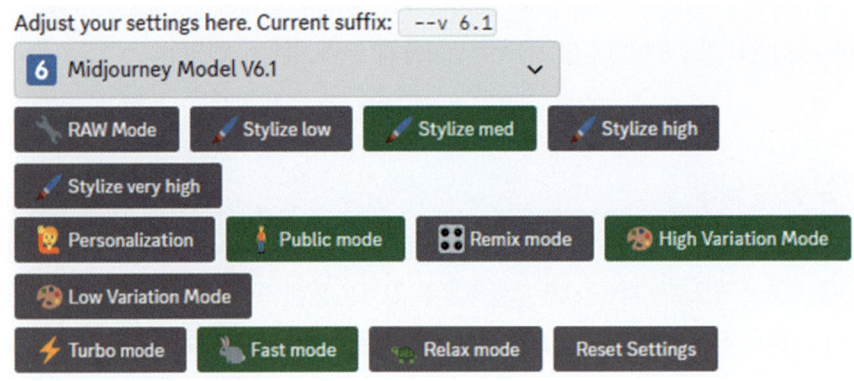

Model version selection 설정 창 맨 위쪽에서는 미드저니 모델 버전을 선택할 수 있다. 선택된 모델은 프롬프트에 자동으로 적용된다. 기본적으로 최신 모델이 사용된다.

RAW Mode 기본적으로 이미지 생성 시 AI의 스타일과 해석이 많이 가미되지 않은 원본에 가까운 이미지를 생성한다. 사용자에게 최대한의 제어를 제공하며, 버전 5.1 이상에서만 사용 가능하다.

Stylize low AI의 예술적 스타일을 최소한으로 적용하여 현실적이고 정밀한 이미지를 생성한다.

Stylize medium 중간 수준의 스타일화로, 현실성과 예술적 감각이 균형을 이루는 이미지를 생성한다.

Stylize high 높은 수준의 스타일화를 통해 더욱 창의적이고 예술적인 이미지를 생성한다.

Stylize very high 매우 높은 수준의 스타일화를 적용하여 강렬하고 독특한 예술적 이미지를 생성한다.

Personalization 사용자의 취향과 선호도에 따라 이미지를 맞춤화한다. 사용자 정의 설정과 스타일 코드를 프롬프트에 반영한다. 개인화 코드 또는 P코드라고도 한다.

Public Mode 생성된 이미지를 다른 사용자와 공유한다. 공개적으로 모든 사람이 볼 수 있다.

Stealth Mode Public 모드와 반대로 이미지가 비공개로 유지되며, 사용자 자신만 볼 수 있다. 그러나 이 비공개 기능은 개인 서버를 사용할 때만 적용되며, 프로 플랜 구독자에게만 제공된다. (필자가 표준 플랜을 사용하기 때문에 위 이미지에서는 표시되지 않았음)

Remix Mode 기존 이미지를 변형하거나 수정하여 새로운 이미지를 생성할 수 있도록 한다.

High Variation Mode 이미지 생성 시 높은 변화를 적용하여 다양한 버전의 이미지를 생성한다.

Low Variation Mode 낮은 변화를 적용하여 기본 이미지와 유사한 버전의 이미지를 생성한다.

Turbo Mode 이미지를 매우 빠르게 생성하지만, 품질은 다소 떨어질 수 있다. 이 모드에서는 작업이 최대 4배 더 빠르게 생성되지만, 구독 GPU 시간이 2배로 소모되며, 미드저니 모델 버전 5 이상에서만 사용할 수 있다.

Fast Mode 빠른 속도로 이미지를 생성하지만, 품질은 Turbo Mode보다 좋다. 속도와 품질의 균형을 맞춰준다.

Relax Mode 시간 제약 없이 이미지를 생성하며, 최상의 품질을 목표로 한다. 무한 사용이 가능하며, 시간이 더 소요되지만 품질이 높다.

Reset Settings 모든 설정을 기본값으로 초기화한다. 초기 설정값을 사용하거나 설정을 처음부터 다시 조정할 때 유용하다.

리믹스(Remix) 모드의 활용

리믹스 모드는 생성된 이미지의 변형 과정에서 프롬프트, 파라미터, 모델 버전 또는 종횡비를 변경할 수 있게 해준다. 즉, 초기 이미지를 시작으로 이러한 요소를 조정하여 변형된 새로운 이미지를 생성할 수 있다. 리믹스 모드를 사용할 때, 새로운 이미지는 시작 이미지의 일반적인 구성을 바탕으로 생성된다. 이는 주제를 발전시키거나, 설정이나 조명을 변경하거나, 복잡한 구성을 달성하는 데 특히 유용하다.

리믹스 모드는 설정 창에서 활성화/비활성화하는 방법 이외에 프롬프트에 "/prefer remix" 명령어를 사용해도 된다. 리믹스 모드가 활성화되면, 이미지 그리드 아래의 변형 버튼(V1, V2, V3, V4)의 동작이 변경된다. 이미지를 선택하고 원하는 변형 버튼을 누르면, 리믹싱 프로세스가 시작되며, 리믹스가 해제된 상태의 파란색에서 초록색 버튼으로 바뀌어 각 변형에 대한 프롬프트를 수정할 수 있음을 알 수 있게 해준다. 참고로 리믹스 모드는 업스케일된 이미지에서도 유용하게 사용된다.

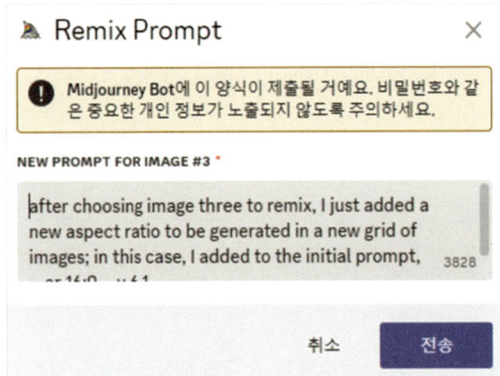

리믹스 모드에서 사용되는 리믹스 **프롬프트 편집 창**

업스케일링 후, "Low Variation Mode"를 사용하면 동일한 이미지 내에서 원하는 미묘한 변형 결과물을 얻을 수 있다. Low Variation Mode는 이미지의 전체적인 컨셉에 만족하지만 특정 측면을 수정하거나 미세한 변형을 탐구하고자 할 때 매우 유용하다. 만약, High Variation Mode와 Low Variation Mode 간의 빠른 전환을 하고자 한다면, 프롬프트에서 "/prefer variability" 명령을 사용할 수 있다.

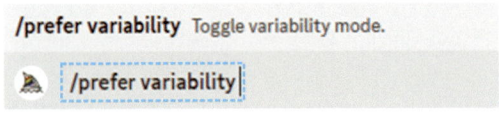

집합 명사 사용하기

이미지의 요소들을 더 잘 제어하려면 특정 숫자나 집합 명사를 사용하는 것이 좋다. 예를 들어, '토끼 두 마리 (two bunnies)' 또는 '새떼(a flock of birds)'는 단순히 '토끼들(bunnies)'나 '새들(birds)'보다 더 명확한 결과물을 생성해 준다.

07-2 사용자 선호 텍스트 요소 맞춤 설정

미드저니는 "/prefer" 명령어를 사용하여 사용자 정의 옵션을 만들 수 있다. 이 기능을 통해 자주 사용하는 파라미터, 스타일 또는 개념을 프롬프트 끝에 자동으로 추가할 수 있어 시간 절약과 일관성을 유지할 수 있다. 예를 들어, "realistic, breathtaking, cinematic, hyper-realistic, photorealistic and incredibly detailed, professional lighting, studio lighting, 100mm, photography gallery, winning photography"와 같은 용어를 자주 사용한다고 가정하여, 매번 이를 입력하는 대신 단축 코드를 만들어 보다 신속한 작업을 할 수 있다.

/prefer option 활용법: P코드 만들기

"/prefer option" 명령어를 사용하면 사용자 정의 옵션을 생성하고 관리할 수 있다. 현재 사용자 정의 옵션을 확인하려면 프롬프트에 ❶[/prefer option list]를 입력하고 ❷[Enter] 키를 누르면 된다. 현재는 등록된 리스트가 없기 때문에 "no"라고 나올 것이다.

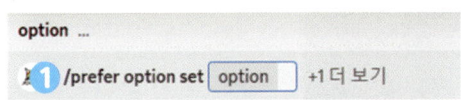

사용자(/custom) 옵션을 설정하여 프롬프트에 자주 사용하는 설정을 간편하게 추가할 수 있다. 예를 들어, 16:9 종횡비와 높은 스타일화 설정값(예: 250)을 포함하는 사용자 정의 옵션으로 만들 수 있다. 또한, 생성된 이미지에 텍스트나 문자와 같은 요소가 포함되지 않도록 설정하는 것도 포함할 수도 있다. 참고로 옵션 리스트는 최대 20개까지 사용 가능하다.

1 사용자 옵션 만들기 먼저 옵션을 만들기 위해 ❶[/prefer option set]을 입력(선택)한 후, 옵션 이름을 ❷[wallpaper]라고 입력한다. 그다음 ❸[+1 더 보기]를 클릭한 후, ❹[Vallue]를 선택한다.

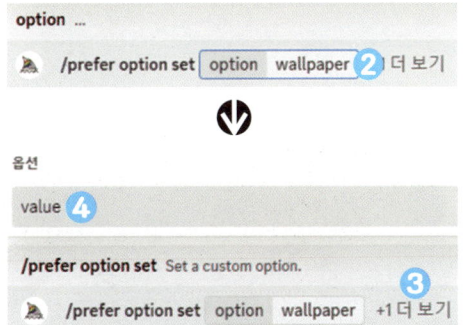

② 벨류 값은 해당 옵션(wallpaper)에서 사용되는 텍스트 요소이기 때문에 반드시 입력해야 한다. 예시로 ❶[--ar 3:4 --s 250]을 입력한 후, ❷[엔터] 키를 누른다. 그러면 해당 옵션과 벨류 값이 등록된다.

③ 이제 방금 등록된 옵션(wallpaper)을 프롬프트에서 사용해 보자. ❶[/imaginge] 명령을 실행(또는 입력)한 후, 프롬프트에 다음과 같이 입력한다. 이때 맨 끝, 접미사로 ❷[--wallpaper] 옵션을 입력한다. 그리고 ❸[엔터] 키를 누른다.

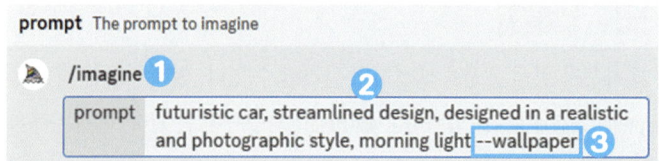

prompt futuristic car, streamlined design, designed in a realistic and photographic style, morning light --wallpaper

④ 그러면 프롬프트에 '--wallpaper'가 입력되었기 때문에 해당 옵션의 벨류 값인 '--ar 3:4 --s 250'이 적용된 이미지가 생성된다. 이렇듯 옵션을 사용하면 자주 사용하는 텍스트 요소를 간편하게 활용할 수 있다.

5 인물 사진용 옵션 만들기 이번에는 특정 컨셉 스타일의 텍스트 요소를 사용자 옵션으로 만들어 보자. [1번] 과정을 참고하여 ❶[portrait] 옵션과 ❷[hyper-realistic, detailed skin texture, professional studio lighting, 85mm, portrait photography] 벨류를 입력한 후, ❸[엔터] 키를 눌러 옵션 등록을 한다.

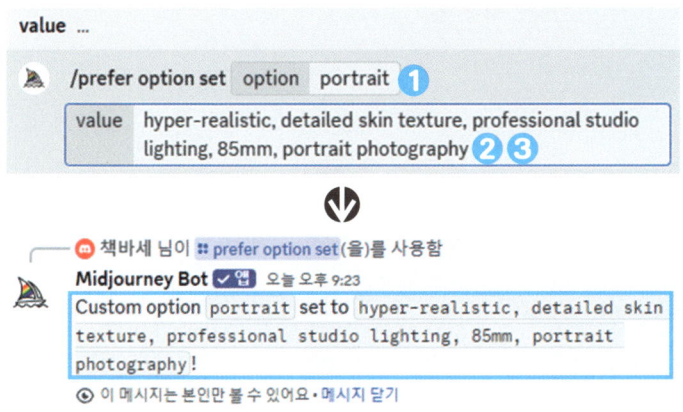

6 방금 등록한 옵션을 사용하기 위해 ❶[/imagine] 명령을 실행한다. 그리고 간단하게 ❷[a man]을 입력한 후, 뒤쪽에 ❸[--portrait] 옵션을 입력한다. 그다음 ❹[엔터] 키를 누른다.

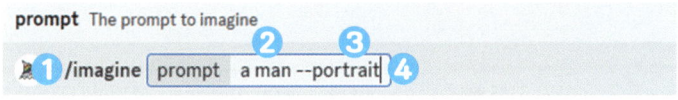

7 그러면 입력한 프롬프트(a man)가 'portrait' 옵션의 벨류(하이퍼 리얼리틱, 디테일한 피부결, 전문 스튜디오 조명, 85mm, 인물 사진) 값에 맞는 이미지가 생성되는 것을 알 수 있다.

이렇게 작업에 자주 사용되는 텍스트 요소를 옵션화하면, 각 프로젝트에 맞게 빠르게 적용할 수 있으며, 사용자만의 일관된 스타일의 이미지를 생성할 수 있다. 이러한 방법을 통해 미드저니에서의 작업 효율성을 높일 수 있다.

불필요한 /prefer 옵션 제거하기

등록된 옵션 중 불필요한 옵션을 삭제하기 위해서는 먼저 ❶[/prefer option list]를 실행 후, ❷[엔터] 키를 눌러 현재 옵션 리스트를 확인한다. 여기에서는 예시로 'wallpaper'를 삭제하기로 하자.

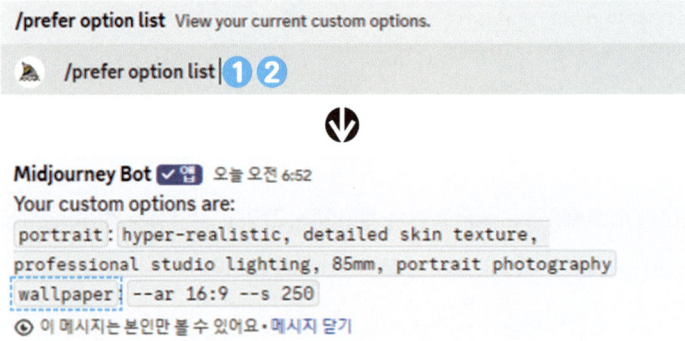

이제 옵션 리스트 중 불필요한 옵션을 삭제하기 위해 ❶[/prefer option set]을 실행한 후, 삭제하고자 하는 ❷[옵션을 선택(wallpaper)]한다. 그다음 프롬프트 뒤쪽에 ❸[delete]를 입력한 후, ❹[엔터] 키를 누르면 삭제되었다는 메시지가 뜬다. 이로써 해당 옵션은 리스트에서 제거되어 다른 옵션으로 대체할 수 있다.

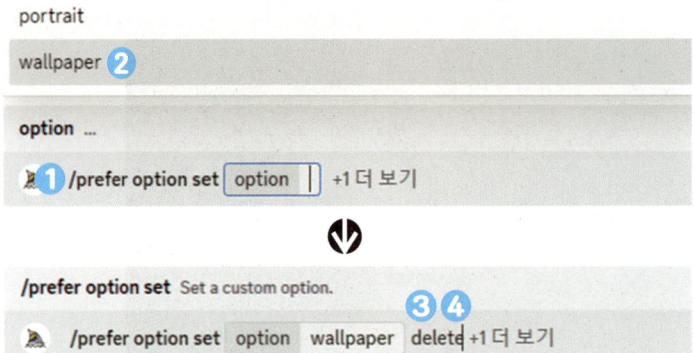

/prefer suffix 활용법: 접미사 생성 및 활용

미드저니에서 "/prefer suffix" 명령어를 사용하면, 효율적인 작업을 위해 반복적으로 사용되는 설정이나 파라미터를 자동으로 추가할 수 있다. 이 명령어는 진행되는 모든 프롬프트에 지정된 접미사를 자동으로 추가하여, 일관된 스타일과 설정 유지 및 작업 시간을 절약할 수 있게 해준다. 프리퍼 서픽스 명령어를 사용하는 방법은 다음과 같이 아주 간단하다.

먼저 프롬프트에서 ❶[/] - ❷[/prefer suffix] 명령어를 선택(실행)한 후, 옵션 메뉴가 나타나면 ❸[new_value]를 선택한다.

새로운 밸류 값을 입력할 수 있는 상태가 되면, 현재 작업 과정에서 즐겨 사용되는 파라미터나 텍스트(키워드) 요소를 입력한다. 여기에서는 예시로 비율과 스타일, 이미지에 텍스트가 표시되지 않기 위한 ❶[--ar 16:9 --s 250 --no text]를 입력하였다. 입력 후 ❷[엔터] 키를 누르면 설정된 밸류 값이 프리퍼 서픽스로 등록된다.

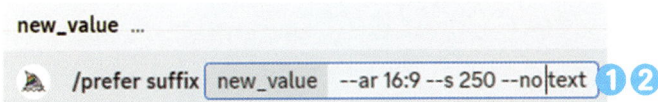

이제 프리퍼 서픽스를 사용해 보기 위해 프롬프트에 ❶[/imagine] 명령어를 실행한 후, 다음 예시와 같이 ❷[futuristic car, streamlined design, designed in a realistic and photographic style, morning light]을 입력한 후, [엔터] 키를 누른다.

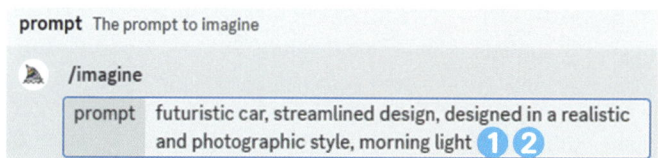

그러면 입력된 프롬프트의 접미사로 방금 등록된 프리퍼 서픽스(--ar 16:9 --s 250 --no text)가 자동으로 적용된다. 이로써 생성된 이미지는 접미사 프롬프트에 영향을 받는다.

※ /prefer suffix 명령어는 현재 진행 중인 작업에서만 사용되기 때문에 하나 이상을 등록할 수 없으며, 새로운 명령어를 등록하면 이전 명령어는 자동으로 제거된다.

참고로 /prefer suffix 명령을 중지하기 위해서는 프롬프트에 ❶[/prefer suffix]를 입력(또는 명령어 선택)한 후, ❷[엔터] 키를 누른다. 그리고 옵션을 선택하지 않고 그냥 ❸[엔터] 키를 다시 누르면 삭제되어, 더 이상 접미사로 사용되지 않는다.

그밖에 /prefer 명령어에 대하여

살펴본 것처럼 "/prefer" 명령어는 사용자가 즐겨 사용하는 설정을 저장하고 관리하는 미드저니의 강력한 도구이다. 이 명령어를 통해 사용자는 자신의 이미지 생성 과정을 개인화하고 일관성 있게 만들 수 있다. 다음은 그밖에 유용한 프리퍼 명령어에 대한 소개이다.

/prefer variability

프리퍼 베어리어빌리티는 이미지 생성 시 변형 모드를 선택할 수 있게 도와준다. 이 명령어를 사용하면 이미지 생성 시 변형 버튼(V1, V2, V3, V4) 또는 Vary (Strong) 버튼을 사용할 때 고변형 모드(High variation Mode)와 저변형 모드(Low Variation Mode) 사이를 빠르게 전환할 수 있다. 각각의 모드는 이미지 생성 시 변형의 정도를 다르게 적용하여, 다양한 창의적 결과물을 얻을 수 있도록 도와준다. 프롬프트에 ❶[/prefer variability]입력한 후 ❷[엔터] 키을 눌러 실행할 수 있다.

/prefer remix

프리퍼 리믹스 명령어는 미드저니 리믹스 모드를 활성화하거나 비활성화하는 데 사용된다. 리믹스 모드는 기존 이미지를 변형하거나 수정하여 새로운 이미지를 생성할 수 있게 해주는 기능으로, 이미지를 더욱 창의적이고 유연하게 조정할 수 있다. 이 기능은 "/settings"에서도 가능하다.

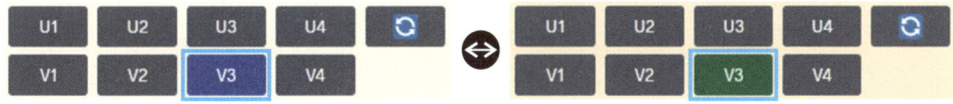

/prefer auto_dm

프리퍼 오토 DM 명령어는 미드저니에서 생성된 이미지나 중요한 알림을 사용자에게 다이렉트 메시지(DM)로 보내지도록 설정하는 기능으로, 이를 통해 사용자에게 편리하게 작업 결과나 알림을 받을 수 있는 방법을 제공한다. 이 명령어를 실행하면, 생성된 이미지나 중요한 알림을 DM으로 보내지도록 설정되며, 다시 한번 입력하면 해제된다. 이 설정을 통해 사용자는 작업 결과를 더욱 쉽게 확인할 수 있다.

스타일 튜너 활용: 이미지 미세 조정하기

튜너(Tuner)는 이미지의 시각적 특성을 세밀하게 조정할 수 있는 혁신적인 기능으로, 다양한 시각적 스타일을 실험하고, 예술적 비전에 가장 잘 맞는 스타일을 선택할 수 있게 해준다. 튜너는 패스트(Fast) 모드에서만 사용 가능하며, "/tune" 명령어를 사용하여 이미지를 개인화할 수 있으며, 프롬프트를 기반으로 다양한 시각적 스타일을 보여주는 샘플 이미지를 생성해 준다. 이 과정은 잠재적인 결과를 시각화하는 데 도움을 줄 뿐만 아니라, 사용자가 선호하는 스타일을 선택할 수 있는 권한을 제공한다.

스타일 튜너 작업을 하기 위해서는 프롬프트에 ❶[/tune] 명령어를 입력(또는 선택)한 후, 뒤쪽에 원하는 텍스트를 입력하면 되는데, 예시로 간단하게 ❷[prompt cute kitten with pink flowers]라고 입력해 보자. 그다음 ❸[엔터] 키를 누른다.

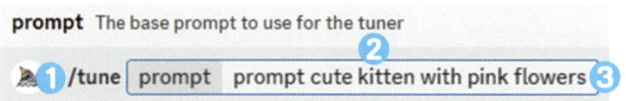

그러면 그림처럼 세 개의 드롭다운 버튼이 있는 메시지를 확인할 수 있다. 여기에서 생성될 이미지의 모델 버전(2024년 9월까지 5.2 모델만 지원)과 Style Directions(16, 32, 64, 128), 그리고 모드(Default 또는 Raw)를 미리(재설정) 선택할 수 있다. 일단 기본 설정값을 그대로 사용해 보자. [Submit] 버튼을 누른다.

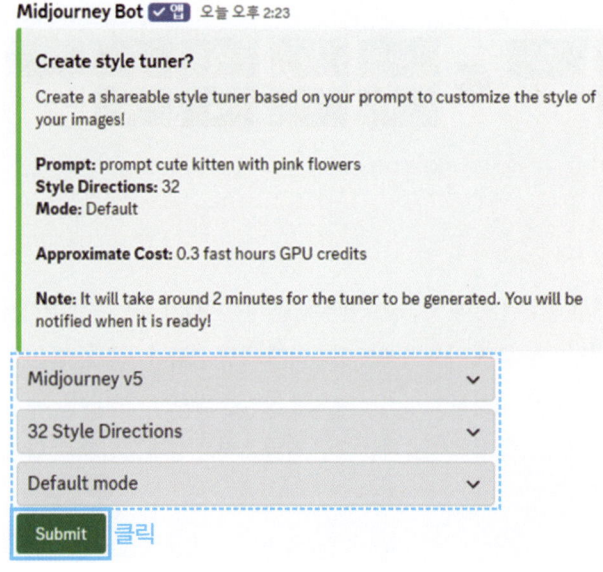

스타일 방향(Style directions)은 앞으로 생성할 스타일 변형의 수를 결정하는데, 선택한 숫자는 실제로 두 배가 되어, 2x2 그리드 이미지 시리즈로 생성된다. 예를 들어, 32개의 스타일을 선택하면, 64개의 이미지가 생성(32x2)된다. 이 과정은 많은 자원을 소모하므로 GPU 크레딧 측면에서 비용이 많이 들 수 있다. 참고로 남은 빠른 시간(Fast hours)을 확인하려면 프롬프트에 "/info"를 입력하면 된다. 다음은 월 15시간이 포함된 표준 구독 플랜을 기준으로 한 스타일 튜너 사용 비용이다.

- 16개의 스타일은 0.15 빠른 시간(약 9분)이 필요(월 15시간에서 9분 사용)하다.
- 32개의 스타일은 0.3 빠른 시간(약 18분)이 필요하다.
- 64개의 스타일은 0.6 빠른 시간(약 36분)이 필요하다.
- 128개의 스타일은 1.2 빠른 시간(약 72분)이 필요하다.

선택한 "스타일 방향 번호"는 생성할 스타일 변형의 다양성과 수량, 그리고 이를 생성하는 데 필요한 계산 시간을 결정하는 것이다. 필자의 경우, "--style raw"를 사용하지 않으므로 Default 모드와 비교할 이미지 32쌍을 사용하였다. 이후 ❶[설정 확인을 요청하는 메시지(Are you sure?)]가 나타나면 클릭한다. 그러면, 미드저니 봇은 설정한 값대로 "64개 작업 중 64개가 처리 중입니다"라는 메시지가 온다. 만약, 16개의 스타일 방향을 선택했다면 32개의 이미지가 생성되고, 128개의 스타일은 256개의 이미지가 생성된다. 계속해서 스타일 튜너가 준비되었다는 메시지와 스타일 튜너 페이지로 이동할 수 있는 고유 URL이 제공되면, 확인을 위한 ❷[URL]을 클릭 후, ❸[사이트 방문하기]를 클릭한다.

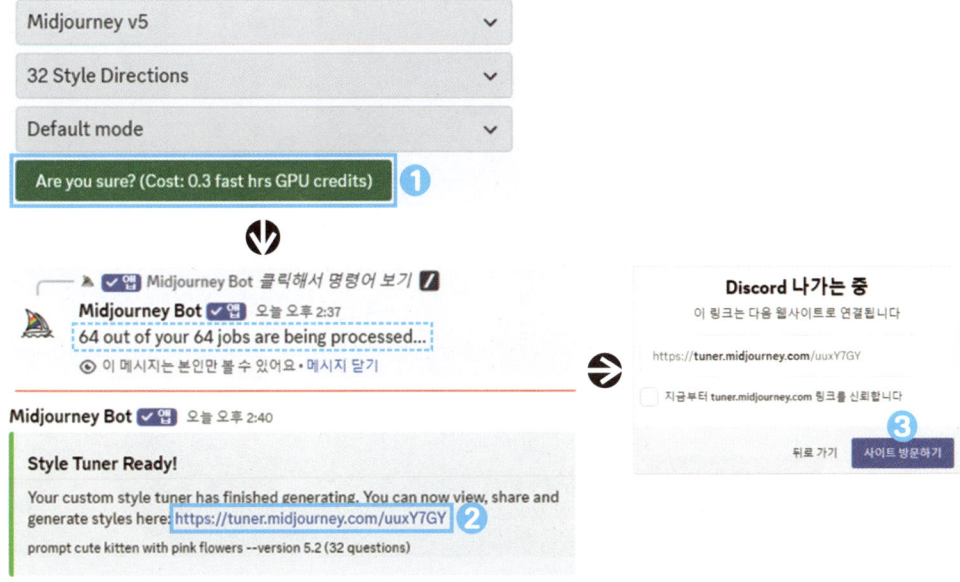

"미드저니 스타일 튜너" 웹사이트가 열리면 다향한 스타일의 이미지들을 볼 수 있다. 여기에는 미적 측면을 미세하게 조정하는 방법은 두 가지가 있는데, 먼저 ❶[한 번에 두 가지 스타일을 비교하기(Compare two styles at a time)]를 선택해 보자. 그러면 4개의 그리드 이미지가 양쪽에 배치되어 서로 비교할 수 있게 해준다. 여기서 만약, ❷[마음에 드는 이미지]를 클릭해 보면, 하단에 선택한 이미지에 대한 ❸[프롬프트와 스타일 정보(코드) 그리고 모델 버전]이 표시된다. 이 정보를 활용하여 개인화 이미지를 지속적으로 생성할 수 있다.

이번에는 ❶[큰 그리드에서 좋아하는 것을 선택(Pick your favorites from a grid)]을 클릭해 보자. 그러면 모든 이미지가 개별적으로 나타나는 것을 알 수 있다. 여기에서 ❷[원하는 하나의 이미지]를 선택하여 선택된 이미지의 프롬프트와 스타일 코드를 확인해 본다. 이 코드를 사용하면 앞으로 생성하는 작품에 맞춤형 스타일을 일관되게 적용할 수 있다.

이제 스타일 코드만 복사하기 위해 하단으로 스크롤하여 선택된 스타일 코드를 복사(버튼 클릭)한다.

스타일 튜너 활용: 이미지 미세 조정하기

복사된 스타일 코드를 사용하여 이미지를 생성해 보자. ❶[/imagine] 명령어를 적용한 후, 다음과 같이 ❷[a lion in a jungle]과 함께 ❸[--style] 뒤로 ❹[스타일 코드(48S4QDbc)]를 붙여넣기 한다. 그다음 모델 버전을 ❺[--v 5.2]로 사용한다. 복사된 스타일 코드는 모델 버전이 호환되지 않기 때문에 항상 동일해야 하기 때문이다.

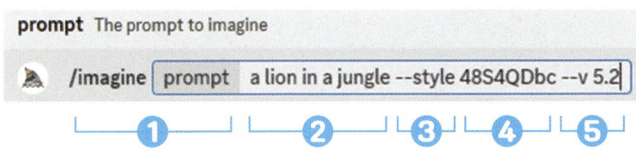

생성된 이미지 스타일을 보면 복사한 이미지와 맞춤형 스타일을 적용하여 이미지가 생성된다. 지금의 스타일은 동화책 일러스트를 만드는 데 적합한 스타일이다. 이렇듯 스타일 튜너는 매우 다재다능하여 한 세션에서 여러 스타일 코드를 생성할 수 있게 해주기 때문에 다른 이미지를 선택함으로써 완전히 새로운 스타일 코드를 생성할 수 있다.

스타일 코드 결합하기

스타일 코드를 결합하면 새로운 창의적 가능성을 열 수 있다. "--style ⟨code1-code2⟩"와 같이 명령어를 사용하여 두 가지 스타일을 결합할 수도 있다. 예시로, 이전에 사용했던 "스타일 튜너 페이지"의

URL(https://tuner.midjourney.com/uuxY7GY)로 돌아가 다른 이미지 그룹을 선택하고 새로운 고유 스타일 코드를 사용해 보자. 이렇게 하면 추가적인 빠른 시간(Fast hours)을 사용하지 않아도 되며, 이 페이지를 친구와 공유하여 무료로 새로운 스타일 코드를 생성할 수 있다. 여기에서는 ❶[앞서 사용했던 스타일 코드(48S4QDbc)]와 다음과 같이 ❷[새로운 코드(2Zees9dKy)]를 띄어쓰기 없는 ❸[하이픈(-)] 표시를 넣어 구분한다. 참고로 프롬프트는 [dog in a jungle]이다.

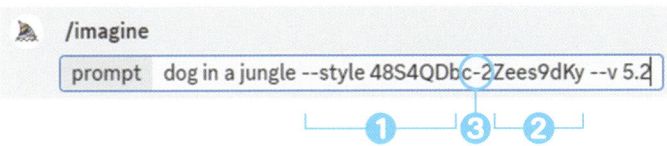

이 두 코드의 결합은 고양이 프롬프트를 기반으로 한 이전 스타일과 매우 다른 결과를 만들어준다. 다음 그림은 두 가지 코드를 결합한 결과물이다. 서로 다른 스타일의 코드를 통한 강아지 일러스트는 더 강렬한 그래픽 룩을 갖추게 되었다.

스타일라이즈와 로우 매개변수로 미세 조정하기

스타일 코드의 영향을 세밀하게 조정하려면 "--raw" 및 "--stylize" 파라미터를 변경하여 원하는 효과를 더욱 강화할 수 있다. 예시로, 앞서 사용한 결합된 "스타일 코드 프롬프트"를 그대로 사용해 보자. 다시 한 번 동일한 ❶[두 가지 스타일]과 함께 작성한 후, 다음과 같이 ❷[--stylize] 값을 추가한다.

결과는 다음과 같다. 이렇듯 스타일라이즈 파라미터는 이미지에 적용되는 예술적 해석의 정도를 조정하며, 낮은 값은 프롬프트(첫 번째 그리드 이미지)에 더 충실한 이미지를, 높은 값(두 번째 그리드 이미지)은 더 예술적이고 추상적인 이미지를 생성해 준다.

계속해서 이번엔 스타일 코드의 기본 미학을 덜 적용하고, 더 직관적이고 필터링되지 않은 이미지를 생성해 주는 "--raw" 파라미터를 사용해 보자. 예시로, 앞서 사용한 프롬프트에 "--style raw"를 추가하여 이미지를 생성해 보자. 이때도 스타일 코드와 구분하기 위해 하이픈(-)을 사용한다.

/imagine
prompt dog in a jungle --style raw- 48S4QDbc-2Zees9dKy --stylize 50 --v 5.2

결과는 다음과 같이 두 스타일 코드와 Raw 스타일 파라미터를 결합하여 보다 필터링되지 않은, 미완의 스타일화된 이미지가 생성된다. 이렇듯 "--style raw" 파라미터는 기본 미드저니 스타일을 덜 적용하고, 원시적이고 날것의 이미지 출력을 제공한다. 이를 통해 원하는 스타일의 영향을 세밀하게 조정할 수 있어, 더욱 창의적이고 독특한 비주얼을 쉽게 만들 수 있다.

랜덤 스타일 사용하기

무작위 스타일의 이미지를 생성하기 위해서는 "--style random" 매개변수가 사용되며, 무작위 시각 및 스타일 코드를 생성하여 매번 새로운 관점을 제공한다. 또한, "--style random-16", "--style random-64"과 같은 값에 의한 무작위 코드를 자동으로 생성한다.

랜덤 스타일로 생성된 이미지의 프롬프트를 보면 자동으로 "--style 29aCOUycBfPe06dc" 스타일 코드가 생성된 것을 알 수 있다.

Midjourney Bot ✅앱 오늘 오전 11:31
futuristic cityscape at sunset --style 29aCOUycBfPe06dc --v 5.2 - @책바세 (fast)

스타일 랜덤 매개변수는 기본적으로 32개의 무작위 시각/방향 스타일 코드를 생성하여 매번 새로운 관점을 제공하여, 지정된 방향 값(수)에 따라 무작위 코드를 자동으로 생성한다. 다음은 이러한 스타일로 얻은 몇 가지 예시 결과이다.

살펴본 것처럼 스타일 랜덤을 사용하면, 가능한 시각적 방향 수와 사용자가 이미지에서 사용하고자 하는 비율을 지정하여 다양한 예술 스타일을 생성할 수 있다. 참고로 이 비율은 1%에서 100%까지 지정할

수 있다. 이는 이미지 생성 과정에서 AI가 활용하는 스타일 요소의 수를 제어한다. 예를 들어, "--style random-16-9" 명령어는 16개의 가능한 스타일 방향 중 약 9%의 요소를 AI가 통합하도록 하는데, 이는 선택을 제한하는 것이 아니라, AI가 적용할 스타일의 하위 집합을 선택하는 데 도움을 주는 것이다.

비슷하게, "--style random-128-90"은 AI가 128개의 가능한 스타일 방향 중 90%의 요소를 사용하도록 하여, 생성된 이미지에서 더 넓고 다양한 스타일을 제공한다. 이 비율은 출력 이미지의 스타일 다양성과 독창성에 영향을 미친다는 점을 이해하는 것이 중요하다. 예를 들어, "--style random-64-5"와 같이 낮은 비율을 설정하면 AI가 더 작은 스타일 요소 범위에서 선택하여 더 뚜렷하고 다양한 스타일의 이미지를 생성하며, 반면 "--style random-64-100"과 같이 높은 비율을 설정하면 더 많은 스타일 요소를 통합하여 스타일 간의 차이가 미묘하게 될 수 있다.

스타일 튜너 기술 세부: /show 명령어 활용하기

스타일 튜너는 텍스트 프롬프트가 포함되지 않은 이미지 프롬프트와는 호환되지 않는다. 스타일 튜너는 기본 패스트 모드에서만 사용할 수 있으며, 현재(2024년 9월) 모델 버전 5.2와만 호환된다. 또한, 스타일 튜너는 "--aspect, --chaos, --tile"과 같은 추가 매개변수 및 멀티 프롬프트를 지원하여 다양성을 확장할 수 있다. 하지만 이러한 매개변수는 스타일 튜너 웹사이트에서의 샘플 이미지에만 영향을 미치며, 스타일 튜너가 생성한 "--style ⟨code⟩"에는 영향을 미치지 않는다. 따라서 이러한 매개변수를 조정해도 --style ⟨code⟩를 사용하여 생성된 향후 이미지 결과에는 영향을 미치지 않는다.

스타일 튜너로 생성하거나 수정한 모든 스타일은 고유 코드를 부여받는다. 특정 스타일을 조회하거나 공유하려면 고유 스타일 코드를 URL에 추가하여 자신의 스타일 튜너 웹사이트의 전용 페이지에 직접 액세스할 수 있다. 이 페이지에서 직접 액세스 기능을 통해 사용자 정의 스타일을 다시 수정하여 다른 사람들과 쉽게 공유할 수 있다.

흥미로운 것은 스타일 튜너 페이지 이미지 중 특정 이미지를 미드저니(디스코드)에 가져와 업스케일, 편집 또는 재생성 등의 작업을 할 수 있다는 것이다. 이를 위해서는 스타일 튜너 페이지에서 ❶[큰 그리드에서 좋아하는 것을 선택(Pick your favorites from a grid)] 옵션을 선택한 후, 원하는 이미지에서 ❷[우측 마우스 버튼] – ❸[새 탭에서 이미지 열기(Open Image in New Tab)]를 선택한다.

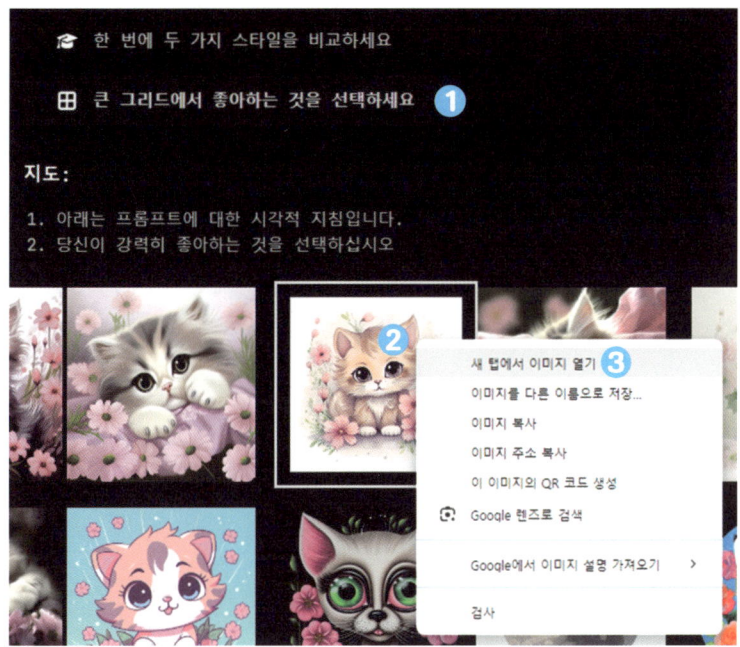

새 탭이 열리면, 상단 URL(주소 창)에 해당 이미지의 미드저니 작업 ID(숫자와 문자)가 나타나는데, 이를 [복사(Ctrl+C)]한다.

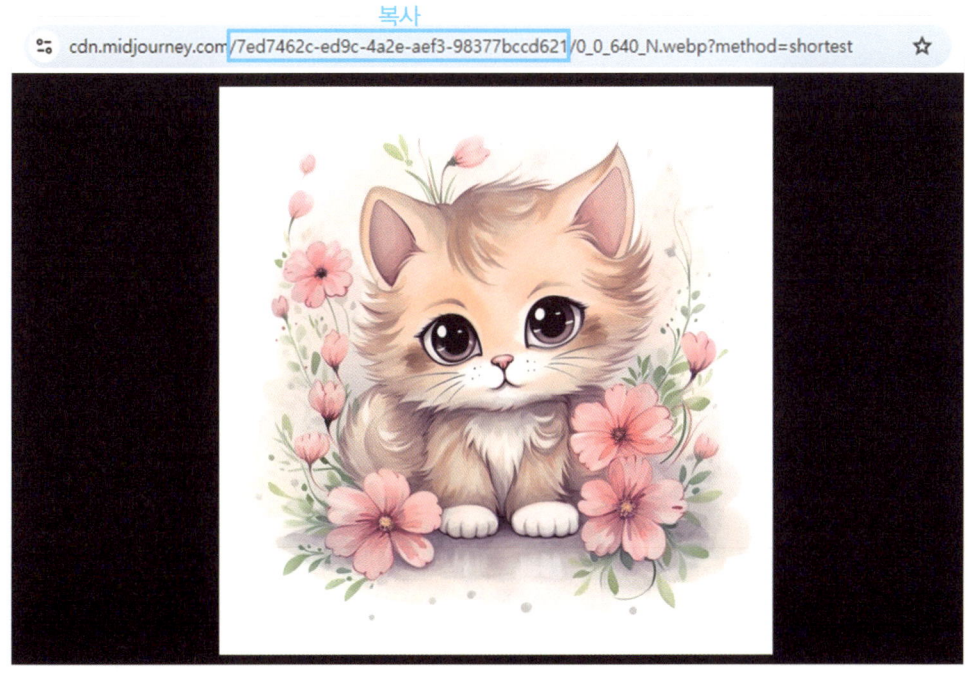

스타일 튜너 활용: 이미지 미세 조정하기

이제 미드저니 디스코드 서버로 돌아가서 프롬프트에 "/show"를 입력 또는 ❶[/] - ❷[/show] 명령어를 선택한 후, 앞서 복사한 작업 ❸[ID의 숫자와 문자]를 붙여넣고, ❹[엔터] 키를 누른다.

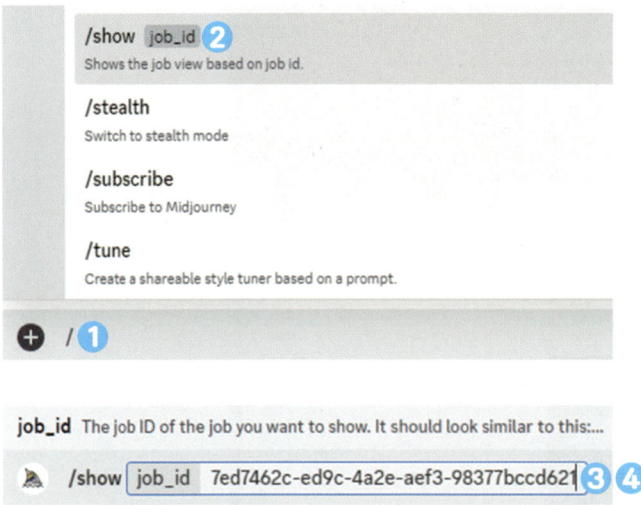

그러면 해당 ID에 맞는 그리드 이미지가 표시(상단에 seed 번호도 표기:--seed 1137715331)되며, 이 이미지는 다른 이미지처럼 사용(업스케일, 변형 등)할 수 있다. 이러한 방법으로 스타일 튜너의 이미지를 더 자유롭게 활용할 수 있다.

252 미드저니 사용자 옵션 설정 및 스타일 튜닝

07-4 개인화 이미지 생성: P코드 활용법

미드저니의 사용자 맞춤형 모델(Personalization)은 사용자의 취향과 선호도를 반영하여 더욱 개성이 넘치는 AI 이미지를 생성할 수 있게 해주는 혁신적인 도구이다. 개인화 맞춤형 작업은 "Pair Ranking" 웹사이트에서 선택된 이미지들과 미드저니 갤러리의 "Explore"에서 선택한 이미지에 대해 학습 과정을 거친 후, 미드저니는 사용자의 고유한 미적 취향을 이해하고, 이를 바탕으로 새로운 이미지를 생성할 때 반영한다. 결과적으로 사용자는 이 선택 과정을 통해 자신의 스타일이 녹아든, 더욱 만족스러운 개인화 코드(P코드)가 포함된 이미지를 얻게 된다.

개인화 이미지 생성을 위해 ❶[페어 랭킹(www.midjourney.com/rank)] 웹사이트를 열어준다. 이때 로그인이 되어있어야 하며, 미드저니 갤러리의 [Tasks] - [Rank Images]를 통해 들어갈 수도 있다. 해당 페이지가 열리면 다음의 그림처럼 한 화면에 2개의 이미지가 나타나는데, 여기에서 ❷[자신이 선호하는 이미지]를 클릭한다. 선택한 이미지는 개인화 맞춤형 모델 학습에 사용된다. 여러 쌍의 이미지를 반복적으로 선택할 때, 미드저니 모델은 사용자의 선호도를 더 잘 파악할 수 있으며, <u>최소 200개의 이미지를 선택해야 맞춤형 모델(P코드)을 사용할 수 있다.</u>

＊ 미드저니 웹사이트(갤러리)는 디스코드에서 이미지를 100개 이상 생성한 사용자만 이용이 가능하다.

계속해서 2개의 이미지가 나타나면 자신이 선호하는 이미지를 클릭하여 "200회"를 채운다. 200회 이상의 이미지를 선택하고 나면, 개인화 모델을 선택할 수 있는 옵션이 활성화되며, 이미지 선택을 통한 개인 맞춤형 모델 학습은 언제든지 추가로 진행할 수 있다. 참고로 이미지의 선택은 키보드의 1, 2번 키를 눌러도 되며, 불확실한 이미지는 3번 키를 눌러 스킵할 수도 있다.

✱ 만약, 부주의한 선택으로 테스트에 실패했다는 메시지가 뜨면 [OK]를 입력한 후, [확인] 버튼을 눌러 랭킹 작업을 계속 진행하면 된다.

이번에는 ❶[익스플로어(Explore)]로 들어가 보자. 여기에서도 역시 자신이 선호하는 이미지에 ❷[좋아요(♡)] 버튼을 누름으로써 맞춤형 모델 학습에 반영되도록 할 수 있다. 참고로 여기에서는 자신이 생성한 이미지에 대한 "좋아요"는 고려되지 않으며, 보다 많은 이미지를 평가하고, 선택할수록 개인화 선호도가 더욱 발전한다.

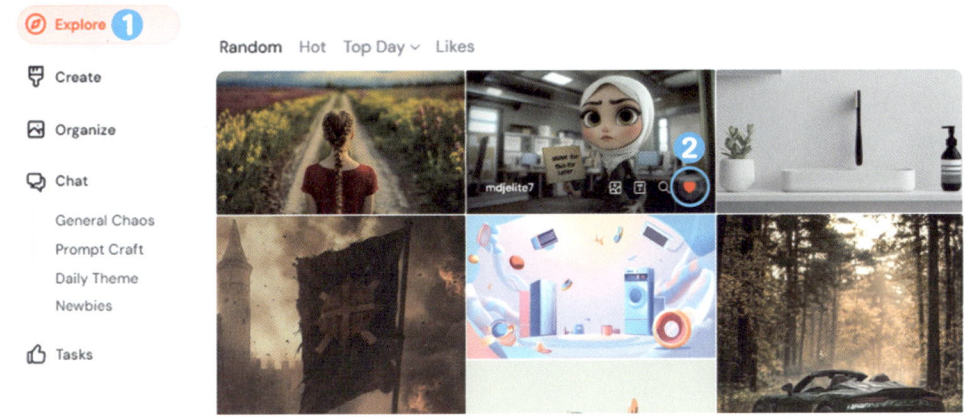

미드저니 웹사이트에서 P코드 이미지 생성하기

P코드 생성은 주로 디스코드의 미드저니를 활용하지만, 때에 따라서는 갤러리로 사용하는 미드저니 웹사이트에서도 이미지를 생성 및 P코드, 화면 비율, 스타일, 모드, 가중치, 변형 등의 설정을 할 수 있다. 살펴보기 위해 미드저니 웹사이트로 이동한 후, 상단에 있는 ❶[Settings] 버튼을 누른다. 그러면 다음과 같은 설정 옵션이 나타나는데, 여기에서는 P코드 생성을 위해 ❷[Personalize를 On]으로 설정한다.

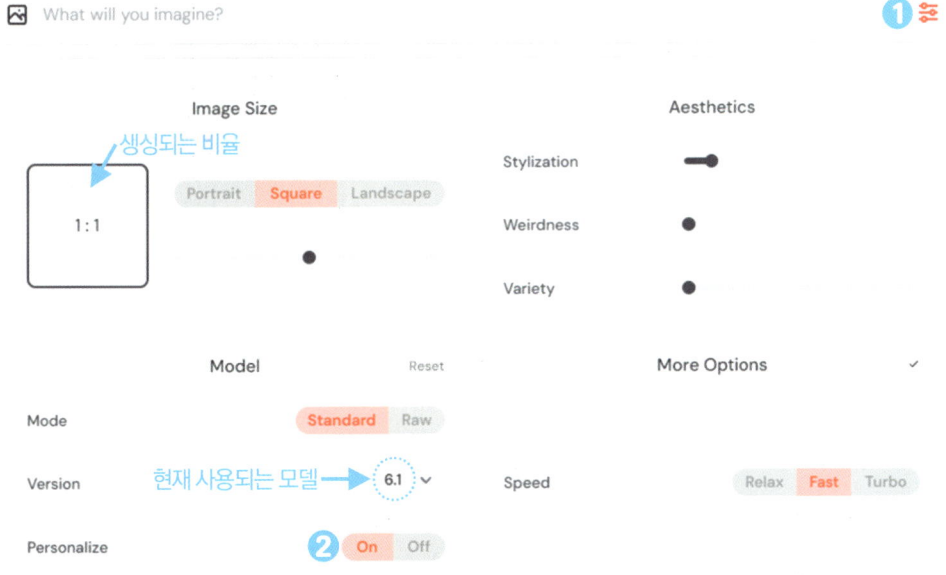

✱ P코드는 모델 6 이상의 버전에서 사용할 수 있으며, 버전 6과 6.1의 P코드는 서로 호환된다. 또한, 다른 사용자와 공유하여 사용할 수도 있다.

미드저니 웹사이트의 설정 옵션들은 앞서 디스코드에서 사용한 미드저니에서 살펴본 것과 같기 때문에 설정하는데 문제가 없을 것이다. 여기에서는 P코드 생성이 목적이기 때문에, P코드가 붙은 이미지 생성을 위해 상단 "프롬프트(What will you imagine?)"에 다음과 같이 ❶[live littlest petshop animals, white cat, furry, cute,16k detailed, realistic photo, very big eyes]를 입력한 후 ❷[엔터] 키를 누른다.

그러면, 좌측 ❶[Create] 버튼에 "1"이라고 표시된다. 즉, 방금 작업한 이미지가 생성됐다는 의미이다. 이제 이 버튼을 눌러보면, 귀여운 고양이 모습이 있는 4개의 그리드 이미지가 생성된 것을 알 수 있다. 이 이미지가 바로 앞서 필자가 선택(좋아요)했던 이미지들의 스타일을 반영되어 생성된 개인화 이미지이다. 여기에서 특정 이미지 위에 ❷[마우스 커서]를 이동해 보자.

마우스 커서가 위치한 이미지에 변형된 새로운 이미지를 생성할 수 있는 "Vary Subtle/Strong" 두 가지 변형 옵션이 나타난다. 이렇듯 미드저니 웹사이트에서도 간단한 이미지 생성 및 변형이 가능하다.

계속해서 이미지를 클릭해 보면, 해당 이미지에 대한 프롬프트와 P코드(Personalize 코드)가 추가로 표시되는 것을 알 수 있다.

이미지에 개인화 모델의 특성이 반영되는 정도는 "Stylization" 값으로 조정할 수 있다. 적용 가능 범위는 0~1000이며, 기본값은 100으로 설정되어 있다. 만약, 개인화 모델의 비중 높이려면 100 이상의 높은 값으로 설정하면 된다. 이번에는 ❶[설정 옵션]의 Stylization 값을 ❷[600] 정도로 설정한 후, ❸[동일한 프롬프트]로 다시 한번 이미지를 생성해 본다.

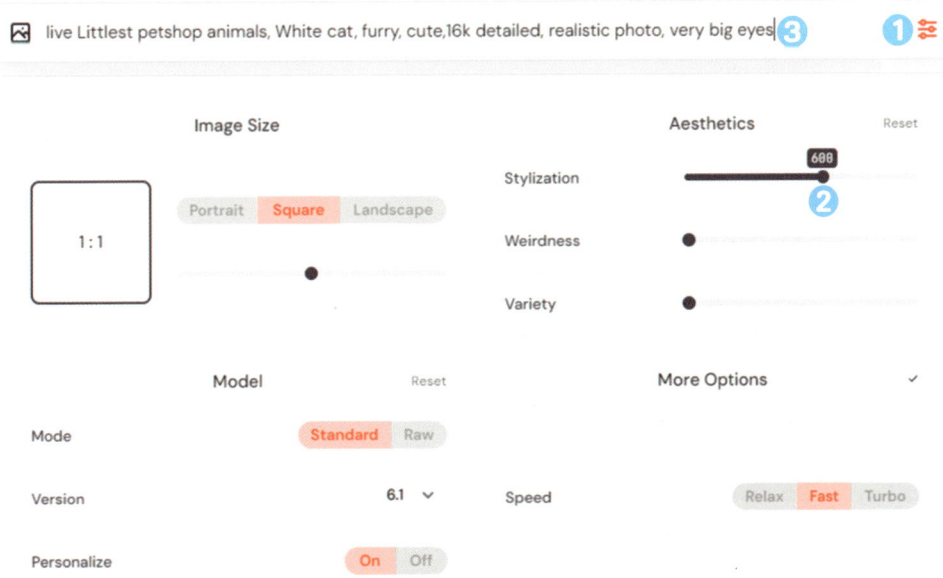

결과물을 확인해 보면, 앞서 생성했던 이미지와 스타일은 유지되면서, 변형된 다른 이미지가 표현되는 것을 알 수 있다. 간략하게 미드저니 웹사이트에서 P코드를 생성하는 방법에 대해 알아 보았다. 이어서 디스코드 서버에서의 P코드 생성 및 활용하는 방법에 대해 알아보자.

디스코드에서 P코드 이미지 생성 및 활용하기

이번엔 보다 익숙하고 친숙한 디스코드 서버에서 P코드를 생성하고 활용하는 방법에 대해 살펴보자. 먼저 ❶[/settings] 명령어를 실행한 후 ❷[엔터] 키를 눌러 설정 창을 띄운다. P코드 생성을 위해 ❸[Personalization]을 클릭하여 활성화한다. 그러면 지금부터 생성되는 이미지에 P코드가 붙는다.

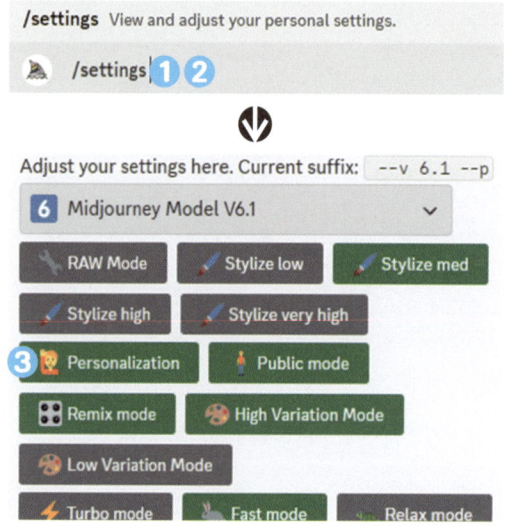

이제 P코드가 붙은 이미지를 생성하기 위해 다음과 같이 ❶[/imagine] 명령어 실행 후, ❷[a whimsical halloween boo-tiful lama, isolated in a white background]라는 프롬프트를 작성하여 이미지를 생성한다.

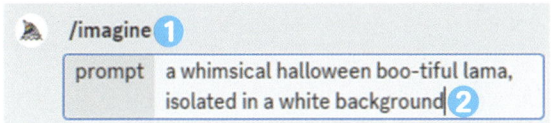

다음과 같은 귀여운 라마 이미지가 생성되었다. 생성된 이미지의 P코드는 "--p 1qqzdqk"이다. 이제 이 P코드는 다른 프롬프트에서 사용할 수 있다.

이번엔 P코드를 다른 프롬프트에서 사용해 보자. 예시로, 앞서 "귀여운 고양이" 이미지에서 생성된 P코드를 방금 생성한 "라마" 이미지에 사용해 보기로 한다. ❶[/imaging] 명령에서 ❷[라마 이미지 프롬프트]를 입력한 후, 맨 끝 접미사에 ❸[고양이 이미지의 P코드(--p 1weaunf)]를 입력하여 이미지를 생성한다.

개인화 이미지 생성: P코드 활용법

생성된 이미지를 보면, 동일한 프롬프트로 생성했음에도 스타일이 확연하게 차이가 나는 것을 알 수 있다. 이렇듯 P코드는 고유의 스타일을 가지고 있기 때문에 다양한 이미지를 일괄성있는 스타일로 표현할 수 있다.

✱ P코드는 사용자가 선택한 '랭킹' 이미지와 '좋아요'를 누른 이미지 데이터를 기반으로 학습된 데이터를 기준으로 생성된다. 따라서, P코드는 랜덤하게 생성되지 않으며, 사용자가 선호하는 스타일과 취향을 반영하여 더 맞춤된 결과를 제공하는 데 초점을 두고 있다.

또한, P코드에는 고유의 스타일 변화를 위해 "--s 또는 --stylize" 파라미터(매개변수)를 사용하여 미세한 변화를 줄 수 있다. 다음의 이미지들은 P코드에 스타일화 명령어를 사용한 결과물이다. 살펴본 것처럼 P코드와 스타일화를 활용하면, 보다 더 다양한 이미지를 표현할 수 있으며, 자신만의 독특한 스타일 환경을 구축을 할 수 있다.

QUICK TIPS!

개인화 코드(P코드) 찾기

작업에 사용된 개인화된 코드들을 확인 및 다시 사용하고 싶은 때는 '/list_personalize_codes' 명령어를 사용할 수 있다. 이 명령어를 통해 사용자는 자신이 즐겨 사용하는 스타일이나 설정을 효율적으로 관리하고, 필요에 따라 다시 활용할 수 있다.

 /list_personalize_codes

개인화 이미지 생성: P코드 활용법

08

실전에서의 프롬프트

이 파트는 실전에서의 미드저니 활용 사례와 창의성 확장 방법에 대해 다룬다. 비즈니스, 마케팅, 이벤트 기획, 인테리어 디자인 등 다양한 분야에서 미드저니를 활용하는 방법을 소개하고, 무드 보드 제작과 브랜드 아이덴티티 구상 등 실제 사례를 통해 실용적인 활용법을 제시한다.

프롬프트 a robot with an elaborate metal head, its body is covered in twisted vines and thorns. it has one mechanical arm that resembles the letter 'r' on its hand. in front of it stands a human figure made out of branches. the sky behind them looks dark and stormy. in the style of fantasy art. --ar 87:128 --v 6.1

08-1 실전 활용 사례 및 경계 확장

이번 학습에서는 미드저니를 사용하여 창작물을 전문적인 요구에 맞게 조정하고 맞춤화하는 방법에 대해 살펴볼 것이다. 미드저니를 통해 할 수 있는 다양한 응용 분야를 소개하며, 몰입감 있는 내러티브와 매력적인 무드 보드를 만드는 과정을 안내하는 등의 해당 도구의 실용적이고 전문적인 활용 사례에 대해 상세히 살펴볼 것이다.

아이디어 생성 및 매력적인 무드 보드 제작

미드저니는 독창적인 이미지를 생성하는 도구를 넘어, 클라이언트의 비전을 멋지게 표현하거나, 불확실한 아이디어를 확실한 아이디어로 만들어 주는 능력을 보여준다. 특히, 브레인스토밍 및 혁신적 디자인과 마케팅 분야에서 아이디어 구상부터 매력적인 무드보드 제작까지, 누구나 공감할 수 있는 결과물을 신속하에 처리할 수 있다.

"무드 보드(Mood board)"는 창의적인 프로젝트에서 디자인, 또는 아이디어의 시각적 방향성을 제시하기 위해 다양한 이미지, 텍스처, 분위기, 색상, 글꼴 등을 모아 구성한 시각적 자료이다. 무드 보드는 주로 디자이너, 아티스트, 마케터들이 프로젝트의 전체적인 분위기나 스타일을 클라이언트나 팀원과 공유할 때 사용된다. 미드저니에서 생성된 이미지는 기존의 시각적 참고 자료를 결합하여 아이디어의 본질을 담은 다양한 스타일과 이미지를 합성할 수 있는 능력을 가지고 있어 독특하고 감성적인 무드 보드를 만들 수 있다.

먼저 미드저니의 창의력을 구체적인 프롬프트로 안내하는 것으로 시작해 보자. 예를 들어, "디스토피아적 미래를 위한 무드 보드" 또는 "지속 가능한 음식 배달 서비스를 위한 무드 보드"와 같은 프롬프트를 사용해 볼 수 있다. 미드저니가 제공하는 다양한 스타일과 매체의 유연성을 활용하여, 리얼리즘에서 추상 예술, 회화, 드로잉, 사진, 3D 모델링에 이르기까지 창의적인 목소리를 발견할 수 있으며, 프로젝트에 맞춘 시각 자료를 생성하는 데 도움을 받을 수 있다.

하지만, 무드 보드를 만들 때 미드저니의 무한한 생성성으로 인해 객관성을 놓칠 수 있기 때문에 다음의 몇 가지 단계를 따르는 것을 권장한다.

명확한 테마 설정 무드 보드의 목적과 이끌어내고자 하는 감정이나 아이디어를 명확히 정의하고, 프롬프트에 '무드 보드', '패션', '보석', '여름룩' 등의 실무 용어를 사용한다.

설명적인 프롬프트로 안내 원하는 색상, 텍스처, 스타일에 중점을 둔 구체적인 프롬프트를 사용하여 미드저니의 생성물을 조정한다. 예를 들어, '무드 보드, 밝은 색상, 럭셔리, 오뜨 꾸뛰르 스타일" 등을 사용할 수 있다.

다양한 이미지 포함 특정한 룩이나 감정을 불러일으킬 수 있는 시각적 요소를 위한 다양한 용어를 포함한다. 예를 들어, '영감', '핀터레스트', '이미지 쇼케이스', '제품 사진', '콜라주' 등을 사용할 수 있다.

비즈니스 및 마케팅 전략

빅 마케팅 캠페인을 계획하는 비즈니스는 미드저니를 사용하여 개념과 테마를 시각화할 수 있다. 캠페인의 목표와 관련된 키워드를 입력하면, 미드저니는 제안된 전략의 본질을 포착하는 일련의 이미지를 생성하여 추가 개발을 위한 시각적 기초를 제공해 준다. 다음은 그 하나의 예시이다.

에코 관련, 지속 가능한 기술 브랜드를 위한 국제 제품 출시 이벤트 캠페인

- moodboard for a dynamic product showcase at an international event for a sustainable technology brand, where the main product is highlighted under soft green and blue lighting, surrounded by interactive displays, holographic effects illustrating the eco-friendly technology, minimalist design with natural textures, a futuristic yet organic atmosphere --v 6.1

이벤트 기획 및 축하 행사

결혼식, 기업 행사, 또는 축하 행사 등의 이벤트 기획은 해당 행사의 테마를 구상하기 위해 미드저니를 활용할 수 있다. 원하는 색상 조합, 테마, 분위기를 반영한 무드 보드를 제작함으로써, 기획자는 고객에게 이벤트의 시각적 표현을 제시하여 의사 결정을 촉진하고 비전의 일치를 보장할 수 있다. 다음은 그 하나의 예시이다.

여름철 결혼식을 위한 컨셉을 구상 및 계획: 여름 도시 옥상 결혼식

- moodboard for a chic summer rooftop wedding in the city, the skyline visible in the background, a modern altar with minimalist floral arrangements, the bride in a sleek satin gown, groom in a tailored suit, the ceremony taking place during golden hour, captured with a DSLR camera, 85mm lens, f/1.8 for a bokeh effect, vibrant and lively mood --v 6.1

인테리어 디자인 프로젝트

인테리어 디자이너들도 미드저니를 활용하여 다양한 디자인 미학, 색상 조합, 재료 및 레이아웃을 탐색할 수 있다. 다양한 인테리어 스타일을 반영한 이미지를 생성하여, 디자이너는 클라이언트가 공간에 대한 잠재적 디자인을 시각화할 수 있도록 돕는 무드 보드를 만들 수 있다. 다음은 그 하나의 예시이다.

클래식하면서도 현대적인 스타일의 거실 리모델링: 클래식 아치와 미니멀리즘의 조화

- moodboard for a dynamic product showcase at an international event for a sustainable technology brand, where the main product is highlighted under soft green and blue lighting, surrounded by interactive displays, holographic effects illustrating the eco-friendly technology, minimalist design with natural textures, a futuristic yet organic atmosphere --v 6.1

브랜드 아이덴티티 구상

브랜딩 프로젝트에서 미드저니는 브랜드 아이덴티티 개발에 중요한 역할을 할 수 있다. 디자이너는 브랜드의 철학과 가치를 반영한 요소들을 입력하여, 로고, 패키징 및 전체적인 브랜드 미학을 형성하는 데 도움이 되는 시각적 요소를 생성할 수 있다. 다음은 그 하나의 예시이다.

클래식하면서도 현대적인 스타일의 거실 리모델링: 클래식 아치와 미니멀리즘의 조화

- moodboard for artisan coffee shop branding elements, clean and minimalist design, modern typography, simple geometric logo, monochromatic color scheme with black, white, and subtle gold accents, sleek packaging, elegant coffee cup designs, minimalistic furniture, open and airy atmosphere, scandinavian design influence, focus on simplicity and clarity --v 6.1

창의적 브레인스토밍

미드저니를 통해 창의성과 아이디어 발상을 한층 더 발전시킬 수 있다. 미드저니는 브레인스토밍 파트너로 활용될 수 있다. 특히, 추상적인 개념이나 테마를 입력하면 광고, 콘텐츠 제작, 혹은 개인적인 예술적 작업을 위해 프로젝트의 새로운 아이디어와 방향성을 제시하는 다양한 비주얼을 생성힐 수 있다. 다음은 그 하나의 예시이다.

미래 기술, 밝은 색상, 미니멀리즘 요소를 담은 콜라주: 간결한 선과 기술적인 요소의 결합

- moodboard for a minimalist collage mood board that combines bright, high-contrast colors with elements of futuristic technology, like augmented reality glasses, streamlined robots, and digital grids, arranged with precision and balance, highlighting the elegance of modern design with an emphasis on simplicity and clarity, digital artwork, minimalist composition --v 6.1

시각적 스토리텔링 제작

미드저니는 스토리텔링의 시각적 혁명을 가져왔다. 상세한 프롬프트를 통해 상상 속 세계와 캐릭터를 생동감 있게 시각화하여, 단순한 언어적 경험을 인터랙티브한 시각적 여행으로 변모시키며, 소설, 시나리오, 인터랙티브 서사 등 다양한 장르에서는 이야기와 완벽하게 통합되는 이미지를 제공하는 다재다능한 도구로 작용한다. 공포, 우정, 사이버펑크, 동화 등 어떤 장르든 적절한 단어로 프롬프트를 작성하면, 이야기의 본질에 맞는 강렬하고 몰입감 있는 비주얼을 생성하며, 이를 통해 스토리텔링의 잠재력이 크게 확장되어, 독자와 시청자들을 더 깊이 이야기 속으로 끌어들이고, 그 어느 때보다 명확하고 강렬한 생명력을 부여한다. 다음은 시각적 스토리텔링의 주요 요소와 하나의 예시이다.

캐릭터 시트 작성 시각적 스토리텔링의 효과적인 접근법 중 하나는 주인공을 위한 캐릭터 시트를 개발하는 것이다. 이 시트는 캐릭터가 다양한 포즈와 감정을 표현하는 모습을 보여주어 이야기 전반에서 캐릭터 묘사의 일관성을 유지하는 데 도움을 준다. 캐릭터의 외모와 주변 환경을 명확하고 구체적으로 묘사하는 단어를 사용하면 미드저니가 더 세밀한 범위에서 탐색하도록 하여 사용자가 제어할 수 있는 여지가 늘어난다.

주요 장면 스토리보드 작성 미드저니를 사용하여 주요 장면의 스토리보드를 작성하면, 시각적 서사의 흐름을 제공하고 이야기의 진행과 주요 순간들을 시각화하는 데 도움을 준다.

참조 이미지 활용 구도 및 캐릭터 일관성을 위해 참조 이미지를 통합하여 각 장면이 이야기의 전반적인 시각적 스타일과 일치하도록 한다.

스타일 실험 다양한 예술적 스타일과 매개변수(파라미터)를 탐색하여 이야기의 분위기와 장르에 가장 잘 맞는 스타일을 찾아 준다.

작은 소녀가 마법의 숲을 탐험하는 판타지 모험: 캐릭터 디자인 시트

- character design sheet of a young girl with magical powers, various emotions and poses, in a fantasy forest setting --v 6.1

이렇게 생성된 그리드 이미지에서는 사용자가 원하는 캐릭터와 이야기를 가장 잘 표현하는 이미지를 선택한 후, "Vary (Strong)" 버튼을 통해 해당 이미지에 대한 더 많은 아이디어를 생성할 수 있으며, 이후, 두 번째로 마음에 드는 이미지를 선택하여 두 개의 이미지를 이미지 프롬프트(161페이지 참고)의 일부로 사용하면 이야기에 맞는 더욱 일관된 시각적 흐름을 만들어낼 수 있다.

브랜드 세트 제작하기: 아이콘 및 로고

미드저니는 브랜드의 아이콘과 로고를 디자인하는 데 강력한 도구로 활용된다. 효과적인 프롬프트 작성은 브랜드의 본질을 시각적 상징으로 번역하는 데 매우 중요한데, 미드저니는 브랜드의 정신을 담아낸 아이콘과 로고를 생성하기 위해 명확하고 간결한 프롬프트를 필요로 한다. 예를 들어, 친환경 브랜드를 위한 프롬프트는 지속 가능성(Sustainable), 친환경(Green), 유기농(Organic)과 같은 키워드를 시각적 설명과 결합하여 사용할 수 있다.

이 과정을 설명하기 위한 예시로, "채식주의자를 위한 레스토랑"의 로고 아이디어를 생성하는 과정을 진행해 보자. 여기에서는 레스토랑의 아이덴티티와 가치를 탐구하는 세 가지 다른 프롬프트 접근 방식을 시도할 것이며, 이 실험을 통해 미드저니가 창의적인 개념을 생성하는 데 어떻게 사용될 수 있는지 그리고 브랜드를 위한 매력적이고 대표적인 로고를 개발하는 출발점을 제공하는 방법을 찾게 될 것이다.

로고 생성하기

이번 프로젝트는 아이디어와 영감을 얻기 위해 미드저니를 창의적인 파트너로 활용하여 "채식주의 로고"에 중점을 둔 브레인스토밍 세션을 진행할 것이다. 그 첫 번째 단계로, 첫 번째 프롬프트에서는 다음과 같이 로고 세트를 생성해 보며, 이후 점차적으로 구체화된 로고를 생성해 보자.

- a collection of minimalist vector logos, vegan food restaurant, vegan brand, simple shapes and lines, pure white isolated background, organic food, vegan restaurant, vegetarian, business logo

생성된 로고 스타일이 마음에 들지 않거나 또 다른 스타일의 로고를 생성하고 싶다면, 새로운 프롬프트를 사용해 보자. 이번 프롬프트에서는 다음과 같이 더 광범위하고 모호한 지시 사항을 제공하여 미드저니의 창의적 범위를 테스트할 것이다.

- vector set of logos for restaurant's vegetarian food

이민에 생성된 이미지는 "채식주의 레스토랑"이라는 컨셉에 시나치게 센체를 조록색 위수로만 표현하는 너무 상투적인 느낌이 든다. 이 두 방법을 통해 출발점을 얻었으니, 다음 단계에서는 레스토랑의 정체성과 잘 맞으면서도 상투적인 표현을 피할 수 있도록 더 구체적인 디자인 요소와 색상을 프롬프트에 포함해 보자.

- vegan restaurant logo with a leafy floral background, in the style of hand-drawn elements, simple, colorful illustrations, elaborate fruit arrangements, soft color palettes, flat composition, minimal graphic vector logo for a vegan food plant-based restaurant, flat vector art, logo vector, outlines, plain white background

사용자 취향에 따라 다르겠지만, 필자는 이번 결과물이 앞선 결과물보다 만족스러운 로고가 생성되었고 생각한다. 이제 결과에 거의 만족했으니, 로고 중앙에 나타나는 단어나 문자를 해결할 차례이다. 참고로 프롬프트에 "--no text 또는 --no letters"와 같은 매개변수를 추가하여 로고 생성 시 텍스트나 글자를 포함하지 않도록 지시할 수 있다. 하지만, 여기에서는 보다 기술적인 방법을 사용해 볼 것이다. 예시로, "1번" 이미지를 "업스케일(U1)"하였고, 텍스트를 지우기 위해 [Vary (Region)] 버튼을 선택해 보자.

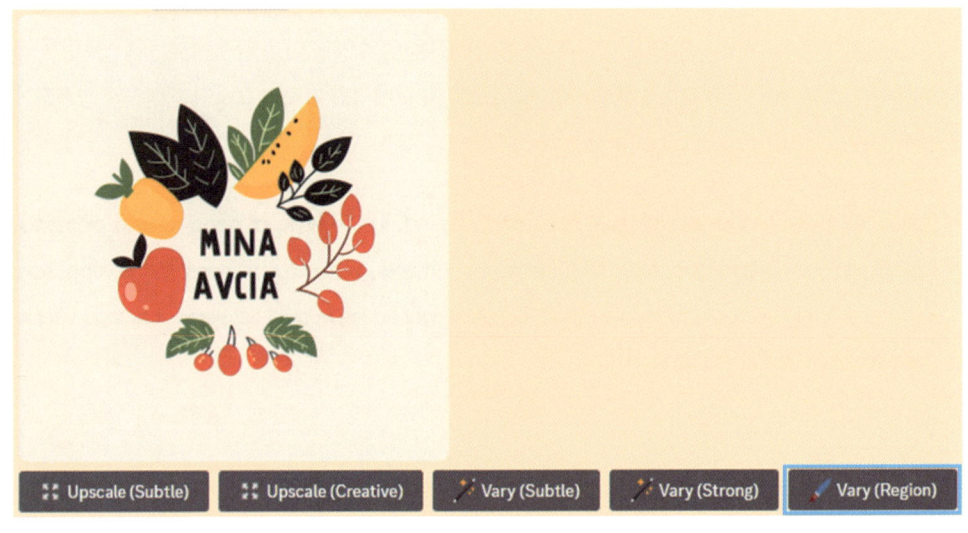

인페이트 편집 창이 열리면, 다음과 같이 ❶[자유 선택 도구]를 사용하여 ❷[텍스트가 있는 부분을 영역화(드로잉하여 선택)]하고, 프롬프트에 ❸[plain flat background color]를 입력하여 ❹[제출(Submit)]한다.

텍스트가 깨끗하게 지워졌다. 아쉽게도, 지금 시점에서 미드저니는 아직 타이포그래피를 완벽하게 처리하지 못하기 때문에 텍스트가 중요한 요소인 로고와 같은 프로젝트에서는 제약이 될 수 있다. 그러므로 지금과 같은 작업은 "포토샵"이나 "일러스트레이터"와 같은 곳에서 텍스트 작업을 완성해야 한다.

실전 활용 사례 및 경계 확장 273

로고를 활용한 아이콘 만들기

아이콘은 로고와는 달리, 브랜드의 시각적 언어 내에서 개념, 행동 또는 객체를 나타내는 작은 상징적 이미지이다. 로고가 브랜드 아이덴티티의 중심 역할을 한다면, 아이콘은 디지털 인터페이스, 마케팅 자료, 제품 포장 등 다양한 응용 프로그램에서 브랜드의 메시지를 보완하고 강화하는 데 사용된다. 미드저니의 이미지 프롬프트와 시드(--seed) 파라미터를 활용하면 아이콘이 로고와 일관된 스타일을 유지하면서도 전체적인 시각적 스토리텔링을 강화할 수 있다. 이러한 접근 방식은 아이콘이 로고의 스타일과 본질에 맞추어 일관성을 유지하면서도, 브랜드의 시각적 정체성을 더욱 강화할 수 있게 해 준다. 다음은 앞서 생성한 로고 이미지가 링크된 주소와 시드 번호를 활용한 아이콘 세트이다. 프롬프트를 통해 브랜드의 미적 감각에 맞춰 아이콘을 생성하도록 조정된 것을 알 수 있다.

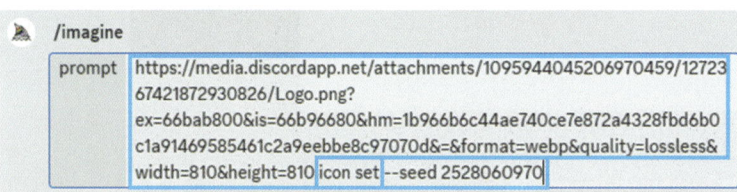

포토리얼리즘 제품 목업 제작

미드저니의 포토리얼리즘 기능은 브랜드의 마케팅 자료에 원활하게 통합할 수 있는 정교하고 생생한 제품 목업(Mock-up)을 만드는 데 이상적이다. 이 접근 방식은 제품을 실제로 어떻게 보일지 시각화할 수 있어 프레젠테이션, 온라인 스토어 또는 프로모션 캠페인에 매우 유용하다.

사실성 강화: 다음은 포토리얼리즘 제품 목업을 생성하기 위한 예시 프롬프트로, 웰니스 브랜드의 럭셔리하고 현대적인 미학을 반영한 이미지를 생성하는 데 도움을 줄 것이며, 미니멀리스트 패키지 디자인과 고품질 제품 사진에 중점을 두어, 현실적인 소매 진열 설정에서 제품을 선보이기에 이상적인 이미지를 만들 수 있다. 이는 고객이 시각적으로 브랜드와 연결할 수 있도록 돕는 데 유용하다.

- modern minimal design for trendy wellness brand, body and mind, luxury brand, modern package design, muted colors, product photography, retail display

브랜드 정체성 강화: 현실적이고 고품질의 사진은 제품을 자연스러운 환경에서 보여줌으로써 브랜드 정체성을 강화하고, 브랜드의 시각적 스타일과 미학에 맞는 조화로움을 선사한다. 이를 통해 제품의 내러티브를 효과적으로 전달할 수 있으며, 일반적인 목업을 매력적인 시각적 내러티브로 변화시킬 수 있다. 다음 예시는 브랜드 정체성 강화에 초점을 둔 프롬프트와 그 결과물이다.

- a ripe avocado is sitting on a natural wooden placemat, in the style of sculpture-based photography, Japanese minimalism, nature-inspired installations, backlit photography, juxtaposition of objects, vray tracing, organic stone carvings

최신 미드저니는 더욱 강력하고 사실적이며, 세부적인 장면 묘사와 특정 조명 환경을 사용하여 제품의 본질을 포착할 수 있다. 예를 들어, 야생 동물 초상화, 타임랩스, 또는 고속 촬영과 같은 묘사에 자연광, 골든 아워, 또는 스튜디오 조명과 같은 조명 조건을 결합하여 원하는 분위기를 연출할 수 있다. 또한, 특정 카메라 유형, 필름 스타일, 카메라 설정을 프롬프트에 포함하면 효과를 더욱 강화할 수 있다.

실무 활용: 사실적인 사진 생성하기

미드저니를 활용하여 "채식주의 레스토랑"의 다양한 면모를 반영한 이미지를 생성하는 방법을 찾을 수 있다. 즉, 각기 다른 주제에 맞게 다양한 음식 사진을 촬영할 수 있다는 것이다. 다음은 다양한 주제에 맞게 적용할 수 있는 음식 사진 프롬프트 예시들이다.

prompt top-view food photography of freshly grilled broccoli on a wooden plate in a bohemian and modern vegan kitchen, dreamlike lighting, pastel green background, high detailed, photo detailed, Professional food photography --v 6.1

prompt delicious beetroot burger with lettuce on a white background, in the style of studio food photography --v 6.1

prompt vegan toppings in containers (onion, mushroom, tomato, orange), cinematic, editorial photography, photography studio light --v 6.1

prompt interior photo of bohemian and fashion vegan food restaurant, lunch time --v 6.1

제품 목업 생성 및 실무 활용

전문적인 제품 목업(Mock-up)을 제작하려면 기본 개념에서 시작하여 세부 사항, 설정, 그리고 문맥을 추가해 발전시켜 나가야 한다. 미드저니의 "텍스트-이미지" 프롬프트 기능은 매우 상세한 시각 자료를 만들어 제품을 효과적으로 보여주는 데 중요한 역할을 한다. 예를 들어, 특정 배경에서 손으로 들고 있는 제품의 목업을 만들고자 할 때는 손으로 들고 있는 [제품] 목업, [색상] 배경, 핸드헬드, [공중, 정면, 바닥 등] 뷰, 제품 디스플레이 등을 키워드로 사용할 수 있다.

이제 앞서 생성한 채식주의 레스토랑의 로고를 다양한 목업에 자동으로 적용할 수 있도록 이미지를 만들어 보자. 여기에서는 "--tile" 파라미터도 사용할 것이다. 예시로 다음과 같은 프롬프트로 타일 이미지를 생성해 보자.

prompt vegetables and fruits hand-drawn illustrations, simple, soft color palettes, elaborate fruit arrangements --tile --v 6.1

생성한 이미지를 최종적으로 어떤 곳에 어떻게 활용할 수 있는지 살펴보기 위해 생성된 그리드 이미지 중 최종적으로 사용할 이미지를 업스케일해 보자. 필자는 예시로 "1번 이미지(1U)"를 업스케일 하였다. 이어서 ❶[Custom Zoom] 버튼을 누른 후, ❷[wall art frame sitting in the middle of bohemian fashion, vegetarian food restaurant with modern table]이란 새로운 프롬프트를 작성하여 이미지를 ❸[생성]해 보자.

아래 그림은 생성된 목업 이미지를 채식주의 푸드 레스토랑 벽에 액자로 사용한 예시의 결과물이다.

다음의 세 가지 그림은 같은 방법으로 몇 가지 분야에서 활용했을 때의 예시로 하여 생성된 이미지이다. 이렇듯 미드저니를 통해 목업 이미지 생성 시, 실제 활용했을 때의 예시를 간편하게 사전 제작하여 마케팅에 사용할 수 있다.

토트백

prompt printed on a tote bag, displayed in Photo vertical green wall --ar 1:1 --zoom 2

모니터

prompt printed on a wide computer screen, on a concrete surface, with plants beside --ar 1:1 --zoom 2

T셔츠

prompt printed on a T-shirt, in the style of soft tones --ar 1:1 --zoom 2

빈 목업 이미지 생성하기

비어있는 목업 이미지는 제품이 아직 제작되지 않았거나 디자인 요소가 최종 결정되지 않은 상태에서 전체적인 레이아웃이나 스타일을 먼저 보여줄 때 활용할 수 있다. 이 빈 목업 이미지는 다른 디자인 요소를 추가하여 특정 제품, 브랜드, 또는 디자인의 실제 모습이 어떻게 보일지를 시각화하는 데 유용하다. 빈 목업 이미지는 "빈"을 뜻하는 "엠프티(Empty)"로 표현할 수 있다. 다음은 빈 목업 이미지 생성을 위한 예시이다.

prompt mockup empty, blank book, a hand holding the phone, busy street background

prompt mockup empty, blank label design for modern trendy cosmetics in white simple bottles, on a clean white background, with vase of flowers behindok, a hand holding the phone, busy street background

prompt mockup empty, a blank white billboard in the middle of the highway, high-speed photography of city traffic lights

▶ 독자들을 위한 [연봉 5억 AI 무자본 창업 아이템 50선]이 담긴 부록

본 도서를 구입한 독자분들에게는 480페이지 분량의 "연봉 5억 N잡러가 되기 위한 AI 무자본 창업 50선" 도서(PDF)를 무료로 제공한다. 이 도서는 생성형 AI 활용 대중화를 통해 누구나 도전해 볼 수 있는 AI 무자본 창업에 대한 영감과 아이디어를 샘솟게 해주는 아주 실험적인 내용이 담긴 전자책(PDF) 형태의 도서로, 현재 교보, 알라딘 등에서 실물(종이책)로 판매되고 있는 것으로, 본 도서의 독자들을 위해 특별 제공하고 있다.

부록 전자책 비밀번호 요청하기

본 도서에 포함된 전자책(PDF)은 [책바세.com] - [도서목록] - [(해당 도서) 학습자료] 폴더 안에 포함되어 있으며, 부록 전자책을 보기 위한 비밀번호는 다음과 같이 스마트폰 카메라를 이용해 QR 코드를 스캔한 후 "책바세 톡톡" 카카오톡 채널로 접속해서 요청하면 된다.

 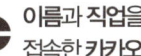 이름과 직업을 지워지지 않는 펜으로 쓴 후 촬영하여 QR 코드 스캔을 통해 접속한 카카오 톡에, 촬영한 이미지와 함께 요청한다. (후기글 작성해 주기)

09

그밖에 유용한
팁과 트릭

이 파트에서는 미드저니의 고급 기술과 팁을 소개한다. 특정 얼굴 일관성 유지, 다양한 업스케일 도구 활용법, 프롬프트 키워드 팁과 트릭 등을 통해 미드저니에서 더욱 효과적인 작업을 할 수 있는 방법에 대해 학습한다.

프롬프트 an enchanting illustration of an ethereal girl with cat ears, adorned in pastel blue and gold hues against the backdrop of white peacock feathers and plants, exuding grace. the focus is on her face. --ar 3:4 --v 6.1

09-1 프로들이 사용하는 고급 기술들

지금까지 학습했던 미드저니 기능들로도 충분히 자신이 원하는 결과물을 얻을 수 있겠지만, 이번 학습에서 살펴볼 미드저니 프로 사용자들이 사용하는 고급 스킬 몇 가지들은 더욱 완벽한 결과물을 얻기 위한 중요한 것들이다. 이번 학습은 미드저니에서의 창의력을 한 단계 끌어올릴 수 있는 시간이 될 것이다.

얼굴 일관되게 하기: 인사이트페이스 스왑 봇 활용

특정 얼굴의 특징을 일관되게 생성하는 능력은 미드저니 사용자에게 매우 중요한 기술이다. 특히, 자신이 구상한 캐릭터나 이야기 속 특정 캐릭터를 일관되게 표현하고자 할 때 유용하다. 이번 학습은 미드저니에서 특정 얼굴의 특징을 제어하기 위해 확장 프로그램인 "InsightFaceSwap Bot"을 사용하는 방법에 대해 살펴볼 것이다.

"인사이트페이스 스왑 봇"은 오픈 소스 인사이트페이스(InsightFace) 라이브러리(https://insightface.ai/)를 기반으로 2D 및 3D 이미지에 대한 고급 얼굴 분석 기능을 제공한다. 인사이트페이스 스왑 봇의 가장 특별한 점은 정밀한 얼굴 편집과 캐릭터의 연속성을 유지하는 데 있으며, 이를 통해 캐릭터가 모든 장면에서 일관되게 보이고, 이미지 본래의 얼굴 모습의 일관성이 유지되며, 프로젝트에서 캐릭터의 연속성을 향상시키는 데 특히 유용하다.

1 인사이트페이스 봇, 디스코드에 추가하기

먼저, 얼굴 교체 과정을 시작하기 위해 인사이트페이스 봇을 디스코드 서버에 추가해야 한다. 추가하기 위해 아래 링크 주소로 들어간다. '학습자료' 폴더의 [인사이트페이스 봇] 바로가기로 실행이 가능하다. 해당 웹페이지가 열리면 ❶[자신의 서버]를 선택한 후 ❷[계속하기] 버튼을 클릭한다.

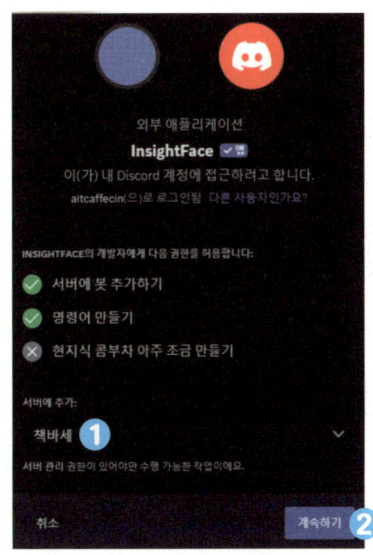

https://discord.com/oauth2/authorize?client_id=1090660574196674713&permissions=274877945856&scope=bot

2 인사이트페이스 봇의 필요한 권한을 확인하고 [승인]을 클릭하여 서버에서 승인한다.

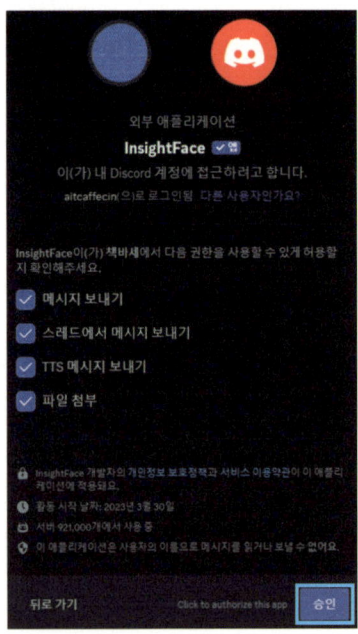

3 자신의 서버가 승인되면, [자신의 서버로 가기] 버튼을 누른다. 만약 이전 과정에 '다음 봇에 서버에 대한 접근 권한'을 부여하기 위한 메시지가 뜨면, '우리가 로봇이 아님을 확인' 완료한다.

4 모든 절차가 끝나면 자신의 서버 프롬프트에 인사이트페이스 스왑에 대한 정보 글자가 나타난다. 이제부터 '/saveid' 명령어를 사용하여 캐릭터의 정보 등록이 가능하다.

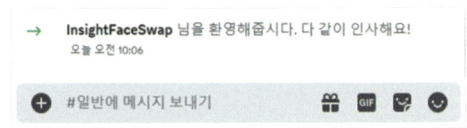

5 **얼굴 등록하기** 채팅 상자에 '/saveid' 입력 또는 ❶[/] - ❷[saveid]를 선택한다. 그다음 ❸[엔터] 키를 누른다.

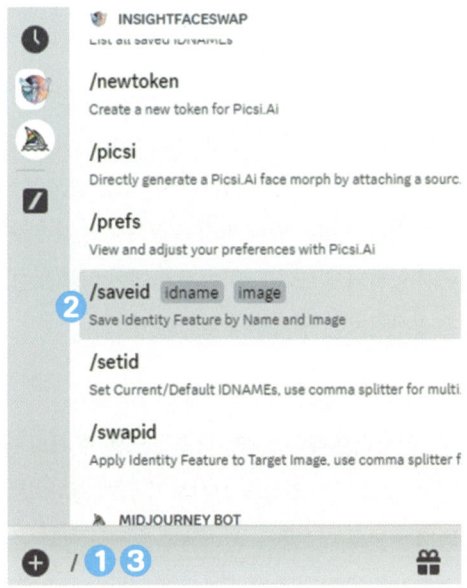

6 이미지 업로드 창이 뜨면, 사용할 이미지를 가져온다. [image]를 클릭하여 가져오거나 직접 끌어다 놓을 수 있다. 필자는 '학습자료' 폴더에 있는 필자 프로필 사진을 가져와 사용할 것이다.

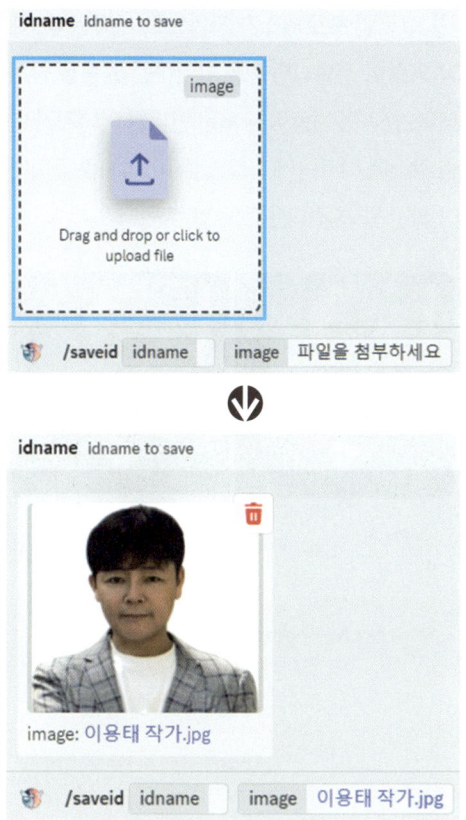

8 방금 등록된 아이덴티티는 앞으로 모든 캐릭터의 얼굴 교체에 사용될 것이다. 이제 등록된 이미지(얼굴)로 캐릭터를 생성해 보자. 프롬프트에 [/imagine] 명령어로 이미지를 생성한다. 예시 프롬프트는 다음과 같다.

prompt the little prince reimagined in a cyberpunk world, where he navigates a neon-lit, futuristic city with advanced technology. his iconic golden hair glows softly against the neon lights, and his royal attire is enhanced with smart fabrics that shift patterns and colors. instead of a rose, he carries a holographic flower that symbolizes love and purity. the city's skyline is filled with towering skyscrapers and holographic advertisements, while the little prince interacts with tech-savvy youths who guide him through this urban jungle --v 6.1

7 이미지 창 하단의 'idname'을 자신이 원하는 이름으로 입력한다. 필자는 '어린 왕자'란 이야기를 위해 사용할 것이기 때문에 ❶[prince]라고 입력하였다. 그다음 ❷[엔터]를 누르면 명령어가 전송되었고 idname이 생성되었다는 두 개의 확인 메시지를 받게 된다. 참고로 사용 아이디 이름은 10자 이내의 문자나 숫자로 구성할 수 있다.

9 계속해서 방금 생성된 그리드 이미지에서 마음에 드는 이미지를 '업스케일'한다. 필자는 예시로 [3번(3U)] 이미지를 업스케일하였다.

[11] 그러면 프로세스가 자동으로 시작된 후, 해당 명령이 전송되었음을 확인하는 알림을 받게 되며, 곧이어 얼굴이 교체된 변환된 이미지가 알림 아래에 나타난다. 나타난 두 이미지를 클릭하여 확인 및 사용(다운로드)할 수 있다.

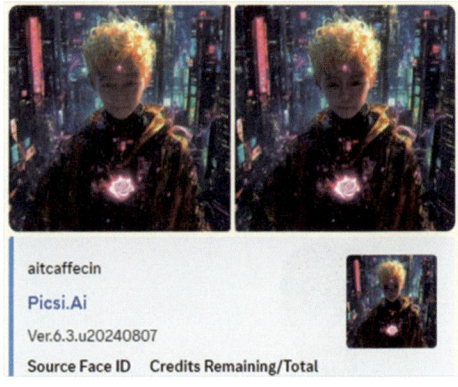

[10] **인스와퍼로 얼굴 교체하기** 얼굴을 교체하기 위해 업스케일된 이미지 위에서 ❶[우측 마우스 버튼] - ❷[앱] - ❸[INSwapper]를 선택한다.

INSwapper에 대하여

'인스와퍼'는 '인사이트페이스 스왑 봇'을 통해 이미지 내에서 얼굴을 교체하는 기능으로, 여러 장의 특정 캐릭터의 얼굴을 유지할 수 있어, 이야기나 브랜드에서 일관된 캐릭터 표현을 유지하는 데 매우 유용하다.

12   아래 두 그림은 인스와퍼를 통해 얻은 이미지로, 앞서 필자의 프로필 사진을 근거로 하여 자연스럽게 표현된 것을 알 수 있다. 이 간단한 과정은 선택한 얼굴을 미드저니에서 생성한 이미지에 자연스럽게 통합할 수 있게 해주며, 창작물을 개인화하는 빠르고 효과적인 방법을 제공한다.

13   참고로 Picsi.Ai(인사이트페이스 스왑 봇) 무료 구독자는 최대 20개의 원본 얼굴 사진을 등록할 수 있으며, 유료 구독자(기본, 프로, 울트라)은 최대 60개의 원본 얼굴 사진을 등록할 수 있다. 유료 구독을 하기 위해서는 [Unlock Premium Features on Patreon!] 버튼 또는 [www.patreon.com/picsi]에서 원하는 유료 구독 형식으로 결제하면 된다.

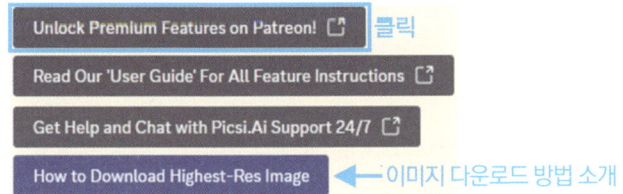

인사이트페이스 주요 명령어

인사이트페이스가 제공하는 몇 가지 명령어는 다음과 같다. 주요 메뉴를 통해 등록된 이미지 ID를 제거하거나 등록된 이미지의 리스트 확인 및 이름을 설정할 수 있다. 참고로 인사이트페이스에서 제공하는 추가 기능을 액세스하려면, 유료 플랜 중 하나를 구독해야 한다. 구독 옵션에 대한 자세한 정보는 "Patreon" 페이지에서 확인할 수 있다.

/changebg 이미지의 배경을 변경하는 명령어로, 명령어 뒤에 이미지 URL과 원하는 배경을 설명하는 텍스트를 입력하여 이미지의 배경을 변경할 수 있다.

/picsi Picsi의 다양한 기능을 사용하는 데 필요한 명령어로, 이 명령어를 사용하여 Picsi 기능을 호출하거나 설정을 변경할 수 있다.

/listid 등록된 모든 ID의 목록을 확인하는 명령어로, 이 명령어를 입력하면 현재 등록된 ID와 기본으로 설정된 ID 이름, 구독 유형, 남은 크레딧을 확인할 수 있다.

/swapid 현재 사용 중인 ID를 다른 ID로 교체하는 명령어로, 명령어 뒤에 새로 사용할 ID 이름을 입력하여 얼굴을 교체할 수 있다.

/saveid 새로운 ID 이미지를 등록하는 명령어로, 명령어 뒤에 ID 이름을 입력하고 이미지를 업로드하면 해당 이미지를 ID로 등록할 수 있다.

/delall 등록된 모든 ID를 삭제하는 명령어로, 명령어를 입력하면 등록된 모든 ID가 삭제된다.

/delid 특정 ID를 삭제하는 명령어로, 명령어 뒤에 삭제할 ID 이름을 입력하여 해당 ID를 삭제할 수 있다.

/headshot 인물의 얼굴 부분만 클로즈업한 이미지를 생성하는 명령어로, 명령어 뒤에 이미지 URL과 원하는 설정을 입력하여 인물의 얼굴 클로즈업 이미지를 생성할 수 있다.

/newtoken 새로운 인증 토큰을 생성하는 명령어로, 이 명령어를 사용하여 새로운 인증 토큰을 생성하고, 필요 시 인증에 사용할 수 있다.

미드저니의 기본 업스케일 도구

미드저니 표준 이미지 크기는 일반적으로 1024x1024 픽셀이다. 하지만 새로운 버전의 업스케일링 도구의 도입으로 이미지의 해상도를 높일 수 있다. 새로운 업스케일링은 이미지 크기를 2048x2048 또는 4096x4096 픽셀과 같은 더 높은 해상도로 확장하여, 이미지 품질을 유지하면서도 더 큰 인쇄물을 만들 수 있게 해준다.

현재 기본 모델 버전(V5 이상의 버전)에서는 "Upscale 2x와 Upscale 4x"의 도입으로 이미지 확대 시 유연성과 품질을 제공하고 있다. 그러나 최근에 출시된 V6 버전은 새로운 업스케일러 세트를 도입하였다. 새로 도입한 "Upscale (Subtle)" 모드와 "Upscale (Creative)" 모드를 포함하여 각 모드는 해상도를 2배로 증가시킬 수 있도록 설계되었다. 이 기능들은 이미지의 해상도를 크게 향상시켜 더 자세하고, 큰 인쇄물을 만들 수 있도록 하며, 품질 저하 없이 고해상도를 유지할 수 있다.

이미지 해상도와 DPI에 대하여

이미지 해상도는 이미지가 포함하는 디테일 수준을 나타내며, 일반적으로 단위 면적당 픽셀 수로 표현된다. 이미지를 작은 사각형들로 이루어진 그리드로 상상해 보자. 각 사각형이 픽셀을 나타내며, 이 그리드 내에 있는 픽셀 수가 많을수록 이미지가 더욱 정교하고 선명해진다. 이미지 해상도에서의 DPI는 인치당 도트 수(Dots per inch)를 의미한다. 이는 물리적인 공간(보통 인치) 내에 얼마나 많은 픽셀(도트)이 밀집되어 있는지를 측정한다. DPI는 인쇄 시 매우 중요한 요소로, DPI가 높을수록 인치당 더 많은 도트가 포함되어 디테일이 풍부하고 선명한 이미지(인쇄물)를 얻을 수 있다. 그러나 디지털 디스플레이에서는 DPI보다는 이미지의 픽셀 값(즉, 픽셀 단위로 측정된 너비와 높이)이 더 중요하다.

Upscale (Subtle): 초점이 맞춰진 선명도

Upscale (Subtle) 모드는 새로운 예술적 탐색보다는 원본 이미지의 본질을 그대로 유지하면서 해상도를 향상시키도록 설계되었다. 이 기능은 선명도와 해상도를 높여, 이미지의 핵심 외관을 변경하지 않고도 더 세밀한 이미지를 원하는 경우에 적합하다. 즉, 이 접근 방식은 세부 사항과 정확성이 중요한 프로젝트나, 업스케일링을 통해 이미지가 거의 변경되지 않도록 유지하고자 할 때 이상적이다.

Upscale (Creative): 창의적인 감각

Upscale (Creative) 모드는 해상도를 높이면서 새로운 예술적 해석을 도입하는 대담한 접근 방식을 취한다. 이 기능은 구도와 스타일 같은 요소를 수정하여 업스케일링 과정에 창의적인 요소를 추가할 수 있다. 즉, 이 접근 방식은 이미지에 신선한 시각을 더하거나, 실험을 통해 새로운 변화를 모색하고자 하는 사용자들에게 이상적이다.

확장 업스케일 도구

앞서 살펴본 미드저니의 업스케일링 기능은 매우 인상적이지만, 대형 인쇄물 제작 시 이미지를 완벽하게 만들기 위해 추가적인 세부 조정이 필요할 때에는 아쉬울 때가 있다. 이럴 때 "Let's Enhance", "Topaz Labs", "Magnific.ai"와 같은 확장 도구들은 각각 독자적인 기능으로 이미지를 더욱 개선하는 데 도움을 줄 수 있다.

렛츠 인핸스 (Let's Enhance)

Let's Enhance는 대형 인쇄물이나 고해상도 이미지를 만들 때 매우 유용한 서드파티 업스케일링 도구이다. 미드저니의 업스케일링 기능도 뛰어나지만, 때로는 추가적인 세부 조정이 필요할 수 있다. 이럴 때 이 확장 업스케일 도구는 매우 유용하다. 살펴보기 위해 [https://letsenhance.io]로 들어가 [회원가입]을 한다. 구글 계정으로 쉽게 회원가입을 할 수 있다.

Let's Enhance 웹사이트에 이미지를 업로드하면 변환 과정을 즉시 확인할 수 있으며, 무료 플랜 사용자는 기본적으로 10 크레딧을 제공하며, 최대 4메가 픽셀까지 이미지를 업스케일할 수 있다. 이는 미드저니의 Upscaler 2x와 비슷하지만, Let's Enhance에서는 업스케일러의 결과를 조정할 수 있는 여러 가지 기능을 제공한다. 예를 들어, 페이지 하단의 "Start processing" 버튼을 누르기 전에 빛, 톤, 색상 강도를 조절할 수 있다.

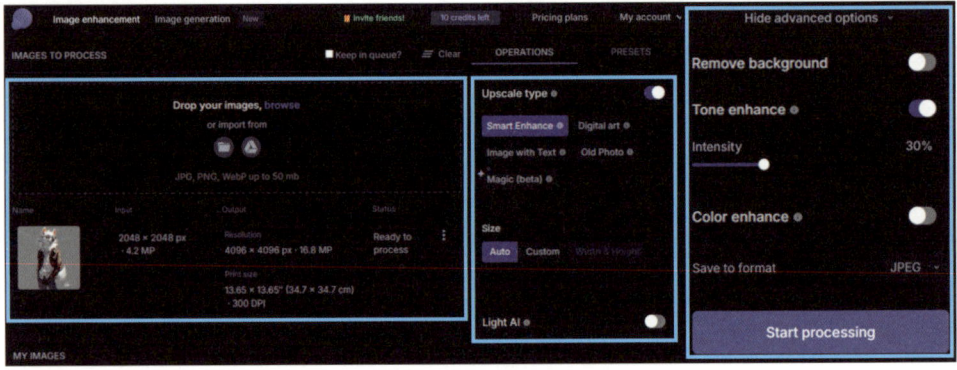

웹사이트의 화면 구성은 버전에 따라 달라질 수 있음

업스케일 후 나타나는 화면에서 마우스 포인트를 상하좌우로 이동하여 업스케일 전과 후를 비교할 수 있다. 그러나 Let's Enhance의 무료 플랜에는 워터마크가 포함된다. 그러므로 이 워터마크를 제거하고 싶다면, 유료 플랜으로 업그레이드해야 한다.

토파즈 랩스 (Topaz Labs)

Topaz Labs는 숨겨진 디테일을 발견하고 노이즈를 완전히 제거하는 데 탁월한 확장 도구로, 이미지 해상도를 최상으로 높여줄 수 있는 기능을 제공한다. 이 도구는 이미지뿐만 아니라 비디오 업스케일링에서도 뛰어난 성능을 발휘한다. 그러나 토파즈 랩스는 아쉽게도 사진이나 비디오 모두 무료 체험을 제공하지 않으며, 단일 유료 구독 방식으로만 지원한다. 구입 비용은 $199이며, 더 자세한 정보를 알고 싶다면, [www.topazlabs.com] 웹사이트를 방문해 보길 바란다.

매그니픽 AI (Magnific.ai)

Magnific.ai는 이미지의 해상도를 높이면서 세부 사항을 예측하고 채워주는 확장 도구로, 마치 낮은 해상도의 이미지를 고해상도 걸작으로 변환하는 크리스탈 볼과 같다. 앞서 살펴본 토파즈 랩스와 마찬가지로 무료 플랜을 제공하지 않지만, 매그니픽 AI는 더 저렴한 가격과 월 단위로 결제할 수 있는 옵션을 제공하여 차별화되며, 웹 기반의 도구로 작동된다.

Magnific.ai는 미드저니에서 작업하는 크리에이터들에게 유용한데, 특히 초기 버전의 미드저니에서 생성된 해상도가 낮은 오래된 이미지를 업스케일하고자 할 때 유용하다. 강력한 이미지 향상 도구일 뿐만 아니라, 노이즈 제거, 디테일 선명화, 색상 향상에도 매우 능숙하여, 낮은 미드저니 모델에서 생성된 이미지도 눈에 띄게 개선시켜 준다. 이 도구에 대해 더 알고 싶다면 [https://magnific.ai] 웹사이트를 방문해 보길 바란다.

살펴본 세 가지 도구들 이외에도 다양한 업스케일 도구들이 있으며, 지속적으로 개발되고 있다. 이러한 확장 도구들은 최상의 인쇄물 제작 및 디지털 이미지의 품질을 높이기 위한, 그리고 이미지 완성도를 높이기 위한 최상의 조력자가 될 것이다.

09-2 프롬프트 개선을 위한 키워드 팁과 트릭

미드저니를 창의적 도구로, 더욱 효과적으로 사용하기 위해서는 초기 아이디어와 밀접하게 일치하는 최상의 프롬프트가 필요하다. 이번 학습에서는 이미지의 완성도를 높이기 위한 프롬프트 개선을 위한 몇 가지 주요 키워드 팁과 트릭을 리스트로 요약해 볼 것이다.

디테일한 표현을 위한 키워드 리스트

스타일, 설명어, 기법 등의 키워드를 통해 프롬프트에 또 다른 수준의 정교함을 부여할 수 있다. 다음의 예시 키워드들을 통해 어떤 것을 만들어낼 수 있는지 중요한 팁이 될 것이다. 소개한 방법으로 프롬프트를 세밀하게 조정하면, 사용자가 원하는 목표에 부합하는 더 좋은 결과를 얻을 수 있다.

사진 용어 (Photographic terms)

- **보케 (Bokeh)** 부드럽고 흐릿한 배경을 사용하여 꿈꾸는 듯한, 천상의 효과를 연출한다.
- **필름 그레인 (Film grain)** 아날로그 사진을 연상시키는 진정한 필름 텍스처를 표현한다.
- **스톱 모션 (Stop motion)** 프레임별 애니메이션으로 세상을 매혹적으로 포착한다.
- **타임랩스 (Time-lapse)** 흐르는 시간대 별 순간들을 매혹적인 시퀀스로 묘사한다.

라이트 앤 플래시 (Light and flash)

- **미드-모닝 (Mid-morning)** 해가 떠오르는 황금빛을 포착한다.
- **블루 아워 (Blue hour)** 일출 직전이나 일몰 직후의 파란 하늘로 물드는 고요함을 표현한다.
- **모노라이트 (Monolight)** 하나의 광원을 사용하여 극적이고 집중된 효과를 연출한다.
- **시네마틱 (Cinematic)** 할리우드 블록버스터의 분위기를 극적인 조명으로 재현한다.
- **스피드라이트 (Speedlight)** 휴대용 플래시를 사용해 역동적인 조명과 스토리텔링을 연출한다.

카메라 디스크립터 (Camera descriptors)

- **로모 (Lomo)** 로모그래피의 불완전함과 향수를 자극하는 매력을 담아낸다.

- **폴라로이드 (Polaroid)** 생생하고 즉각적인 향수로 자발적인 순간을 포착한다.
- **핀홀 (Pinhole)** 핀홀 사진의 독특한 시각과 미학을 실험해 볼 수 있다.
- **나이트 비전 (Night vision)** 어둠 속에서 적외선 이미지를 통해 기묘한 세상을 표현한다.
- **하이퍼스펙트럴 (Hyperspectral)** 우리 주변의 숨겨진 색상과 패턴을 담아낸다.

필름 (Film)

- **8K** 탁월한 선명도와 디테일을 가진 이미지를 렌더링한다.
- **4K** HD보다 높은 해상도와 향상된 선명도를 제공한다.
- **HD** 대부분의 응용 프로그램에 적합한 고화질의 이미지를 포착한다.
- **70mm** 영화적 깊이를 담을 수 있는 70mm 필름의 웅장함을 재현한다.
- **시네라마 (Cinerama)** 시네라마의 확장된 형식으로 파노라마 뷰의 광경을 표현한다.

포커스 (Focus)

- **딥 포커스 (Deep focus)** 이미지 전체에 걸쳐 선명한 초점을 유지하여 모든 디테일을 강조한다.
- **소프트 포커스 (Unfocused)** 부드러운 초점을 사용하여 요소들을 흐리게 처리하고, 꿈꾸는 듯한 예술적 효과를 표현한다.
- **얕은 초점 (Shallow focus)** 배경을 흐리게 처리하여 피사체를 선댁직으로 선명하게 부각시킨다.

노출 (Exposure)

- **짧은 노출 (Short)** 빠르게 움직이는 피사체를 모션 블러 없이 선명한 디테일로 포착한다.
- **긴 노출 (Long)** 별 궤적이나 흐르는 물과 같은 순간들을 예술적인 블러로 표현한다.
- **더블 노출 (Double)** 더블 노출 기법을 사용하여 여러 이미지를 하나의 구성으로 혼합한다.

예술 스타일 (Art styles)

- **아이코노그래피 (Iconography)** 알아볼 수 있는 모티프와 전형적인 이미지로 상징적 표현을 만든다.

- **디오라마 (Diorama)** 섬세한 디테일과 스케일감을 살려 미니어처 세계를 구성한다.
- **고딕 (Gothic)** 웅장한 건축물과 극적인 조명을 사용해 경외감과 신비함을 표현한다.
- **유머러스 (Humorous)** 가벼운 마음과 장난스러운 요소를 작품에 담아낸다.
- **사실적 (Realistic)** 세상의 모습을 사실적 디테일과 정밀도로 포착한다.
- **초현실주의 (Surrealist)** 현실과 환상을 혼합하여 전통적인 인식에 도전한다.
- **비비드 (Vivid)** 강렬하고 채도가 높은 색상을 사용하여 역동적이고 에너지가 넘치는 분위기를 표현한다.
- **훨리 (Whirly)** 소용돌이, 패턴, 유기적 형태를 실험하여 시각적으로 매력적인 이미지를 만든다.
- **크리스마스펑크 (Xmaspunk)** 크리스마스의 축제 요소와 사이버펑크 미학을 결합한다.
- **카와이 (Kawaii)** 일본의 카와이 문화와 관련된 귀여움, 순수함, 장난스러움을 표현한다.

색상 (Colors)

- **에스테틱코어 (Aestheticcore)** 파스텔 색조와 부드럽고 은은한 톤의 다양한 색상을 담아낸다.
- **캔디코어 (Candycore)** 사탕에서 영감을 받은 생동감 있고 달콤한 색상을 담아낸다.
- **컬러 그레이딩 (Color grading)** 특정 분위기를 만들기 위해 색상 팔레트를 조정한다. 다음과 같은 프롬프트를 참고할 수 있다.

prompt futuristic, 3000s, young beautiful model, face skin is partially covered with holographic mirror transparent scales, pink color grading --v 6.1

- **팬톤 (Pantone)** 특정 팬톤 색상 팔레트를 활용하여 정해진 미적 감각을 담아낸다.
- **CMYK** 청록색, 자홍색, 노란색, 검정색의 기본 색상을 사용하여 다양한 색상 조합을 표현한다.

- **듀오톤 (Duotone)** 이미지를 두 가지 색상으로 제한하여 눈에 띄는 시각적 효과를 표현한다.

소재 (Materials)

- **텍스처 (Texture)** 섬세하고, 세련된 표면 질감(Smooth and refined texture)을 표현한다.
- **메탈릭 (Metallic)** 금속 질감의 반짝이는 표면(Shiny metallic surface)을 표현한다.
- **목재 (Wooden)** 나무 질감의 자연스러운 따뜻함(Natural warmth of wooden texture)을 표현한다.
- **대리석 (Marble)** 우아한 대리석 질감(Elegant marble texture)을 표현한다.
- **섬유 (Fabric)** 부드러운 면 섬유 질감(Soft cotton fabric texture)을 표현한다.

환경 (Environment)

- **숲 (Forest)** 울창하고 신비로운 숲 속 장면(Dense and mysterious forest scene)을 표현한다.
- **도시 (Urban)** 현대적인 도시 풍경(Modern urban landscape)을 표현한다.
- **바다 (Ocean)** 고요한 바다의 풍경(Tranquil ocean scenery)을 표현한다.
- **산 (Mountain)** 웅장한 산맥과 절벽(Majestic mountain range and cliffs)을 표현한다.
- **사막 (Desert)** 광활하고 메마른 사막(Vast and arid desert)을 표현한다.

액션 (Action)

- **달리기 (Running)** 질주하는 인물 또는 동물의 역동적인 순간을 포착한다.
- **비행 (Flying)** 하늘을 나는 장면(Scene of flying in the sky)을 표현한다.
- **격투 (Fighting)** 강렬한 전투 장면(Intense fighting scene)을 표현한다.
- **댄싱 (Dancing)** 우아하게 춤추는 순간(Elegant moment of dancing)을 표현한다.
- **잠수 (Diving)** 물속으로 잠수하는 장면(Scene of diving underwater)을 표현한다.

구성 (Composition)

- **대칭 (Symmetry)** 완벽한 좌우 대칭을 이루는 구도(Perfectly symmetrical composition)를 담아낸다.

- **비대칭 (Asymmetry)** 독특하고 불규칙한 비대칭 구도를 담아낸다.
- **중앙 집중 (Central Focus)** 중앙에 집중된 주요 대상(Main subject focused in the center)를 담아낸다.
- **비율 (Rule of Thirds)** 삼등분 법칙을 따른 균형 잡힌 구도를 담아낸다.
- **다중 프레임 (Multiple Frames)** 여러 프레임으로 나뉜 장면을 표현한다.

문화와 시대 (Culture and Era)

- **빈티지 (Vintage)** 1950년 이전의 고전적인 스타일(Classic style from the 1950s)을 표현한다.
- **현대 (Modern)** 세련되고 현대적인 디자인 요소(Sleek and modern design elements)를 표현한다.
- **고대 (Ancient)** 고대 문명의 영향이 느껴지는 장면을 표현한다.
- **미래 (Futuristic)** 미래적이고 혁신적인 디자인(Futuristic and innovative design)을 표현한다.
- **문화적 아이콘 (Cultural Icons)** 특정 문화의 상징적인 요소를 표현한다.

소리와 음악 (Sound and Music)

- **서정적 (Lyrical)** 감성적인 서정시와 같은 분위기(Emotional and lyrical atmosphere)를 표현한다.
- **리듬 (Rhythm)** 음악적 리듬을 시각적으로 표현한 장면을 표현한다.
- **하모니 (Harmony)** 조화롭고 균형 잡힌 구도와 색상을 표현한다.
- **어쿠스틱 (Acoustic)** 따뜻하고 자연스러운 음향의 느낌(Warm and natural acoustic vibe)을 표현한다.
- **전자음악 (Electronic)** 디지털화된 전자음악의 미래적 분위기를 표현한다.

이러한 추가적인 카테고리와 예시는 창작 작업에서 깊이와 다양성을 더하는 데 유용하다. 이러한 카테고리는 특정 분위기, 스타일, 또는 주제를 강조하는 데 도움을 줄 수 있으며, 미드저니에서 창의적인 시도를 통해 다양한 결과물을 얻을 수 있도록 해준다. 또한, 여기에서 살펴보지 않은 다양한 카테고리와 키워드가 존재한다. 그 부분은 더욱 다양한 표현을 위해 여러분 스스로 탐구해 보자.

프롬프트가 좋아하는 단어와 싫어하는 단어

미드저니 프롬프트에서 사용되는 단어(키워드)는 주로 미드저니의 콘텐츠 정책과 가이드라인에 의해 엄격하게 관리된다. 즉, 미드저니가 "좋아하는 단어"와 "싫어하는 단어"는 어떻게 입력된 단어를 해석하고 이미지로 변환하는지에 따라 달라진다. 다음은 일반적인 미드저니 프롬프트에서의 효과적인 단어와 피하는 것이 좋은 단어에 대한 카테고리 예시이다.

프롬프트가 좋아하는 단어

구체적이고 명확한 단어

- 구체적이고 명확한 단어는 AI가 보다 정확한 이미지를 생성하는 데 도움이 된다. 예: '세밀한(detail)', '화려한(vibrant)', '고요한(serene)', '황금빛(golden hour)' 등

스타일 및 기법 관련 단어

- 특정 스타일이나 예술적 기법을 설명하는 단어는 원하는 이미지 스타일을 잘 반영한다. 예: '수채화(watercolor)', '유화(oil painting)', '극사실주의(hyperrealism)', '보케(bokeh)' 등

색상 및 조명 관련 단어

- 색상과 조명을 구체적으로 지시하는 단어는 이미지의 분위기와 톤을 설정하는 데 유용하다. 예: '파스텔(pastel)', '따뜻한 조명(warm lighting)', '차가운 톤(cool tones)' 등

느낌과 분위기를 전달하는 단어

- 감정이나 분위기를 나타내는 단어는 AI가 생성할 이미지의 감성을 조정하는 데 도움을 준다. 예: '몽환적인(dreamy)', '고요한(tranquil)', '활기찬(energetic)' 등

프롬프트가 싫어하는 단어

부정적인 지시어

- 부정적인 지시어는 AI가 의도와 다르게 해석할 가능성이 있다. 대신 긍정적으로 원하는 것을 구체적으로 설명하는 것이 더 효과적이다. 예: '새는 없어(no birds)' 대신 '하늘만 있는(sky only)'

모호하고 불명확한 단어

- 모호한 단어는 AI가 이미지 생성 시 일관성을 유지하기 어려워할 수 있다. 예: '것(something)', '여러 가지(miscellaneous)' 등

금지된 단어

- 콘텐츠 정책에 위배될 수 있는 금지된 단어는 피해야 한다. 이러한 단어들은 AI가 생성한 이미지를 차단하거나 품질을 저하할 수 있다. 예: '폭력(violence)', '성인용(adult)', '혐오(hate)' 등

추상적이거나 과도하게 복잡한 단어

- 지나치게 복잡하게 표현된 문장이나 추상적인 단어는 제대로 이해하지 못할 수 있다. 예: '형이상학적(metaphysical)', '다차원적(multidimensional)' 등

미드저니와 같은 생성형 AI에서는 단어 선택과 문법의 중요성이 강조된다. 특히, 미드저니는 문법이나 문장 구조보다는 키워드를 기반으로 프롬프트를 해석한다. 예를 들어, "큰" 대신 "거대한"이라는 단어를 사용하는 것이 더 효과적일 수 있으며, 언어를 간결하게 정리하고 불필요한 단어를 피하는 것이 좋다. 쉼표, 괄호, 하이픈과 같은 구두점은 생각을 정리하는 데 도움이 될 수 있지만, 일관되게 해석하지 않을 수 있다. 참고로, 대문자 사용은 미드저니의 해석에 영향을 미치지 않는다.

이러한 가이드라인을 참고하여, 미드저니가 최상의 이미지를 생성할 수 있도록 프롬프트를 구성하는 것이 중요하다. 즉, 구체적이고 명확하며, 긍정적이고 간결한 언어를 사용하면 원하는 결과를 얻는 데 도움이 된다.

프롬프트에 이모지(이모티콘) 사용하기

미드저니는 프롬프트에서 이모지(이모티콘)를 활용할 수 있다. 이러한 단순해 보이는 요소들을 전략적으로 사용될 때 프롬프트에 미묘함, 창의성, 표현력을 더해 더욱 매력적인 작품을 표현할 수 있다. 감정, 행동, 사물을 표현하는 상징적인 이모지는 프롬프트에 개성과 활력을 불어넣을 수 있다. 예를 들어 단순히 "아름다운 석양"이라고 입력하는 프롬프트는 일반적인 이미지를 생성할 수 있지만, 🌅(석양), 😍(하트), ✨(반짝임) 같은 이모지를 추가하면, 아름답고 마법 같은 석양의 정수를 포착하도록 유도할 수 있다.

이렇듯 이모지는 이미지가 가져야 할 감정적 톤을 전달하거나 캐릭터가 취해야 할 행동(달리기, 수영, 점프, 노래하기 등)을 나타내거나 이미지에 나타내고 싶은 사물을 식별하는 데 사용할 수 있다. 다음 예시는 "석양" 이모지를 프롬프트에 삽입하여 생성한 결과물이다.

프롬프트에서 이모지를 사용하는 것 외에도, 디스코드에서 미드저니 작업에 반응하기 위해 이모지를 사용할 수 있다. 이를 통해 이미지를 직접 메시지로 보내거나, 진행 중인 작업을 취소하거나, 이미지를

삭제하는 데 유용하다. 작업에 반응하기 위한 이모지는 다음의 두 가지 중 하나를 클릭하면 된다.

❌ 작업을 취소하거나 삭제할 수 있다. 자신의 작업에서만 작동한다.

📨 생성된 이미지를 직접 메시지로 보낼 수 있다.

최적화를 위한 프롬프트의 길이와 문법

미드저니는 문법보다는 키워드에 기반하여 이미지를 생성하므로, 프롬프트의 길이는 간결하고 핵심적인 요소에 집중하여, 구체적이고 명확한 단어를 선택하는 것이 효과적이다. 또한, 불필요한 단어를 피하고, 쉼표나 괄호 등은 생각을 정리하는 데 유용하지만 일관되게 해석되지 않을 수 있다.

프롬프트 길이 최적화

미드저니에서 프롬프트의 효과는 반드시 그 길이와 연관된 것은 아니다. 단어 하나나 이모지 하나만으로도 이미지를 생성할 수 있지만, 이 경우에는 미드저니의 기본 스타일에 의존하게 된다. 그러므로 독창적인 스타일을 얻기 위해서는 보다 구체적인 프롬프트가 유리하다. 그러나 지나치게 긴 프롬프트가 항상 더 나은 결과를 가져오지는 않기 때문에, 주요 개념에 집중하고 간결하게 표현하는 것이 중요하다. 또한, 미드저니 모델의 각 버전마다 프롬프트가 해석되는 방식에 약간의 차이가 있다는 점도 충분히 고려해야 한다.

단어 선택과 문법의 중요성

미드저니는 문법이나 문장 구조보다는 키워드를 기반으로 프롬프트를 해석한다. 예를 들어, "큰(Big)" 대신 "거대한(Huge)"이라는 단어를 사용하는 것이 더 효과적일 수 있다. 또한, 언어를 간결하게 정리하고 불필요한 단어를 피하는 것을 권장한다. 쉼표, 괄호, 하이픈과 같은 구두점은 생각을 정리하는 데 도움이 될 수 있지만, 미드저니가 일관되게 해석하지 못할 수 있다.

에필로그

이 책을 통해 우리는 미드저니라는 생성형 AI 도구를 활용하여 다양한 예술과 디자인 관련 작품을 생성하는 방법에 대해 학습해 보았으며, 또 인공지능을 통한 예술과 작품에 어떤 변화를 가져오는지 탐구해 보았다. 작은 호기심으로 시작하여, 창의성의 경계를 넘나드는 새로운 가능성을 열어주었다.

AI는 단순히 도구를 넘어, 우리의 상상력을 현실로 구현할 수 있는 강력한 파트너가 되었다. 우리가 만든 이미지 하나하나가 단순한 그림을 넘어, 우리 내면의 이야기를 담고 있음을 깨닫게 되었으며, AI는 이 이야기들을 보다 선명하게, 그리고 보다 깊이 있게 전달할 수 있는 수단이 될 것이라 확신한다. 하지만 이 기술의 발전 속에서 우리가 기억해야 할 것은, 그 본질은 인간의 창의성과 상상력에 있다는 것이다.

기술은 도구일 뿐, 그 도구를 어떻게 활용하고 어떤 방향으로 나아갈 것인지는 여전히 우리의 몫이다. AI가 우리를 대체하는 것이 아니라, 우리가 더 높은 곳으로 나아갈 수 있도록 돕는 동반자가 될 때, 그 진정한 가치가 발현될 것이기 때문이다.

미드저니와 함께한 여정은 여기가 끝이 아니라, 오히려 새로운 시작을 알리는 출발점이다. 이제 우리는 더 넓은 세상을 상상하고, 더 창의적인 방식으로 표현할 준비가 되어 있어야 한다. 이 책을 덮는 순간, 여러분의 새로운 AI 창작 여정이 시작되길 바라며, 여러분의 상상력과 AI의 힘이 결합하여 무한한 가능성을 펼쳐지길 소망해 본다.

윤리적 입장에서의 미드저니

미드저니와 같은 AI 기술을 우리의 삶과 사회에 더욱 깊이 통합하면서, 이러한 기술이 가져오는 윤리적 영향을 탐구하는 것은 매우 중요하다. AI의 발전은 엄청난 성장과 혁신의 기회를 제공하지만, 동시에 신중한 고려와 적극적인 관리가 필요한 도전 과제도 제기된다.

AI 분야에서 가장 시급한 문제 중 하나는 편향성이다. AI 시스템은 방대한 데이터 세트에서 학습하며, 이 데이터 세트에 편향이 포함되어 있다면, AI의 결정에도 이러한 편향이 반영될 수 있다. 이는 사회에 존재하는 불평등을 지속시키거나 악화시킬 수 있다. 이를 해결하기 위해 개발자와 연구자들은 보다 균형 잡힌 다양한 데이터 세트를 만들고, 편향을 식별하고 수정할 수 있는 알고리즘을 개발하는 데 주력해야 한다.

궁극적인 목표는 AI 시스템이 공정하고 형평성 있는 원칙에 기반하여 결정을 내릴 수 있도록 하여, 배경이나 인구통계에 관계없이 모든 사람이 AI의 혜택을 공평하게 누릴 수 있도록 하는 것이다. 그러나 AI의 악용 가능성도 중요한 우려 사항이다. 예를 들어, 딥페이크 기술은 잘못된 정보를 퍼뜨릴 수 있으며, 자율 무기 시스템은 매우 해로운 결과를 초래할 수 있다. 따라서, AI의 사용을 규제하는 윤리적 지침과 강력한 법적 프레임워크를 수립하는 것이 중요하다.

여기에는 개인이나 사회에 해를 끼칠 수 있는 방식으로 AI가 개발되고 배포되는 것을 방지하기 위해 국제적인 협력이 필요하며, 교육과 인식도 중요하다. 또한, AI의 창작자와 사용자가 자신들의 작업과 사용하는 기술이 지닌 윤리적 합의를 이해할 수 있도록 하는 것이 필요하다. 이를 통해 AI 기술이 사회에 긍정적인 영향을 미칠 수 있도록 하는 것이 우리의 과제이다.

콘텐츠 창작의 미래, 뉴럴(Neural) 혁신으로의 진화

텍스트에서 비디오로 전환하는 능력의 급격한 성장을 목격하면서, 우리는 단순히 점진적인 발전을 이루는 것이 아니라 거대한 도약을 하고 있음을 알 수 있다. 이는 초상화 그리기에서 영화 연출의 역동적인 세계로 전환하는 것과 비슷하다. 이제 각 프레임은 상상력의 힘이 AI로 증폭된 결과물인 것이다.

이러한 진화의 영향은 엔터테인먼트 산업을 넘어 교육과 개인 커뮤니케이션에까지 미치며, 심오한 변화를 이끌 준비를 하고 있다. 그러나 혁신의 여정은 여기에서 멈추지 않는다. 상상해 보자. 간단한 설명을 입력하면 그것이 삼차원 객체나 환경으로 생생하게 구현되어 가상 또는 증강 현실을 통해 상호작용할 수 있는 가능성을... 이러한 도약은 예술 창작의 새로운 경로를 열어주며, 우리의 디지털 세계와 상호작용하는 방식, 그리고 서로와의 상호작용 방식까지 변화시켜 상상과 현실의 경계를 허물 것이다.

이 디지털 혁명은 교육의 영역으로도 확장되고 있다. 여기서 AI는 학습 경험을 재정의하고 있다. 획일적인 교육 방식은 사라지고, AI는 각 개인 학습자의 속도와 스타일에 맞춘 맞춤형 학습 여정을 제공한다. 이는 개인 교습을 받는 것과 비슷하며, 이해력을 높이고 좌절감을 줄이며 학습에 대한 깊은 애정을 키워줄 것이다. 예를 들어, "AI 튜터"라는 플랫폼을 상상해 보자. 이 플랫폼은 스마트 알고리즘을 사용해 학생이 알고 있는 것, 학습 속도, 좋아하는 학습 분야(수학부터 미술사까지)를 파악하여, 시작부터 학생에 대해 더 잘 이해하기 위해 질문을 던지며, 학습이 진행됨에 따라 AI는 난이도와 질문 유형을 조정하여 도전적이면서도 성취 가능한 학습 경험을 제공한다.

이것은 개인 교습을 받을 수 있는 것과 같으며, 학생의 필요에 맞게 지속적으로 업데이트된다. 언어 학습을 예로 들어보면, "링구아봇 AI(LinguaBot AI)"라는 가상의 개념은 우리가 가능성을 엿볼 수 있게 해준다. 이 AI 튜터는 어휘, 문법, 심지어 대화에 초점을 맞춘 맞춤형 언어 수업을 제공하며, 발음과 문장 구조와 같은 영역을 개선하는 데 실시간 피드백을 제공하여, 학습이 암기보다는 이해에 중점을 두게 만든다.

"LinguaBot AI"가 하나의 아이디어에 불과하지만, 실제 앱인 "듀오링고(Duolingo)"와 "바벨(Babbel)"은 실제 AI를 사용한 언어 학습을 실현하고 있다. Duolingo는 학습자의 성과에 따라 수업을 조정하고, Babbel은 학습 스타일에 맞게 복습 세션을 변경한다. 이 앱들은 AI가 교육을 어떻게 개별적으로 맞춤화할 수 있는지를 보여주며, 더 많은 참여와 성공을 이끌어내는 미래를 예고한다.

이러한 AI의 진화는 디지털 학습과 전통적인 교습의 경계를 허물고, 모든 학습자에게 맞춤형 교육을 접근 가능하도록 만들고 있다. 이것은 향후, AI가 우리의 신경 과정과 복잡하게 연결될 가능성을 제시하는 것이다. 이렇듯 AI 신경 통합은 인간의 의도와 디지털 실행 사이의 매끄러운 융합을 약속하며, 무한한 창의력과 상호작용의 시대를 열어줄 것이라 확신한다.

저자 이용태

찾아보기

파라미터

--ar   127

--beta   125

--chaos   129

--fast   130

--hd   151

--iw   130, 165

--no   132

--quality   133

--raw   246

--relax   135

--repeat   135

--s   108

--sameseed   152

--seed   137

--sref   173

--stop   139

--style   121

--style random   248

--stylize   142, 152, 246

--sw   174

--test   154

--tile   143

--turbo   146

--video   146

--weird   149

--quality 또는 --q   108

명령어

/ask   098

/blend   098

/daily_theme   098

/describe   098, 181

/fast   099

/imagine   060

/prefer   233

/prefer remix   232

/prefer suffix   237

/relax   099

/settings   105, 229

/shorten   220

/show   099, 250

/subscribe   099

/turbo   100

알파벳

Blend   159

Discord   049

DPI   291

Fast Mode   231

GPU   054

Image weight   130, 165

Inpaint   086

InsightFaceSwap Bot   285

INSwapper   288

Job ID   138

Make Variations   103

Midjourney 봇   058

Mock-up   275

Mood board   263

NEWCOMER ROOMS   059

Niji   116

Pan(화살표)   091

Parameter   125

Personalization   230, 258

Personalize   257

P코드   233, 253

RAW Mode   230

Region   084

Relax Mode   231

Remaster   103

REMIX   085

Remix Mode   231

Strong   084

Stylize   230

Subscribe   056

Subtle   084

Tuner   240

Turbo Mode   231

U(업스케일)   081

Upscale   156, 291

Upscale to Max   103

V(변형)   081, 096

Vary   083, 084

Web   084, 095

Zoom   083, 090

한글

개인화 코드   253

다이렉트 메시지   062

디스코드   049

리믹스   085

매개변수   125

목업   275

무드 보드   263

미드저니 봇   062

블렌드   159

사용자 설정   061

쇼튼   220

순열 프롬프트   175

스타일   108

스타일 가중치   174

시드   137

이미지 가중치   165

이미지 프롬프트   161

인사이트페이스 스왑 봇   285

인페인트   086

챗GPT   066

클로드   066

튜너   240

파라미터   125

프롬프트   056

하트   093

참고문헌 (SNS 포함)

Midjourney Korea 페이스북 그룹

AIcreator :: FLUX 페이스북 그룹

Stable Diffusion Korea 페이스북 그룹

DeepdAive.com

미드저니 프롬프트 마스터 가이드 / 조남경

생성형 AI 건축 디자인 / 김현수

생성형 AI 영상제작 / 김세원

생성형 AI 빅 챗GPT 미드저니 스테이블 디퓨전 / 이용태

Realistic Backdrop Midjourney Prompt / 미상

Midjourney Expedition / Margarida Barreto

Teaching Machines to Paint, Write / David Foster

Art and Innovation in the Age of AI / Marcus du Sautoy

A Guide for Thinking Humans / Melanie Mitchell

How AI Works and Why It's Making the World a Weirder Place / Janelle Shane